Vorwort

von Dr. Angela Merkel,
Bundesministerin für Frauen und Jugend

Unheilbar deutsch? Sozialfall? Oder was sonst?

"Unheilbar deutsch oder Sozialfall"? - So hat eine Zeitung kürzlich einen längeren Artikel zum Thema Rechtsextremismus und Gewalt betitelt und damit die beiden - sowohl in der Wissenschaft wie im Alltagsverständnis - gängigsten Erklärungsversuche für die uns alle ebenso bedrängende wie verwirrende Welle fremdenfeindlicher Ausschreitungen auf den Punkt gebracht. Wir suchen nach plausiblen Erklärungen, damit wir uns darüber verständigen können, ob und wie wir uns mit diesen Taten auseinandersetzen, sie bekämpfen können. Doch die bisherigen Deutungsmuster, so scheint es, haben uns im Stich gelassen.

1. Interpretationen, Erklärungen haben von den Fakten auszugehen, zu deren Erklärung sie dienen sollen. Wie also sehen diese Fakten aus?

Die vom Bundeskriminalamt und vom Bundesamt für Verfassungsschutz vorgelegten Zahlenangaben über rechtsextremistisch bzw. fremdenfeindlich motivierte Straf- und Gewalttaten haben in den vergangenen zwei Jahren sprunghaft um ein Vielfaches zugenommen. Dabei fanden im Jahre 1992 17 Menschen in 15 Anschlägen den Tod. In 14 der 15 Fälle konnten die Tatverdächtigen ermittelt werden. Die Zahl der Getöteten hat gegenüber 1991 (3) um mehr als das Fünffache zugenommen. Von den 17 Getöteten waren 7 Ausländer.

Die vorliegende Untersuchung der Trierer Forschergruppe um Prof. Dr. Roland Eckert und Dr. Helmut Willems hat herausgestellt, daß die fremde ... ten nicht
kontinuierlich zunehm ... igernden
Wellenbewegungen, ... dem Namen Hoyerswerda und ...

2. Ein verbreitetes Deutungsmuster, das gewiß nicht nur, aber verständlicherweise bevorzugt vom Ausland herangezogen wird, setzt die aktuellen Ereignisse in Beziehung zur deutschen Vergangenheit und stellt die Frage, ob denn die Deutschen nichts gelernt hätten und eine Wiederholung früheren Unheils drohe?

Der Diagnose 'unheilbar deutsch' widersprechen jedoch die Ergebnisse der repräsentativen Sozialforschung zur Entwicklung von Ausländerfeindlichkeit und Gewaltakzeptanz in Deutschland in den vergangenen zehn bis fünfzehn Jahren. Die dem Bundesministerium für Frauen und Jugend vorliegenden Untersuchungen bestätigen durchgehend die im vorliegenden Buch beschriebenen Ergebnisse, die kürzlich auch auf der Grundlage der Allensbach-Daten von Frau Dr. Renate Köcher folgendermaßen zusammengefasst wurden:

"Es gibt keine wachsende Ausländerfeindlichkeit in der breiten Bevölkerung. Ressentiments gegen Ausländer waren am Beginn der achtziger Jahre wesentlich verbreiteter als heute".

Natürlich bedarf diese Globalaussage der Differenzierung. Die hier vorliegende Untersuchung der Trierer Wissenschaftler enthält dazu eine Reihe interessanter Hinweise. Es ist von grundlegender Bedeutung, daß die positive Grundstimmung der deutschen Bevölkerung gegenüber den Bürgern ausländischer Herkunft unmißverständlich öffentlich zum Ausdruck kommt. Demonstrationen der Bürger für ein friedliches, nachbarschaftliches, auch schutzgewährendes Zusammenleben waren und sind dafür ein wichtiges Signal.

3. Ein anderes Deutungsmuster versteht die fremdenfeindlichen Exzesse als fehlgehende Reaktion auf soziale Notlagen, sozialen Abstieg, soziale Desintegrationserfahrungen. Eine solche Diagnose wird häufig verbunden mit einer umfassenderen Sozialtheorie, wonach die Täter und ihre Sympathisanten als 'Modernisierungsverlierer' und 'Modernisierungsopfer' einer sich rasch verändernden kapitalistischen Gesellschaft zu verstehen sind.

Die Untersuchungen der Trierer Forscher zeigen allerdings, daß weder der Anteil der arbeitslosen Jugendlichen noch der Anteil der Jugendlichen aus zerrütteten Familienverhältnissen oder der mit anderen biographischen Brüchen Belasteten so groß ist, daß er hier hinreichende Erklärungen liefern könnte. Nur bei einem kleinen Teil kann von einer Herkunft aus 'asozialen Randgruppen' gesprochen werden. Wenn die These von den Tätern bzw. Sympathisanten als 'Sozialfällen' zu relativieren ist, dann bedeutet dies lediglich, daß sie keinen dominanten Anteil ausmachen und das Gewaltproblem insgesamt nicht erklären können. Gleichwohl bestätigen die Forschungen die naheliegende These, daß Aggressivität gegen Fremde am ehesten dort entsteht, wo die Konkurrenz um knappe Ressourcen - Wohnraum, Arbeitsplätze, Transferleistungen, Status - am bedrängendsten wahrgenommen wird.

Alle Anzeichen sprechen auch dafür, daß ein enger Zusammenhang zwischen Gewalttätigkeit und niedrigerem Bildungsstatus besteht - in Ostdeutschland möglicherweise ausgeprägter noch als in Westdeutschland. Zur langfristigen Eindämmung von Gewalt und Fremdenfeindlichkeit ist es also erforderlich, jungen Menschen zu helfen, wo sie Ausbildung und Arbeit suchen, ihnen beizustehen, wo sie in Not sind, sie zu begleiten, wo sie unter zerbrochenen Beziehungen leiden. Nur: Dies allein wird das Gewaltproblem wahrscheinlich nicht lösen.

4. Wie also kommt es nun zu der Gewalttätigkeit?

Statt ausschließlich nach kausalen Ursachen zu suchen, ist es vielleicht fruchtbarer, die sozialen Abläufe zu betrachten, die zur Gewalt führen. Die Trierer Studie weist auf bestimmte soziale Mechanismen und Faktoren hin, die in der Genese von Gewalt eine Rolle spielen. Sie macht plausibel, daß es sich in der Regel um eskalierende, weitgehend spontane Gruppenprozesse handelt, die durch eine Reihe von Faktoren vorangetrieben werden:

- Enthemmung durch Alkohol,
- Stimulierung durch Musik mit rechtsextremistischen und ausländerfeindlichen Inhalten,
- aufbauschende Thematisierung als Medienereignis mit Nachahmungs- und Ausbreitungseffekten,
- Gerüchte, konflikthafte Erfahrungen und Belastungen vor Ort.

Die Trierer Studie zeigt mit der wünschenswerten Klarheit, daß die 'Migrationskonflikte' nicht von Politikern herbeigeredet wurden, sondern daß die unkontrollierte Zuwanderung von einem erheblichen Teil der Bevölkerung vor Ort als starke Belastung empfunden wurde. Wer dies als einen politischen Mißstand anmahnt, darf nicht umstandslos den Ausländerfeinden zugeschlagen werden. 'Wer objektiv bestehende Probleme verschweigt, der ist tatsächlich verantwortlich für das Anwachsen des Rechtsradikalismus' - so hat dies der sozialdemokratische Oberbürgermeister von Hagen resumiert.

Die irrtümliche Annahme, im Sinne breiter Bevölkerungskreise zu handeln, sowie eine anfangs als schwächlich empfundene Reaktion der Ordnungs- und Strafverfolgungskräfte haben ebenfalls eine wichtige Rolle gespielt.

Eine solche Diagnose ist nicht beruhigend. Sie macht es im Gegenteil schwerer, gezielte Instrumentarien, wirksame Handlungskonzepte zu entwickeln. Dabei muß Prävention möglichst früh und ziemlich breit ansetzen: Indem man junge Menschen befähigt, ihr Leben selbständig zu bewältigen, verhilft man ihnen zu mehr Selbstvertrauen und zu mehr Gelassenheit gegenüber Unvorhergesehenem und Fremdem. Wo Gewalttätigkeiten Ausdruck der Bewegungs- und Erlebnisarmut des modernen Lebens sind, muß eine präventiv angelegte Jugendarbeit vermehrt Erlebnis- und Erfahrungsräume, insbesondere in belasteten Wohngebieten, bereitstellen.

Aus der Erkenntnis, daß die weit überwiegende Zahl ausländerfeindlicher Straftaten aus der Gruppe heraus initiiert und begangen wird, ergibt sich weiterhin der Schluß, daß über eine sozialpädagogische Betreuung ein erheblicher Teil der einschlägig Gefährdeten und Auffälligen erreicht werden kann. Das setzt allerdings voraus, daß ein flächendeckendes Angebot für solche Gruppen entwickelt wird.

Mit dem 'Aktionsprogramm gegen Aggression und Gewalt' hat das Bundesministerium für Frauen und Jugend eine Art 'Großversuch' auf den Weg gebracht, um erfolgversprechende sozialpädagogische Handlungskonzepte, Arbeitsansätze, Interventionsmöglichkeiten zu suchen und zu erproben. Mit dem ersten Zwischenbericht und anderen Veröffentlichungen liegen erste Erfahrungen vor, die sich in drei Punkten zusammenfassen lassen:

a) Die Sozialpädagogik hat es hier mit einer außerordentlich schwierigen Zielgruppe zu tun, die große Anstrengungen, Phantasie und Geduld erfordert und bei der auch Fehlentwicklungen und Fehlschläge nicht auszuschließen sind.

b) Die vorliegenden Erfahrungen sprechen bislang dafür, daß diese Gruppen durch geeignete Angebote und befähigte Pädagogen - noch - erreicht werden können, daß sie solche Angebote - noch - annehmen und mitmachen.
c) Da, wo es gelingt, solche Gruppen in geeignete Projekte mit fähigen Pädagogen einzubinden, lassen sich auch Ausschreitungen verhindern, Gewaltbereitschaften abbauen, Ideologien, Feindbilder, Haßgefühle und Vorurteile korrigieren.

5. Die Trierer Studie beschreibt u.a. als Tätertyp den 'Mitläufer', der in der Regel keine größere biographische Problembelastung aufweist und häufig auch nur geringe Fremdenfeindlichkeit und Gewaltbereitschaft erkennen läßt. An dieser Stelle wird greifbar, daß sich das Problem der Gewalt nicht auf gesellschaftliche 'Randgruppen' mit besonderen sozialen oder erzieherischen Defiziten abschieben läßt. Wenn sogar normale durchschnittliche Jugendliche solche barbarischen Taten begehen, dann wird die Frage um so bedrängender: Wie kommt es zu solchen Taten? Was geht hier in unserer Gesellschaft vor? Was geht in den jungen Menschen vor?

Jene Ausschreitungen sind nur möglich, weil moralische Hemmungen, anderen Menschen zu schaden, sie zu verletzen oder gar zu töten, nicht vorhanden, nicht wirksam sind oder ausgeschaltet werden können. Es ist die Aufgabe kulturell vermittelter Werte und Normen, die Leistung zivilisatorischer Standards, Barrieren gegen die Barbarei zu halten, sozialschädliche Aggressivität zu tabuisieren und in unschädlichen Handlungsalternativen zu kanalisieren. Die Normen und Verhaltensstandards werden durch Erziehung tradiert.

Hat der Schriftsteller Peter Schneider recht, wenn er schreibt:

"Die Halbwüchsigen 'verachten' die elementarsten Regeln der Fairneß nicht etwa, sie kennen sie gar nicht und haben sie nie, nach den Gesetzen von Lohn und Strafe, erlernt. Sie sind nicht entmenscht und zu Bestien geworden, sie wurden erst gar nicht zu Menschen gemacht".

Hat - mit anderen Worten - in elementarer Weise die Erziehung versagt? Offenbar gelingt es vielen Eltern und Erziehungsverantwortlichen nicht mehr im erforderlichen Umfang, jungen Menschen Grenzen und Verbote - als Bestandteile grundlegender Regeln des menschlichen Zusammenlebens insgesamt - verhaltenswirksam zu vermitteln. Diese Versäumnisse kommen zunächst dadurch zustande, daß es Eltern und andere Verantwortliche gibt, die sich der Aufgabe der Erziehung verweigern und damit ihre Kinder der Verwahrlosung aussetzen. Die Trierer Studie weist darauf hin, daß eine solche Erziehungsverweigerung bei der Entstehung von Gewalt durchaus eine Rolle spielt. Darüber hinaus ist Erziehung auch objektiv schwieriger in einer pluralistischen Gesellschaft, in der die verantwortlichen Erziehungsbemühungen durch widersprechende und unkontrollierbare Beeinflussungen von außen - insbesondere durch Medien - häufig durchkreuzt werden. Und weil Erziehung so mühsam und unkalkulierbar geworden ist, sind die Einflüsterungen so verführerisch, die uns da glauben machen wollen, Erziehung sei überflüssig, gar schädlich, weil der Emanzipation zuwider. So kann ein verhängnisvolles erzieherisches Vakuum entstehen. Diese Probleme verschärfen sich im Osten aufgrund des abrupten Umbruchs. Die heute 15- bis 16-Jährigen - so hat es eine Zeitschrift kürzlich beschrieben - , sind gleichzeitig in die Pubertät und in die Wende geraten. "... groß geworden unter striktem Gehorsam, entlassen ins Vakuum". Eine solche Lebenslage ist von verschiedenen Jugendforschern als 'anomische' Situation beschrieben worden - als eine Situation ohne plausible und verbindliche Verhaltensregeln, Normen und Sinnbezüge. Und solche anomischen Verhältnisse, so hat der Soziologe Ulrich Beck angemerkt, vergrößern 'die Wahrscheinlichkeit irrationaler Ausbrüche der verschiedensten Art, nicht zuletzt auch in Form von Gewalt gegen alles, was als 'fremd' etikettiert wird'.

Die Einsicht wächst, daß man junge Menschen einem solchen erzieherischen Vakuum nicht folgenlos und ungestraft aussetzen darf. Erziehung und Bildung im allgemeinen, Jugendpolitik und Jugendarbeit im besonderen haben sich mit dieser anomischen Situation und den damit wachsenden Risiken fehlgehender Identitäts- und Orientierungssuche auseinanderzusetzen.

Zur Vorbeugung gegen Extremismus und Gewalt gehört daher entscheidend eine wertorientierte Erziehung, in deren Mittelpunkt die Achtung der Menschenwürde und des Rechts stehen. Diese Grundlegung von Erziehung ist nach unserem Verständnis vor allem Aufgabe der Familie. Was aber ist zu tun, wenn ein Teil der Familien diese Aufgabe nicht mehr zu leisten vermag? Was kann die Schule tun, um solche Ausfälle notfalls auszugleichen? Benötigen wir ein qualitatives neues Erziehungsverständnis in der Schule? Welche Erziehungsaufgabe hat die Kinder- und Jugendhilfe, wenn sie die Grundlegung von Erziehung nicht nur für einige besonders belastete Problemgruppen, sondern für breitere Schichten der Kinder und Jugendlichen übernehmen muß?

Das Problem der Gewalt führt uns zurück zu zentralen Fragen unseres Zusammenlebens: Wie gewährleisten wir dauerhaft jenes moralische Minimum in unserer Gesellschaft, ohne das wir nicht mehr vom Zusammenleben von Bürgern, sondern nur noch vom Kampf aller gegen alle sprechen können?

1. Einleitung

Der öffentliche Diskurs über die fremdenfeindliche Gewalt und ihre Ursachen wird mit einer Intensität geführt, wie sie der Empörung über die Brandanschläge und Morde angemessen ist. Die wissenschaftliche Analyse des Phänomens ist dabei jedoch bisher zu kurz gekommen, weil das Urteil häufig schon formuliert wurde, bevor Informationen über die Täter, über deren soziale Lage und über den 'Sinn', den ihre Taten für sie haben, verfügbar waren. So haben sich zunächst Erklärungsmuster öffentlich durchgesetzt, die bereits aus anderen Auseinandersetzungen geläufig und eingeübt waren:

- Die 'antiautoritär-unerzogene Jugend', das war der Vorwurf, den konservative Zeitkritiker schon immer erhoben hatten und der nun - zum ersten Mal - von vielen Traditionshütern der 'antiautoritären Revolte' angenommen wurde. Die Plausibilität des Vorwurfs schien die Analyse zu ersparen, ob denn die Gewalttäter überhaupt aus den antiautoritären Milieus des bundesrepublikanischen Bildungsbürgertums kommen, und in welchem Maße Erziehungsdefizite für die Gewaltphänomene verantwortlich zu machen sind.
- 'Individualisierung' und 'Desintegration' aufgrund fortschreitender Durchkapitalisierung der Gesellschaft lautete die Gegendiagnose von links. Kommen die Täter aber wirklich aus den individualisierten Milieus, die es in Deutschland sicherlich vereinzelt, aber nach den empirischen Studien eben nicht flächendeckend gibt? Sind sie desintegriert, also aus den traditionellen, ländlichen, kirchlichen, gewerkschaftlichen, politischen Bindungen herausgefallen oder stammen sie gerade aus eher traditionellen Milieus, die mit der Aufnahme und Alimentierung von 'Fremden' nicht zurecht kommen?

- Politiker sind schuld! Diesen Vorwurf gibt es in zwei Ausführungen: einmal sind es diejenigen, die mit ihrer Weigerung das Asylrecht zu ändern, die Konflikte in den Gemeinden eskalieren ließen, ein andermal sind es diejenigen, die mit der 'Asylantenflut' auf Stimmenfang gegangen sind.
- Die 'Einäugigkeit' der Polizei und Justiz ist ein weiterer Vorwurf - ohne zu klären, was zum Beispiel in den neuen Bundesländern klammheimliches Sympathisantentum und was bloße Hilflosigkeit oder gar Unfähigkeit war.
- Einig sind sich alle wieder rasch mit der Schuldzuweisung an die Medien - ob hier freilich nur der Bote für die Nachricht gescholten wird, bleibt unklar, solange nicht der Eskalationsbeitrag der Medien tatsächlich im Einzelnen bestimmt ist.

So deutet vieles daraufhin, daß die fremdenfeindliche Gewalt und der Rechtsextremismus der neunziger Jahre bisher vor allem alte Fronten mit neuer Munition versorgt hat. Zumindest weisen die Rituale der Schuldzuweisung, die über fünfundzwanzig Jahre hinweg routinisiert wurden, kaum daraufhin, daß das Ausmaß der neuen Herausforderung begriffen ist.

In dieser Situation ist die empirische Sozialforschung als Korrektiv gefordert:

Thema des vorliegenden Buches ist die fremdenfeindliche Gewalt, die insbesondere von Cliquen männlicher Jugendlicher ausgeht und seit dem Herbst 1991 zu einer Vielzahl von gewalttätigen Angriffen auf Asylbewerber und andere in Deutschland lebende Ausländer geführt hat. Im Vordergrund steht hier der Versuch, mit unterschiedlichen, aber einander ergänzenden Methoden und Daten das Phänomen zu erhellen: *Meinungsumfragen* können Auskunft über allgemeine Einstellungen zu Fremden und zur Gewalt in der Bevölkerung geben; mit *Ereignisdaten* können Entwicklungs-, Diffusions- und Eskalationsprozesse nachvollzogen werden. *Polizeiliche Akten* über Tatverdächtige können den sozialstrukturellen Hintergrund erhellen; *Gerichtsakten* informieren über die Lebenssituation und die biographischen Karrieren der Verurteilten; aus der *Presseberichterstattung* und aus *Experteninterviews* über fremdenfeindliche Ereignisse können Interaktions- und Eskalationsprozesse gewalttätiger Ereignisse vor Ort und ihre lokalen sowie bundespolitischen Bedingungen rekonstruiert werden.

Das Buch bündelt daher Ergebnisse von mehreren Trierer Forschungsarbeiten (WILLEMS/WÜRTZ/ECKERT 1993; WIL-

LEMS/HILL/ECKERT/LERCH 1993; WILLEMS 1993c; ECKERT 1990; ECKERT/WILLEMS 1993a), die sich mit jeweils verschiedenen Methoden einzelnen Aspekten dieses Themas genähert haben; im einzelnen wurden durchgeführt:

a) Sekundäranalysen von Meinungsumfragen und Einstellungsuntersuchungen zur Fremdenfeindlichkeit und Gewaltbilligung/-bereitschaft (Kap.2, Kap.3).

Die fremdenfeindlichen Gewalttaten und rechtsextremistischen Aktionen sind von der Bevölkerung größtenteils mit Abscheu und entschiedener Ablehnung aufgenommen worden, fanden jedoch auch unverhohlene Sympathie, Verständnis und Beifall. Dies hat die Frage aufgeworfen, ob der Fremdenhaß und die Gewaltbereitschaft kleiner Minderheiten korrespondieren mit einer allgemeinen Fremdenfeindlichkeit in der Bevölkerung. Zum Verständnis der gegenwärtigen dramatischen Eskalation der fremdenfeindlichen Gewalt ist es daher sinnvoll, sich über die Entwicklung fremdenfeindlicher Einstellungen und Gewaltbereitschaften in der Bevölkerung zu informieren. Solche Untersuchungen können Aufschluß darüber geben, ob die Eskalation der Gewalt in den neunziger Jahren durch entsprechende langfristige Veränderungen der Einstellungen in der Bevölkerung und insbesondere bei Jugendlichen vorbereitet wurde und dementsprechend fundamentale Strukturprinzipien unserer Gesellschaft bzw. ihre Veränderung hierfür verantwortlich sind, oder ob es sich eher um kontingente und daher schwer vorhersehbare Entwicklungen und Eskalationen (Emergenz) angesichts neuer historischer Lagen und Konflikte handelt, aus denen sich freilich strukturelle Veränderungen ergeben können. Mit Hilfe von repräsentativen Meinungsumfragen können somit Protest- und Konfliktpotentiale in der Bevölkerung identifiziert werden, die für die Entwicklung von Gewalt häufig den Hintergrund abgeben. Wir können aus ihnen ableiten, wie fremdenfeindliche Einstellungen und Gewaltbereitschaften soziostrukturell und politisch-ideologisch verankert sind. Die mittel- und langfristigen Veränderungen von solchen Einstellungspotentialen sind aber nur in repräsentativ angelegten Langzeit-Studien zuverlässig zu ermitteln. Solche Untersuchungen sind jedoch selten. Neben den ALLBUS-Studien, die in unserer Analyse der fremdenfeindlichen Einstellungen im Vordergrund stehen, sind entsprechende zeitvergleichende

Daten lediglich noch in den EUROBAROMETER sowie in den IPOS-Umfragen enthalten (wenn auch für kürzere Zeiträume). Für die Beschreibung der Entwicklung von Gewaltbereitschaften haben wir keine durchgehenden Zeitreihenuntersuchungen zur Verfügung. Hier mußten wir daher auf unterschiedliche Einzeluntersuchungen zurückgreifen (Political Action Studie, Bericht der Gewaltkommission, IPOS Daten, DJI Jugendsurvey etc.).

b) Quantitative Analyse von Täter- und Tatmerkmalen (Kap. 6)

Neben der Identifizierung allgemeiner Potentiale an Fremdenfeindlichkeit und Gewaltbereitschaft in der Bevölkerung ist jedoch auch die Frage von Bedeutung, wer Gewalt gegen Fremde verübt und welche gemeinsamen Merkmale die Tätergruppen aufweisen. Dies kann -entgegen der üblichen Praxis - weder aus gesellschaftstheoretischen Überlegungen noch aus allgemeinen Bevölkerungsumfragen deduziert werden, sondern muß für jede Form politischer Gewalt empirisch neu aufgearbeitet werden. Ein zweiter Schwerpunkt des vorliegenden Buches ist daher *eine quantitative Analyse von Täter- und Tatmerkmalen.* Diese Analyse gründet auf der Auswertung von 1.398 Ermittlungsakten der Polizeien verschiedener Bundesländer in den Jahren 1991 und 1992.

c) Qualitative Analyse von Gerichtsakten (Kap. 7)

Nachdem detailliertere Informationen über biographische Hintergründe und Lebenslage der Tatverdächtigen aus den polizeilichen Ermittlungsakten nicht zu erhalten sind, haben wir die quantitative Analyse ergänzt durch eine *qualitative Analyse von Gerichtsakten*, in denen ausführlichere Informationen über familiale Hintergründe, biographische Merkmale und schulische bzw. berufliche Karrieren festgehalten sind. Freilich konnte hier aus zeitlichen und finanziellen Gründen den strikten Anforderungen einer qualitativen Inhaltsanalyse nicht Genüge getan werden.

d) Beschreibung der subkulturellen Strukturen und Gruppendynamik (Kap. 4, Kap. 7.4)

Diese quantitativen und qualitativen Analysen der Täterstrukturen fremdenfeindlicher Gewalt, ihrer sozioökonomischen Lagen, ihrer Gruppenorientierungen und Motivationen, aber auch ihrer psychischen Dispositionen und biographischen Belastungen sind sowohl für die Weiterentwicklung wissenschaftlicher Erkenntnisse und die Informierung der Theorie von Bedeutung, als auch - in politisch-praktischer Hinsicht - für die Entwicklung von Präventions- und Kontrollkonzepten. Freilich reicht eine individualistische, täterorientierte Perspektive zur Erklärung fremdenfeindlicher Gewalt nicht aus. Sie muß ergänzt werden um eine interaktionistische Perspektive, in der sowohl die Gruppenkontexte als auch die Eskalationsprozesse fremdenfeindlicher Gewalt aufscheinen können.

Die fremdenfeindliche Gewalt geht in nahezu allen Fällen von jugendlichen Gruppen aus. Daher müssen sowohl *subkulturelle Besonderheiten* (z.B. Bedeutung von Werthaltungen, Symbolen, Provokationen, Distinktionsbemühungen) als auch die *Gruppendynamik* für die Erklärung der Gewaltentwicklung herangezogen werden.

e) Historische Analyse der Interaktions-, Eskalations- und Ausbreitungsprozesse (Kap. 8)

Eine ausschließlich täterorientierte Gewaltforschung verstellt den Blick auf die Prozesse, die dem Gewalthandeln vorausgehen, und auf die Situationen, in denen sich Gewalt schließlich ereignet. Erst in der Auseinandersetzung mit Anderen, als Reaktion auf deren Reaktionen, entwickelt sich aber oft die Vorstellung, daß Gewalt legitim - und was ebenso wichtig ist - u.U. auch relativ risikofrei einsetzbar sei. Gewaltbereitschaften und Gewalthandlungen müssen nicht im vorhinein vorhanden sein, sondern können in Konflikten durch das Handeln und Nicht-Handeln aller Beteiligten erst erzeugt oder doch ermöglicht werden. Für die Analyse von Gewalt bedeutet dies, den Blick nicht auf das gewalttätige Individuum zu verengen, sondern Gewalt als Merkmal einer sozialen Situation zu begreifen, in der unterschiedliche Akteure mit unterschiedlichen Interessen und Strategien und unterschiedlichen Fähigkeiten und Ressourcen aufeinandertreffen. Daher haben wir zusätzlich versucht, in einem fünften Analyseschritt die Interaktionsprozesse zwischen gewalttätigen bzw. gewaltbereiten Gruppen und anderen gesellschaftlichen Gruppen und Instanzen (Politik, Polizei, Medien, Öffentlichkeit) zu analysieren. Hier waren anhand der *Presseberichterstattung* und ergänzt durch *Experteninterviews* jene Interaktions- und Eskalationsprozesse zu rekonstruieren, die in den verschiedenen Kommunen den Gewalttaten und Gewalteskalationen vorausgegangen sind. Eine solche konflikttheoretisch und interaktionistisch ausgerichtete Perspektive erlaubt es, die Zusammenhänge zwischen allgemeinen Einstellungen, der Unterstützung in einzelnen Bevölkerungsgruppen und den sich daraus ergebenden Gelegenheitsstrukturen für gewaltbereite Gruppen zu klären und zu erkennen, unter welchen Bedingungen und in welchen Situationen sich Einstellungen und Gewaltbereitschaften in Gewalthandlungen und Gewalttaten umsetzen. Sie ermöglichen es auch festzustellen, wie mediale Berichterstattung über Gewalttaten Resonanz- und Nachahmungseffekte auslösen (Vgl. dazu auch Kap. 5).

Diese verschiedenen Datensätze zu unterschiedlichen Dimensionen des Phänomens fremdenfeindlicher Gewalt bilden die empirische Grundlage des Buches. Die Entscheidung für eine mehrdimensionale und multimethodische empirische Herangehensweise an das Thema macht bereits deutlich, daß wir a) die fremdenfeindlichen Gewaltereignisse der letzten Jahre als ein Phänomen begreifen, daß in seiner Verursachung sehr komplex und hochgradig kontingent ist und daher in dieser Form von niemandem vorhergesehen werden konnte - selbst wenn manche ex post Analysen nun eine Zwangsläufigkeit und Determiniertheit zu erkennen glauben; und daß b) der hier gewählte induktive Weg (über die Aufarbeitung empirischer Informationen und Daten zur Interpretation und Theorie) als notwendig und nützlich für die Weiterentwicklung des wissenschaftlichen Diskurses angesehen wird. Er ermöglicht es uns, die gängigen Interpretations-Stereotype, theoretischen Vor-Urteile und politischen Feindbilder, mit denen wir häufig im öffentlichen Diskurs operieren, zunächst hintanzustellen und erst auf der Grundlage empirischer Hinweise und Informationen Rückfragen an die verschiedenen Erklärungen und Theorien zu stellen.

Das Buch hätte ohne die Förderung und Unterstützung durch eine Reihe von Institutionen und Personen nicht realisiert werden können. Die Analyse der Meinungsumfragen wurde 1992 vom Bundesministerium für Frauen und Jugend in Auftrag gegeben. Die Anregung zur Analyse von Polizeidaten stammt von Edwin Kube, dem Abteilungspräsidenten des Kriminalistisch-Kriminologischen Institutes des Bundeskriminalamtes, der auch die Unterstützung des Bundeskriminalamtes und der beteiligten Landeskriminalämter vermittelte. Eine erste Finanzierung wurde im Eilverfahren von der Deutschen Forschungsgemeinschaft gewährt. Eine darauffolgende umfangreichere Finanzierung durch das Bundesministerium für Frauen und Jugend machte es möglich, die Untersuchung auszuweiten und auch Gerichtsakten und die Konfliktlagen und Eskalationsprozesse vor Ort zu analysieren. Ihnen allen sei an dieser Stelle für die finanzielle und personelle Unterstützung herzlich gedankt. Besonderer Dank gilt auch den zahlreichen Experten (Sozialarbeiter, Richter, Polizeibeamte, Ausländerbeauftragte, Jugendliche) die sich für Interviews zur Verfügung stellten. An den verschiedenen Forschungsarbeiten waren zusätzlich beteiligt: Gunhild Korfes von der Humboldt-Universität Berlin insbesondere bei der Analyse von Gerichtsakten, Manfred Lerch von der Universität Trier, der für alle anfallenden EDV-Arbeiten zuständig war, sowie die wissenschaftlichen Hilfskräfte Markus Ankerstein, Robert Behner, Mark Herbermann und Stefan Lücke. Für hilfreiche Kommentare und Kritik danken wir Christian Pfeiffer vom Kriminologischen Forschungsinstitut Niedersachsen sowie Rainer Erb vom Zentrum für Antisemitismusforschung an der Technischen Universität Berlin.

2. Die Entwicklung der Einstellungen zu unterschiedlichen Ausländergruppen zwischen 1980 und 1992

von Paul B. Hill

In diesem Kapitel steht die Frage im Vordergrund, wie sich die Einstellungen der deutschen Bevölkerung gegenüber Ausländern seit Beginn der 80er Jahre verändert haben. Diese Frage ist insofern von besonderer Bedeutung, als in vielen Interpretationen und Erklärungsversuchen zur fremdenfeindlichen und rechten Gewalt in den 90er Jahren vermutet wird, diese Eskalation sei nur vor dem Hintergrund einer generellen Einstellungsveränderung gegenüber Ausländern in der deutschen Bevölkerung möglich gewesen, und eine entsprechende Zunahme fremdenfeindlicher-ethnozentrischer Haltungen habe sich bereits früh in den 80er Jahren feststellen lassen.

Als 'Beleg' für entsprechende Vermutungen dienen zum einen Verweise auf wachsende Mitgliedszahlen in rechtsradikalen und rechtsextremistischen Gruppierungen und Parteien, sowie auf die Wahlerfolge insbesondere der Republikaner; zum anderen vereinzelte Untersuchungen aus den 80er Jahren, in denen jeweils unterschiedlich große fremdenfeindliche Einstellungspotentiale in unterschiedlichen Bevölkerungsgruppen identifiziert wurden.

Zuverlässige Schlußfolgerungen über die Entwicklungen der Einstellungen gegenüber Ausländern in der Bevölkerung insgesamt sind aus solchen Quellen jedoch nicht zu gewinnen: Erstens läßt sich die Entwicklung der Mitgliedschaftszahlen in rechtsextremistischen Organisationen und Parteien nicht als Maßstab für die Entwicklung entsprechender Einstellungen in der Bevölkerung als Ganzem verwenden; zweitens sind - wie Wahlanalysen zeigen - auch die Wähler rechter Parteien wie der Republikaner nicht einfach mit fremdenfeindlichen oder rassistischen Einstellungspotentialen gleichzusetzen; z.T. sind es Protestwähler und (noch) nicht ideologisierte Stammwähler; zudem reichen solche Einstellungen weit über den rechten politischen Rand hinaus, sind also auch bei den Stimmungspotentialen der etablierten demokratischen Parteien zu finden; und drittens können einzelne Untersuchungen, die mit unterschiedlichen Instrumenten zu unterschiedlichen Themen bei unterschiedlichen Stichproben zu verschiedenen Zeitpunkten gearbeitet haben, nicht einfach untereinander verglichen werden und als Grundlage für die Einschätzung von langfristigen Trends in der Gesamtbevölkerung benutzt werden.

Von daher konzentriert sich die vorgenommene Sekundäranalyse auf Daten, die aus Längsschnittuntersuchungen zum Thema Fremdenfeindlichkeit stammen, und daher wissenschaftlichen Standards für die Identifizierung von Einstellungsentwicklungen genügen.

2.1 Datenquellen

Gemäß der Zielsetzung der vorliegenden Untersuchung geht es in den folgenden Analysen um die Entwicklung der Einstellung zu Ausländern bzw. allgemeiner um die Entwicklung des Ethnozentrismus in der Bundesrepublik. Da jede Einschätzung von Entwicklungen mindestens zwei Meßzeitpunkte mit vergleichbaren Instrumenten und Stichproben voraussetzt, sind die möglichen Datenquellen auf Längsschnittuntersuchungen beschränkt. Entsprechende Datenrecherchen im Zentralarchiv für empirische Sozialforschung an der Universität zu Köln über solche Datensätze erbrachten drei Untersuchungen bzw. Untersuchungsreihen, die diese Kriterien erfüllen:

1. Die Allgemeine Bevölkerungsumfrage in den Sozialwissenschaften (ALLBUS), die von 1980 bis 1990 alle zwei Jahre und ab 1990 jährlich stattfand.
2. Die 1988, 1990, 1991 und 1992 durchgeführten europaweiten Erhebungen des EUROBAROMETERS, welche im Auftrag der Kommission der EG, Brüssel, durchgeführt werden.

3. Die Untersuchungen des IPOS (Institut für praxisorientierte Sozialforschung, Mannheim) von 1987, 1988 und 1991[1].

Das EUROBAROMETER und die Untersuchungen des IPOS sind freilich nur eingeschränkt zur Analyse der Einstellungen gegenüber Ausländern geeignet. So grenzen die IPOS-Studien die Fragestellung auf die Aufnahme von politisch Verfolgten ein und das EUROBAROMETER replizierte lediglich eine relevante Frage, die zunächst 1988 gestellt wurde, in den Jahren 1990, 1991 und 1992. Zudem basiert das EUROBAROMETER von 1988 nicht auf einer reinen Zufallsauswahl. In den IPOS-Studien finden sich darüber hinaus Fragen zu den Kontakten zu Ausländern, zum Wahlrecht für Ausländer und zur Gestaltung der Asylpolitik. Diese Fragen stellen jedoch keine brauchbaren Indikatoren für die Einstellungen gegenüber Ausländern bzw. für Ausländerfeindlichkeit und Ethnozentrismus dar. So wie persönliche Kontakte zu Ausländern nicht bereits auch grundlegende positive Einstellungen zu Ausländern bedeuten oder zur Folge haben, so sind auch die verschiedenen Positionen zur Gestaltung der Asylpolitik nicht einfach als Ausdruck bestimmter Einstellungsmuster gegenüber Ausländern zu deuten. Auch aus anderen Fragen, wie etwa der Wahrnehmung von Konflikten zwischen Ausländern und Deutschen kann nicht auf die persönliche Einstellung zu Ausländern geschlossen werden. Ferner stehen die aktuellen IPOS-Daten noch nicht für Sekundäranalysen zur Verfügung, so daß hier auf die IPOS-Veröffentlichungen zurückgegriffen werden muß und daher keine eigenen Berechnungen möglich sind.[2]

Für die folgenden Ausführungen ist daher zunächst der ALLBUS bedeutsam, da diese Erhebungsreihe am weitesten zurückreicht (1980) und die verwendeten Instrumente methodisch sehr gut abgesichert werden können. Zudem erfaßt er 1991 und 1992 auch die Bevölkerung in den neuen Bundesländern, wodurch für diese Teilpopulation ebenfalls eine - wenn auch kurzzeitige - Analyse über die entsprechenden Jahre hinweg möglich ist.

---

1 Bei den anderen vom Zentralarchiv ermittelten Studien handelt es sich um Einzelstudien, die keine Zeitreihen erfassen und deren Instrumente nicht mit den obigen Untersuchungen vergleichbar sind.

2 Dagegen konnte das Zentralarchiv für empirische Sozialforschung die Datensätze des EUROBAROMETERS zur Verfügung stellen.

In den Jahren 1980, 1984, 1988 und 1990 wurden jeweils vier gleichlautende Items erhoben, die die Einstellung zu Gastarbeitern erfassen. Die Items lauteten:

1. *Gastarbeiter sollten ihren Lebensstil ein bißchen besser an den der Deutschen anpassen,*
2. *Wenn Arbeitsplätze knapp sind, sollte man die Gastarbeiter wieder in ihre Heimat schicken,*
3. *Man sollte Gastarbeitern jede politische Betätigung in Deutschland untersagen,*
4. *Gastarbeiter sollten sich ihre Ehepartner unter ihren eigenen Landsleuten auswählen.*

Die Antwortkategorien reichten von '*Stimme überhaupt nicht zu*' (Code 1) bis '*Stimme voll und ganz zu*' (Code 7).

1990 bzw. 1991 wurden die Items verändert, so daß diese aus methodischen Gründen nicht mehr direkt mit denen aus den vorherigen Jahren zu vergleichen sind[3]. Insbesondere wird nur noch nach Zuzugsrestriktionen gegenüber vier verschiedenen Gruppen (Item 1: Aussiedler aus Osteuropa, Item 2: Asylsuchende, Item 3: EG-Arbeitnehmer, Item 4: Nicht-EG-Arbeitnehmer) gefragt. Die drei Antwortmöglichkeiten waren '*Der Zuzug soll uneingeschränkt möglich sein*', '*Der Zuzug soll begrenzt werden*' und '*Der Zuzug soll völlig unterbunden werden*'. Es wird zu zeigen sein, ob man auch diese Angaben dem über die vier 'Gastarbeiter-Items' gebildeten theoretischen Konstrukt 'Ausländerfeindlichkeit' (bzw. 'Ethnozentrismus') zuordnen kann, d.h. ob die verschiedenen Instrumente das Gleiche messen. Immerhin besteht die Möglichkeit, für Zuzugsbeschränkungen einzutreten, ohne damit zugleich ethnozentristische Einstellungen zu präferieren. Ob die Befragten zwischen den möglichen verschiedenen Interpretationen tatsächlich unterscheiden, ist jedoch eine empirische Frage, die im Rahmen der Validitätsprüfungen untersucht wird.

3 1990 wurden beide Operationalisierungen (zumindest für eine Teilgruppe von ca. 1500 Personen) erhoben.

2.2 Methodische Probleme bei Längsschnittanalysen

Vor der Darstellung der Datenanalyse und deren Resultate sind einige Bemerkungen über die Probleme, die sich bei der angestrebten Analyse ergeben, notwendig. Längsschnittanalysen zielen auf den Wandel bzw. die Stabilität von Einstellungen im Zeitverlauf ab und wollen damit Entwicklungstrends aufzeigen. Die Qualität solcher Analysen hängt v.a. von zwei Kriterien ab: Erstens der Konstanz der verwendeten Meßinstrumente und zweitens von der Anzahl der zur Verfügung stehenden Meßzeitpunkte innerhalb des betrachteten Zeitabschnitts.

Die erste Bedingung ist ohne Einschränkung nur für den genannten Zeitraum 1980 bis 1990 im ALLBUS erfüllt. Im Vorgriff auf die Analyseergebnisse kann jedoch bereits hier daraufhingewiesen werden, daß die entsprechenden Analysen deutliche Hinweise dafür liefern, daß die ab 1990 bzw. 1991 veränderten Instrumente durchaus vergleichbare Einstellungen erfassen und damit ein sinnvoller Vergleich von 1980 bis 1992 möglich ist. Für das Eurobarometer liegt eine identische Frageformulierung für die Jahre 1988, 1990, 1991 und 1992 vor.

Das zweite Kriterium, die Anzahl der Meßzeitpunkte, wirft für alle hier bearbeiteten Datensätze deutliche Probleme auf. Zwar sind die Instrumente gleich bzw. vergleichbar, aber die Anzahl und die zeitlichen Abstände der Erhebungen sind keineswegs unproblematisch. Die angestrebte Wiedergabe eines Trends ist nur möglich, wenn ein konstanter Verlauf zwischen den Meßzeitpunkten unterstellt wird. Dieser kann in der Tendenz vorliegen, aber theoretisch sind selbstverständlich auch gravierende Schwankungen denkbar, da ja Intervalle in der Größenordnung von ca. 6 Monaten und einem Jahr bis vier Jahren vorliegen. Sollte also z.B. die gemessene Ausländerfeindlichkeit 1980 und 1984 gleich hoch sein, so können in dem dazwischen liegenden Intervall durchaus wesentlich höhere oder niedrigere Werte vorgelegen haben, über die die vorliegenden Daten aber keine Auskunft geben. Für den Zeitraum von 1980 bis 1990 liegen jedoch keine plausiblen Gründe dafür vor, solche gravierenden kurzfristigen Schwankungen zwischen den Erhebungszeitpunkten zu unterstellen. In den Jahren 1990 und 1991 gehörte die Asylproblematik jedoch bereits zu den viel diskutierten politischen Themen, und zwischen den Erhebungszeitpunkten (Mai/Juni) 1991 und (Mai/Juni) 1992 liegt unter anderem der extremistische Gewaltakt von Hoyerswerda. Solche Ereignisse können durchaus (kurzfristige) Veränderungen in den Einstellungen hervorrufen, die sich in den Daten niederschlagen. Um solche Effekte genauer zu bestimmen, wären jedoch sehr kurze Meßintervalle (etwa im Abstand von zwei bis drei Wochen) notwendig, die leider bei keiner Untersuchung realisiert werden.

Deutlich schwieriger noch stellt sich die Ermittlung eines Entwicklungstrends dar, wenn auf verschiedene Untersuchungen zurückgegriffen werden muß. Neben den dann (fast immer) variierenden Operationalisierungen ergibt sich dann auch noch das Problem, daß häufig unterschiedliche Verfahren zur Stichprobenziehung benutzt werden. Bei den hier verarbeiteten Daten, ist zumindest in dieser Hinsicht die zentrale Grundbedingung, daß alle Daten mit Hilfe reiner Zufallsauswahlverfahren gewonnen wurden, für einen Vergleich zwischen den Datensätzen erfüllt[4]. Trotzdem sind solche Vergleiche in der Praxis immer schwierig und nur mit Zurückhaltung zu interpretieren.

Vor der Darstellung der inhaltlichen Ergebnisse haben wir die Reliabilität und Validität der Daten geprüft, da eine hinreichende Zuverlässigkeit und Gültigkeit, der Instrumente Voraussetzung für jede inhaltliche Dateninterpretation ist.

Zur Bestimmung der Reliabilität wurde Cronbachs Alpha herangezogen, welches dem Mittelwert aller möglichen 'split-half-

---

4 Die einzige Ausnahme scheint hier die EUROBAROMETER-Erhebung von 1988 zu sein. Aufgrund einer ungenauen Dokumentation läßt sich das Stichprobenverfahren für diese Erhebung nicht eindeutig rekonstruieren.
In der Praxis der empirischen Sozialforschung und deren öffentlicher Verwertung kommt es hier häufig zu methodisch mehr als fragwürdigen Darstellungen. Ein Beispiel liefern die EUROBAROMETER der Jahre vor 1990. Bei dieser europaweiten Untersuchung wurde zur Datenerhebung in den verschiedenen Ländern zum Teil unterschiedliche Verfahren (Quotenverfahren und Zufallsverfahren) angewendet. Die darauf basierenden und in den Medien kursierenden Ländervergleiche sind aus strikter methodischer Sicht einfach nicht zulässig.
Ähnliches läßt sich auch immer wieder bei den äußerst populären Befragungen zum Wahlverhalten (Sonntagsfrage) beobachten. Ergebnisse von verschiedenen Instituten werden dabei zeitlich aneinandergereiht, ohne auch nur im geringsten, die Fragen der verschiedenen Stichprobenkonstruktionen und deren Folgen zu tangieren. Dies ist umso problematischer, als hier oft weniger Prozentpunkte Differenz über "Wahlsieger" und "-verlierer" "entscheiden". Aus der Sicht der Inferenzstatistik sind solche Punktschätzungen (z. B. CDU 38,2%, SPD 36,9%) ohnehin immer mit einem gewissen quantifizierbaren Fehler behaftet, der jedoch so gut wie nie ausgewiesen wird.

Koeffizienten' entspricht (Schnell/Hill/Esser 1992; Bohrnstedt 1983).

Tab. 2.1: Reliabilitätskoeffizienten (Alpha) ALLBUS 1980-92.

1980	1984	1988	1990	1991	1992
.766	.745	.779	.927	.741	.728

Die Alpha-Werte (Tab. 2.1) zeigen für alle vier 'Gastarbeiter-Items' von 1989 bis 1990 und die 'Zuzugsbeschränkungs-Items' von 1991 und 1992 über die verschiedenen Erhebungszeitpunkte eine sehr gute Reliabilität. Die Messungen können somit als zuverlässig betrachtet werden.

Zur Validitätsprüfung wurden verschiedene faktorenanalytische Verfahren angewandt. Die Analyse für die vier Items zu den verschiedenen Meßzeitpunkten zeigen sehr ähnliche Ergebnisse (Tab. 2.2). Es wird jeweils ein Faktor extrahiert und das Faktorenladungsmuster ist frei von Ausreißern. Dies ist ein erster Hinweis darauf, daß die verschiedenen Items die gleiche Einstellungsdimension erfassen.

Tab. 2.2: Faktorenladungen

	1980	1984	1988	1990	1991	1992
Item 1	.698	.661	.705	.913	.704	.675
Item 2	.802	.779	.829	.926	.702	.701
Item 3	.786	.797	.813	.912	.765	.748
Item 4	.777	.765	.754	.881	.826	.821
erklärte Varianz	58.8%	56.6%	60.4%	82.5%	56.4%	54.5%

Auch wenn man im Sinne der Konstruktvalidität die vier Items mit weiteren Items, die vermutlich anderen theoretischen Konstrukten zugeordnet sind, einer Faktorenanalyse unterzieht, zeigt sich, daß die hier zur Analyse herangezogenen Variablen meßtechnisch nicht mit den anderen Konstrukten konfundiert sind (vgl. Tab 2.3 bis Tab. 2.9 im Anhang). Für die entsprechenden

Analysen wurden neben den vier 'Gastarbeiter-Items' zum einen drei Items verwendet, die den Kontakt zu Gastarbeitern (bei der Arbeit, in der Nachbarschaft und im Freundeskreis) messen, und zum anderen die subjektive Schichtzugehörigkeit und die subjektive Einordnung auf einer 'Oben-Unten-Skala' erfassen[5]. Bei den vorgegebenen dreifaktoriellen Lösungen (mit oliquer Rotation) ergibt sich eine maximale Faktorenkorrelation von .26 (ALLBUS 1990, Faktor 1 mit Faktor 3).

Inhaltlich korreliert also - wie dies theoretisch auch zu erwarten ist - der Faktor, der die 'Gastarbeiter-Items' repräsentiert, und der Faktor, der die Kontakte zu Gastarbeitern wiedergibt. Insgesamt sind die Faktorenladungsmuster frei von problematischen Fehlladungen und die Faktorkorrelationen sind gering, womit meßtheoretisch eine hinreichende Konstruktvalidität unterstellt werden darf.

Wie bereits beschrieben, wurde 1990 bzw. 1991 die Einstellungsmessung im ALLBUS verändert. 1990 wurden jedoch beide Instrumente ('Gastarbeiter-Items' und 'Zuzugsbeschränkungs-Items') erhoben, so daß untersucht werden kann, ob beide Instrumente das gleiche Konstrukt erfassen. Dazu wurde eine entsprechende konfirmatorische Faktorenanalyse berechnet (vgl. Tab. 2.7 im Anhang).

Die Analyse zeigt eine relativ saubere Lösung mit der vermuteten Struktur, die 'Gastarbeiter-Items' und 'Zuzugsbeschränkungs-Items' laden auf einem Faktor, d.h. es kann davon ausgegangen werden, daß sie dem gleichen theoretischen Konstrukt zugeordnet werden können (vgl. Tab. 2.7 im Anhang). Testet man ein Modell das von vier Faktoren ausgeht, also hypothetisch eine Differenzierung der Faktoren unterstellt, so erhält man eine Lösung, in der die beiden verschiedenen Operationalisierungen ('Gastarbeiter'- bzw. 'Zuzugsbeschränkungs-Items') zwar sauber auf unterschiedlichen Faktoren laden, die aber dann eine inakzeptabel hohe Faktorenkorrelation von .47 aufweisen. Somit darf insgesamt davon ausgegangen werden, daß die verschiedenen Operationalisierungen das gleiche Konstrukt erfassen und damit inhaltlich eine Fortsetzung der Messung vorliegt.

---

5 1984 wurde die 'Oben-Unten-Skala' nicht erhoben, deshalb wird bei der entsprechenden Analyse nur auf die subjektive Schichtzugehörigkeit zurückgegriffen.

Auch die Items der Erhebung von 1991 und 1992 wurden zusätzlich einer konfirmatorischen Faktorenanalyse unterzogen (vgl. Tab. 2.8 im Anhang). Dabei konnte jedoch nur auf die Indikatoren der subjektiven Schichteinordnung zurückgegriffen werden, da die 'Kontakt-Items' nach 1990 nicht mehr erhoben wurden. Es zeigt sich dabei - wie für die anderen Analysen -, daß die Fragen nach den Zuzugsbeschränkungen sauber auf einem Faktor laden, der sich wiederum deutlich von der subjektiven Schichteinordnung unterscheidet (vgl. Tab. 2.8 und 2.9 im Anhang).

Zusammenfassend kann somit von einer hohen Zuverlässigkeit der Daten ausgegangen werden. Die Faktorenanalysen zur Prüfung der Datenvalidität geben keine Hinweise auf unvalide Messungen und auch der Wechsel in den Meßinstrumenten scheint keine negativen Konsequenzen für die Interpretation der Daten zu haben.

2.3 Die Einstellung zu Gastarbeitern von 1980 bis 1992

Im folgenden sollen die Veränderungen in der Einstellung zu Ausländern von 1980 bis 1992 dargestellt werden. Dazu werden zunächst die Verteilungen der verschiedenen Items, die die Zustimmung bzw. Ablehnung zu verschiedenen, die Ausländer diskriminierenden Aussagen und für 1991 sowie 1992 die Beurteilung von Zuzugsbeschränkungen erfassen, zu den fünf genannten Erhebungszeitpunkten des ALLBUS wiedergegeben (1980-1992). Danach werden die verschiedenen Indikatoren zu einem Index zusammengefaßt, der dann eine übersichtlichere Darstellung und einfache Interpretation erlaubt.

Vergleicht man die Anteile der extrem negativen Einstellungen zu Gastarbeitern (Ausprägung 7 in Tab. 2.10), so zeigt sich, daß diese Anteile von 1980 über 1984, 1988 bis 1990 jeweils auf allen vier Items abnehmen. D.h. der Anteil der Personen die mehr Anpassung von Gastarbeitern forderten, die Gastarbeiter bei knapper Arbeit zuerst nach Hause schicken wollen, die ihnen politische Betätigung untersagen möchten und für rein intraethnische Heiraten eintreten, ist zu jedem jüngeren Erhebungsdatum geringer als zuvor.[6] Interpretiert man diese Angabe in Sinne einer zeitlichen Entwicklung - mit den oben genannten methodischen Risiken - so hat sich die Einstellung von 1980 bis 1990 erkennbar zugunsten der Gastarbeiter verbessert.

Dies gilt auch, wenn man die Ausprägung 1 betrachtet (also die extreme Ablehnung der die Ausländer diskriminierenden Statements). Diese - im Sinne des Meßinstrumentes maximale positive Haltung gegenüber den Gastarbeitern - hat sich mit der chronologischen Reihenfolge der Erhebungszeitpunkte anteilsmäßig auf allen vier Items vergrößert. Die Zustimmung zu Ausländer diskriminierenden Aussagen geht also im Zeitverlauf zurück, die Ablehnung nimmt zu und zwar um so stärker, je diskriminierender die Aussagen sind. Lediglich bezüglich der Forderung nach einer besseren Anpassung des Lebensstils an den der Deutschen ist auch 1990 die Zustimmung noch stärker ausgeprägt als die Ablehnung. Die Zunahme extrem positiver Haltungen und die Abnahme extrem negativer Haltungen zwischen 1980 und 1990 auf den Extremwerten der Verteilungen geht auch nicht wesentlich auf Umverteilungen innerhalb des jeweiligen ablehnenden Spektrums bzw. zustimmenden Spektrums (Wertebereich 1 bis 3 bzw. 5 bis 7) zurück.

Hinsichtlich der einzelnen Items fällt weiter auf, daß sie keine Annäherung an eine Normalverteilung darstellen, sondern am ehesten als extrem schiefe (Items 1) bzw. als bimodale Verteilungen zu kennzeichnen sind. Auf den Items 2 bis 4 sind (mit Ausnahme Item 2 in 1990) die Extremwerte 1 und 7 immer am häufigsten besetzt. Dies spricht für eine Polarisierung der Einstellungen in der Stichprobe: Man hat entweder eine deutliche Position für oder gegen die Gastarbeiter. Darauf weisen auch die relativ hohen Korrelationskoeffizienten (im Durchschnitt ca. .40) zwischen den Items hin. Dieser Anteil an neutralen bzw. meinungslosen Befragten hat sich von 1988 bis 1990 auf allen Items verringert, was wahrscheinlich eine Auswirkung der verstärkten politischen und öffentlichen Diskussion um das Thema 'Ausländer' bzw. 'Asyl' ist. Durch die sich ausbreitende Debatte wird vermutlich der Anteil der 'Meinungslosen' in der Bundesrepublik verringert, das Meinungsspektrum polarisiert sich.

---

6 Der hohe Anteil in der Kategorie KA (Keine Angabe) für das Jahr 1990 kommt durch einen Fragebogensplit zustande. 1595 Personen bekamen dadurch die entsprechenden Fragen nicht gestellt.

Tab. 2.10: Zustimmung und Ablehnung zu den Gastarbeiter-Items (in Prozent der Nennungen)

Item 1

	1980	1984	1988	1990
1	7.6	8.4	10.4	11.4
2	5.3	6.5	7.9	11.3
3	8.0	9.4	9.5	10.9
4	13.6	15.2	15.7	15.2
5	20.6	18.5	15.0	17.0
6	15.1	12.6	12.5	10.6
7	29.8	29.4	29.0	23.6
kA	12	16	1	1595
n	2955	3004	3052	3051
x	4.99	4.84	4.70	4.41
s	1.87	1.93	2.03	2.03

Item 2

	1980	1984	1988	1990
1	16.0	19.2	25.1	26.4
2	8.0	10.5	10.9	14.9
3	9.7	12.4	11.0	13.5
4	14.2	15.8	17.1	14.4
5	14.7	13.4	10.9	10.4
6	11.7	9.3	7.6	6.7
7	25.8	19.5	17.4	13.6
	16	14	2	1595
	2955	3004	3052	3051
	4.42	4.00	3.70	3.42
	2.15	2.13	2.17	2.09

Item 3

	1980	1984	1988	1990
1	17.6	20.0	24.4	26.2
2	8.7	10.3	10.1	12.4
3	9.9	10.4	12.0	12.5
4	12.8	12.2	15.6	13.3
5	2.0	9.2	9.4	8.4
6	8.7	8.7	6.9	7.4
7	30.3	29.2	21.6	19.7
kA	12	19	5	1595
n	2955	2904	3052	3051
x	4.99	4.84	4.70	4.41
s	1.87	1.93	2.03	2.03

Item 4

	1980	1984	1988	1990
1	24.8	33.4	33.6	46.8
2	8.2	10.0	9.9	10.1
3	8.6	9.1	9.4	9.4
4	14.0	13.4	14.3	9.4
5	11.2	8.3	9.5	6.2
6	9.7	7.5	7.1	4.3
7	23.5	18.3	16.2	13.7
	13	23	4	1599
	2955	3004	3052	3051
	4.42	4.00	3.70	3.42
	2.15	2.13	2.17	2.09

1 = Stimme überhaupt nicht zu
7 = Stimme voll und ganz zu

x = arithmetisches Mittel
s = Standardabweichung

Die skizzierten Entwicklungen im Antwortverhalten auf die Items unterscheiden sich zwischen den Erhebungszeitpunkten mit Ausnahme von Item 4 (intraethnisches Heiraten) von 1984 und 1988 signifikant, d.h. die Veränderungen sind mit 95% Wahrscheinlichkeit nicht zufälliger Art[7], sie sind also in den Bevölke-

7 Aufgrund der deutlich von einer Normalverteilung abweichenden Verteilungsform und des ordinalen Meßniveaus wurde ein (nichtparametrischer) Kolmogorov-Smirnov-Test berechnet. Er prüft die Verteilungsdifferenzen (maxi-

rungsgrundgesamtheiten zu beobachten und nicht auf die Stichprobe beschränkt.

Nach 1990 wurden die Einstellungen zu Ausländern in den Allbus-Untersuchungen nicht mehr durch die eben dargestellten Gastarbeiter-Statements erhoben, sondern durch die Haltung zu bestimmten Zuzugsbeschränkungen für verschiedene Gruppen von Ausländern (Aussiedler, Asylbewerber, EG-Arbeitnehmer, Nicht-EG-Arbeitnehmer). Für die verschiedenen angesprochenen Ausländergruppen ergibt sich jeweils ein deutlich unterschiedliches Bild hinsichtlich der von den Befragten erwünschten Zuzugsmöglichkeiten (vgl. Tab. 2.11). Die deutsche Bevölkerung unterscheidet somit ganz offensichtlich deutlich zwischen den verschiedenen Ausländergruppen, insbesondere werden die EG-Arbeitnehmer (also 'Gastarbeiter') anders beurteilt als etwa Aussiedler, Asylbewerber und Nicht-EG-Arbeitnehmer.

Tab. 2.11: Zustimmung und Ablehung von Zuzugsbeschränkungen 1990 (West), 1991 und 1992 (Ost und West) (in Prozent der Nennungen)

Item 1 Aussiedler				Item 2 Asylbewerber			
	1990	1991	1992		1990	1991	1992
1	17.8	18.8	17.9	1	19.2	14.5	13.3
2	61.8	70.2	71.8	2	50.4	67.1	64.8
3	20.4	11.0	10.3	3	30.4	18.4	21.9
kA	73	96	100		97	97	103
n	3051	3058	3548		3051	3058	3548
x	2.02	1.92	1.93		2.11	2.04	2.09
s	0.62	0.54	0.53		0.70	0.57	0.59

(Fortsetzung nächste Seite)

male Differenz der kumulierten Häufigkeiten) zwischen zwei Stichproben auf Signifikanz. Wendet man stattdessen einen globalen F-Test an, der die Mittelwertdifferenzen innerhalb einer Varianzanalyse auf Signifikanz testet, so gelangt man zum gleichem Ergebnis.

Tab. 2.11: (Fortsetzung)

Item 3 EG-Arbeitnehmer	1990	1991	1992	Item 4 Nicht-EG-Arbeitnehmer	1990	1991	1992
1	33.8	24.1	28.0	1	11.3	8.5	8.6
2	52.9	58.3	58.3	2	54.6	57.6	60.8
3	13.3	17.6	13.7	3	34.1	33.9	30.6
kA	114	165	168		142	169	220
n	3051	3058	3538		3051	3058	3548
x	1.80	1.94	1.86		2.23	2.50	2.22
s	0.66	0.64	0.63		0.63	0.60	0.59

1 = Uneingeschränkter Zuzug
2 = Zuzug begrenzen
3 = Zuzug ganz unterbinden

x = arithmetisches Mittel
s = Standardabweichung

Bei der Interpretation der Daten von 1990 zu 1991 sind zwei Fakten zu berücksichtigen, die zu den vorherigen Zeitpunkten nur eine unbedeutende bzw. gar keine Rolle spielten. Erstens war im Jahre 1991 das sogenannte 'Asylproblem' bereits ein bedeutsames innenpolitisches Thema, was sich auch in diesen Ergebnissen niederschlägt. Zweitens hat der ALLBUS 1991 erstmals auch die Bevölkerung in den neuen Bundesländern erfaßt, wodurch erstmals eine Bevölkerungsgruppe repräsentiert ist, die in den Daten von 1980 bis 1990 nicht vertreten war. Die Veränderungen von 1990 nach 1992 sind insgesamt gering und differenzieren deutlich nach dem Inhalt der vier Items.

a) Aussiedler

Der Anteil derjenigen, die den Zuzug von Aussiedlern aus Osteuropa ganz unterbinden möchten (Item 1, Ausprägung 3), ist 1991 und 1992 geringer als 1990: Er verringert sich von 20,4 % im Jahre 1990 auf 10,3 % im Jahre 1992. Die Gruppe, die einen 'uneingeschränkten' Zuzug von Aussiedlern fordert, ist 1990 und 1992 mit ca. 18 % nahezu identisch. Deutlich zugenommen - von 1990 bis 1991 um 8,4%; von 1990 bis 1992 um 10% - hat dagegen die Bevölkerungsgruppe, die den Zuzug begrenzen will und damit eine mittlere Position bei der Beantwortung der entsprechenden Fragen einnimmt.

b) Asylbewerber

Gegenüber den Asylbewerbern ergibt sich ein ähnliches Bild: Während 1990 noch 30,4% den Zuzug ganz unterbinden wollten sind es 1991 lediglich 18,4% und 1992 21,9% (Item 2 Ausprägung 3). Obwohl also die Zahl der Asylsuchenden in diesem Zeitraum deutlich angestiegen ist und die Asylpolitik zu einem beherrschenden Thema wurde, wird die Bevölkerungsgruppe kleiner, die den Zuzug von Asylbewerbern ganz unterbinden möchte. Zugenommen hat dagegen die Zahl der Befragten, die eine Begrenzung (aber nicht gänzliche Unterbindung) des Zuzugs befürworten: 1990 50,4%, 1991 67,1% und 1992 64,8 %. Die Daten geben jedoch keinerlei Auskunft darüber, wie die Begrenzung nach Meinung der Befragten auszusehen hat.

c) EG-Arbeitnehmer vs Nicht-EG-Arbeitnehmer

Insgesamt geringer sind die Veränderungen in der Einstellung gegenüber Zuzugsregelungen für Arbeitnehmer aus der EG und dem Nicht-EG-Raum. Den Zuzug von EG-Arbeitnehmern ganz unterbinden, wollen 1990 wie 1992 ca. 13 % der Befragten; den Zuzug von Nicht-EG-Arbeitnehmern ganz unterbinden, wollen dagegen wesentlich mehr, nahezu 1/3 der Befragten, wobei bei den Nicht-EG-Arbeitnehmern zwischen 1990 (34,1 %) und 1992 (30,6 %) lediglich ein geringer Rückgang dieser Forderung zu erkennen ist. Der Umfang der Bevölkerungsgruppe, die den Zuzug von EG oder Nicht-EG-Arbeitnehmern zwar begrenzen, aber eben nicht gänzlich unterbinden wollen hat sich um ca. 6 % erhöht und macht zwischen 50 % und 60 % der Befragten aus. Die Rangordnung der verschiedenen Ausländergruppen bleibt freilich durch Veränderung im Zeitverlauf nahezu unberührt: für Asylbewerber und Nicht-EG-Arbeitnehmer wird wesentlich häufiger ein Zuzugsstop gefordert als für Aussiedler und EG-Arbeitnehmer.

Betrachtet man diese Gegenüberstellung weniger als Vergleich über die Zeit, sondern als Veränderung durch die Vereinigung Deutschlands, und nimmt den Anteil der Bevölkerungsgruppe, die den Zuzug von Minoritäten gänzlich unterbinden will als Maß für den Ethnozentrismus, dann ist die Bevölkerung nach der Vereinigung insgesamt in geringerem Maße ethnozentristischer eingestellt als zuvor.

Die skizzierte Differenzierung von 1990 bis 1992 berücksichtigt jedoch nicht eine möglicherweise unterschiedliche Entwicklung in den neuen und alten Bundesländern. Betrachtet man zunächst nur die Befragten in den alten Bundesländern (Tab. 2.12) und dabei nur die Extremposition 'Zuzug ganz unterbinden' so zeigt sich, daß diese Position 1990 gegenüber allen Gruppen stärker ausgeprägt ist, als im Jahre 1992.

Tab. 2.12: Forderung 'Zuzug ganz unterbinden' (nur West in %)

	Aussiedler	Asylbewerber	EG-Arbeitnehmer	Nicht-EG-Arbeitn.
1990	20.4	30.4	13.3	34.1
1991	10.1	21.6	9.8	28.4
1992	10.1	23.8	9.0	28.1

Die andere Extremposition 'uneingeschränkter Zuzug' hat sich im gleichen Zeitraum weniger deutlich verändert. Gegenüber Aussiedlern, EG-Arbeitnehmern und Nicht-EG-Arbeitnehmern sind eher geringe Veränderungen festzustellen. Am stärksten veränderte sich die Forderung nach 'uneingeschränktem Zuzug' gegenüber der Gruppe der Asylsuchenden. Während 1990 noch 19,2 % der West-Bevölkerung gegen jegliche Restriktion waren, sind es 1991 noch 13,6% und 1992 nur noch 12,7% (vgl. Tab. 2.13).

Tab. 2.13: Forderung 'uneingeschränker Zuzug' (nur West in %)

	Aussiedler	Asylbewerber	EG-Arbeitnehmer	Nicht-EG-Arbeitn.
1990	17.8	19.2	33.8	11.3
1991	22.1	13.6	35.3	11.4
1992	19.2	12.7	34.9	10.3

Im Westen gilt somit insgesamt, daß sich die Extremgruppe, die den Zuzug ganz unterbinden will von 1990 bis 1992 deutlich verringert hat. Die Gruppe derer, die den Zuzug uneingeschränkt erlauben wollen, ist mit einer Einschränkung eher gleichgeblieben: diese Einschränkung betrifft die Asylbewerber. Hier wurde 1991 und 1992 von weniger Befragten ein uneingeschränkter Zuzug befürwortet.

Tab. 2.14: Einstellung zu Zuzugsbeschränkungen in West und Ost

	1991 West		Ost		1992 West		Ost	
	n	%	n	%	n	%	n	%
Item 1: Aussiedler								
1	327	22.1	230	15.5	447	19.2	169	15.2
2	1003	67.8	1075	72.5	1652	70.8	824	74.0
3	150	10.1	177	11.9	235	10.1	121	10.9
KA	34		62		66		34	
x	1.88		1.96		1.91		1.96	
s	0.56		0.52		0.53		0.51	
Item 2: Asylbewerber								
1	202	13.6	227	15.4	298	12.7	160	14.5
2	962	64.8	1024	69.4	1486	63.5	745	67.4
3	321	21.6	225	15.2	556	23.8	200	18.1
KA	29		68		60		43	
x	2.08		2.00		2.11		2.04	
s	0.59		0.55		0.60		0.57	

(Fortsetzung nächste Seite)

Tab. 2.14: (Fortsetzung)

	1991 West n	%	Ost n	%	1992 West n	%	Ost n	%
Item 3: Arbeitnehmer EG								
1	512	35.3	185	12.8	808	34.9	138	12.9
2	797	54.9	889	61.1	1296	56.1	674	63.1
3	143	9.8	367	25.5	208	9.0	256	24.0
KA	62		103		88		80	
x	1.75		2.13		1.74		2.11	
s	0.62		0.61		0.61		0.60	
Item 4: Arbeitnehmer Nicht-EG								
1	164	11.4	83	5.7	236	10.3	49	4.7
2	868	60.2	795	54.9	1403	61.5	620	59.2
3	410	28.4	569	39.3	642	28.1	378	36.1
KA	72		97		119		101	
x	2.17		2.34		2.18		2.31	
s	0.61		0.58		0.60		0.56	

Anm.: 1 = Uneingeschränkter Zuzug; 2 = Zuzug begrenzen; 3 = Zuzug ganz unterbinden; x = arithmetisches Mittel; s = Standardabweichung

Vergleicht man die alten und die neuen Bundesländer ab 1991, dann ergeben sich folgende Unterschiede (vgl. Tab. 2.14): In den alten Bundesländer werden häufiger stärkere Zuzugsrestriktionen gegenüber Asylbewerbern gefordert als in den neuen Ländern. Den Zuzug gänzlich unterbinden wollen - sowohl 1991 wie auch 1992 - im Osten über 5% weniger Befragte als im Westen. Hinsichtlich der anderen Extremposition gegenüber Ausländern sind die Unterschiede geringer, zeigen aber die gleiche inhaltliche Tendenz ('uneingeschränkter Zuzug' im Osten 1991 15,4%, im Westen 13,6%). Auch wenn die Unterschiede nur gering sind, darf damit gesagt werden, daß das bestehende Asylrecht und seine praktischen Konsequenzen im Osten tendenziell eher akzeptiert werden als im Westen. Alle in der Tabelle 2.14 dargestellten Mittelwertdifferenzen zwischen West und Ost sind signifikant (p >0,05), d.h. mit einer Wahrscheinlichkeit von mindestens 95% sind die Unterschiede auch in den Bevölkerungsgrundgesamtheiten zu finden[8]. Dies gilt jedoch nur gegenüber der Einreise von Asylbewerbern und mag mit den spezifischen politischen Erfahrungen der DDR-Bürger mit einem totalitären Regime zu tun haben. Gegenüber allen anderen Gruppen werden in den neuen Ländern deutlich häufiger verstärkte Restriktionen gefordert als in den alten Ländern. Es scheint, daß vor allem ausländische Arbeitnehmer in den neuen Bundesländern als unliebsame Konkurrenz in einer wirtschaftlich schwierigen Situation gesehen werden, während andererseits in den alten Bundesländern insbesondere der Zuzug von Arbeitnehmern aus dem EG-Raum positiv beurteilt wird. Diese Beurteilung der Gastarbeiter in den alten Bundesländern korrespondiert mit der von fast 50% der Befragten 1990 geäußerten Ansicht, daß die Anwesenheit der Gastarbeiter für die Bundesrepublik eindeutig oder eher von Vorteil ist[9].

Die Veränderungen zwischen 1991 und 1992 sind hinsichtlich aller vier Gruppen (Items 1 bis 4) in den alten und den neuen Bundesländern sehr gering. Leicht an Akzeptanz gewonnen - gemessen in den Anteilen, die ein absolutes Zuzugsverbot wollen - haben in den neuen und alten Bundesländern Aussiedler, EG-Arbeitnehmer und Nicht-EG-Arbeitnehmer. Hingegen wird bezüglich des Zuzugs von Asylbewerbern 1992 in beiden Gebieten vermehrt ein Zuzugsverbot gefordert: 23,8 % im Westen (gegenüber 21,6 % 1991) und 18,1 % im Osten (gegenüber 15,2 % 1991) wollen den Zuzug von Asylbewerbern ganz unterbinden.

Die vorgetragenen Befunde, die auf den ALLBUS-Erhebungen basieren, werden auch durch die Ergebnisse der IPOS-Daten[10] unterstützt. In den Jahren 1989, 1990, 1991 und 1992 wurden die Befragten gebeten zu folgender Frage Stellung zu nehmen: "*Was meinen Sie, sollte hier in Deutschland nur eine begrenzte Zahl po-*

---

8 Die Mittelwertunterschiede zwischen West und Ost wurden mit einen T-Test auf Signifikanz geprüft.

9 Die entsprechenden Frage im Allbus 1990 lautete "Meinen Sie, daß die Anwesenheit von Gastarbeitern für die Bundesrepublik Deutschland von Vorteil oder Nachteil ist?". Auf die Antwortkategorien entfielen prozentual folgende Nennungen: Eindeutig von Vorteil = 10.3%, eher von Vorteil = 37,2%, weder noch = 33,9%, eher von Nachteil = 16,1% und eindeutig von Nachteil = 2,5%.

10 Die Daten wurden vom Institut für praxisorientierte Sozialforschung (IPOS) im Auftrag des Bundesministers des Innern erhoben. Es handelt sich - wie beim ALLBUS - um standardisierte persönliche Interviews. Die Befragten wurden zufällig ausgewählt, die Grundgesamtheit stellt die wahlberechtigte Bevölkerung in der Bundesrepublik und West-Berlin dar. Ab 1991 wurde auch die Bevölkerung in den neuen Bundesländern berücksichtigt. Die Datenerhebung erfolgte jeweils überwiegend im Monat Mai der genannten Jahre.

litisch Verfolgter pro Jahr aufgenommen werden, oder sollte grundsätzlich jeder, der politisch verfolgt wird, hier aufgenommen werden?". Die Fragestellung unterscheidet sich von der des ALLBUS insofern deutlich, als hier nicht zwischen verschiedenen Ausländergruppen differenziert wird und zudem ganz deutlich in der Fragestellung eine politische Verfolgung als gegeben vorausgesetzt wird und nicht etwa allgemein auf Asylbewerber abgehoben wird. In den ALLBUS-Fragen werden hingegen 'Asylbewerber' angesprochen, bei denen ja zunächst zu prüfen ist, ob tatsächlich eine politische Verfolgung vorliegt.

Tab. 2.15: Einstellung zur Aufnahme politischer Verfolgter (in %)

	1989	1990	1991 West	1991 Ost	1992 West	1992 Ost
grundsätzlich jeder	23	28	29	24	27	28
nur begrenzte Zahl	64	58	59	68	63	65
keine aufnehmen	13	14	12	7	10	7
n	2040	2093	1571	1084	1546	1171

Daher ist auch nicht zu erwarten, daß die prozentualen Antwortanteile hinsichtlich des Zuzugs von politischen Verfolgten mit denen des ALLBUS-Asyl-Items übereinstimmen. Der durchweg höhere Anteil von Befragten (vgl. Tab. 2.15), die mit 'grundsätzlich jeder' antworten, ist sehr wahrscheinlich darauf zurückzuführen, daß die hier vorgelegte Fragestellung eindeutig das Faktum einer politischen Verfolgung impliziert.

Betrachtet man die Veränderungen von 1989 bis 1992 in den IPOS-Daten (Tab. 2.15), so folgen diese in zwei wichtigen Punkten den Trends im ALLBUS (vgl. auch unten). Erstens ist der Anteil derjenigen, die grundsätzlich jeden politisch Verfolgten aufnehmen wollen, in den neunziger Jahren höher als 1989. Die Veränderungen in den Jahren 1990, 1991 und 1992 sind marginal und in ihrer Stärke kaum interpretierbar. Zweitens ist die Gruppe derjenigen, die überhaupt keine politisch Verfolgten aufnehmen wollen, in den neuen Bundesländern geringer als in den alten Bundesländern. Beide Untersuchungen, IPOS und ALLBUS, zeigen also völlig unabhängig voneinander dieselben Entwicklungen auf.

Dies spricht trotz der unterschiedlichen Operationalisierungen für die Validität der dargestellten Befunde[11].

Das EUROBAROMETER bietet eine weitere Möglichkeit die Entwicklung zwischen 1988 und 1992 abzuschätzen[12]. In dieser Untersuchungsreihe wurde (mit Ausnahme von 1989) die Frage gestellt, ob die Rechte der in Deutschland oder einem anderen Mitgliedsstaat der Europäischen Gemeinschaft lebenden Ausländern ausgeweitet, eingeschränkt oder so bleiben sollen wie bisher[13].

Hier werden also in Deutschland lebende Ausländer, die nicht aus einem EG-Mitgliedsland stammen, angesprochen. Damit wird implizit z.B. ein Großteil der 'Gastarbeiter' aus der Beurteilung ausgeklammert[14].

Tab. 2.16: Einstellung zu Rechten von Nicht-EG-Ausländern (%)

	1988	1990 West	Ost	1991 West	Ost	1992 West	Ost
Rechte ...							
ausweiten	16.9	38.6	32.9	12.7	15.6	12.6	11.9
beschränken	25.8	20.9	22.1	41.3	32.8	44.1	36.9
belassen	57.3	40.4	45.0	46.0	51.7	43.2	51.2
KA	128	109	149	67	140	59	113
n	1050	1002	1021	1073	1071	1065	1112

Auch bei der Interpretation dieser Daten gilt, daß keinerlei direkte Vergleichbarkeit mit den ALLBUS-Daten (und den IPOS-Daten) gegeben ist. Denn bei der Eurobarometerfragestellung

11 In den IPOS-Studien wurden zudem 1991 und 1992 die allgemeine Einstellung zu Ausländern mit dem Statement "In Deutschland leben viel Ausländer. Finden Sie das in Ordnung oder finden Sie das nicht in Ordnung?" erfaßt. Auch hier sind zwischen 1990 und 1991 keine gravierenden Einstellungsänderungen zu finden.

12 Das Eurobarometer schließt Personen ab 16 Jahren in die Erhebung ein, während der ALLBUS und die IPOS-Studien die Wohnbevölkerung ab 18 Jahren erfassen. Von daher sind auch unterschiedliche Ergebnisse zu erwarten.

13 Wörtlich lautete der Fragetext 1990: "Wenn Sie einmal an die Menschen denken, die im vereinten Deutschland leben und weder deutsche Staatsbürger noch Bürger eines anderen Mitgliedstaates der europäischen Gemeinschaft sind: Meinen Sie, deren Rechte sollten (1) ausgeweitet werden, (2) eingeschränkt werden (3) bleiben wie bisher".

14 Die Datenerhebungen fanden im Oktober 1988, Oktober 1990, März 1991 und März 1992 statt.

bleibt das thematisierte Einstellungsobjekt sehr unbestimmt. Unter Nicht-EG-Ausländer fallen sehr unterschiedliche Gruppen, wie z.B. Asylbewerber, Einwanderer aus Osteuropa oder Arbeitnehmer aus den Balkanländern oder Asien. Auch die Fragestellung selbst läßt einen weiten subjektiven Interpretationsspielraum zu. Da nur pauschal von Rechten die Rede ist, bleibt es den Assoziationen des Befragten vorbehalten, diesen abstrakten Begriff mit konkreten Inhalten, wie etwa Aufenthaltsrecht, Asylrecht, Einbürgerungsrecht o. a. zu füllen.

Versucht man vor diesem Hintergrund Parallelen zu den Ergebnissen im ALLBUS und den IPOS-Studien zu ziehen, dann fügen sich die EUROBAROMETER-Daten nicht in das bisherige Bild. Betrachtet man die Aussage '*Rechte einschränken*' als Ausdruck einer ablehnenden Haltung und die Aussage '*Rechte erweitern*' als positive Einstellung gegenüber Fremden (vgl. Tab. 2.16), dann ergeben sich deutliche Unterschiede zu den Ergebnissen aus dem ALLBUS und den IPOS-Studien. Nach den Eurobarometer-Daten hat die Ablehnung von Fremden zwar zwischen 1988 und 1990 deutlich abgenommen, ist dann aber 1991 und 1992 in West- und Ostdeutschland gravierend angestiegen. Umgekehrt verhält es sich mit der Antwortmöglichkeit '*Rechte ausweiten*'. Diese Ergebnisse signalisieren einen Anstieg des 'Ethnozentrismus' von 1990 bis 1991 bzw. 1992, der in den beiden anderen Studienreihen nicht nur nicht zu finden ist, sondern dem dort gefundenen Trend widerspricht. Leider kann die Ursache für diese Anomalie zwischen den Datensätze nicht begründet werden. Dafür, daß die EUROBAROMETER-Daten von den anderen Befunden abweichen, lassen sich hier nur Vermutungen anstellen: die eher ungünstige Formulierung des entsprechenden Items oder der unklare Objektbezug des Items können dafür verantwortlich sein. Aufgrund einer entsprechenden Kontrollrechnung ist es ausgeschlossen, daß die im EUROBAROMETER erfaßten 15 bis 18jährigen, die im ALLBUS nicht befragt wurden, für diesen Befund verantwortlich sind. Betrachtet man nur die 18 Jahre und älteren Befragten, so ergeben sich fast unveränderte Anteilswerte auf die entsprechende Frage. Aus verschiedenen methodischen Gründen halten wir aber die Studien des IPOS und den ALLBUS für die insgesamt valideren Untersuchungen.

Um die Übersichtlichkeit der Ergebnisse zu erhöhen und alle Informationen in die multivariate Datenanalyse einfließen zu lassen, wird in den folgenden Analyseschritten ein Index aus den vier ALLBUS-Einzelitems verwendet. Dieser Index 'ETHNO' (für Ethnozentrismus) beruht auf einer Addition der Werte auf den Items 1 bis 4 und anschließenden Division durch 4, wobei auf eine ganze Zahl gerundet wurde. D.h. der Index 'ETHNO' stellt für jeden Befragten dessen Durchschnittswert über die vier Items dar. Das Minimum liegt bei 1, das Maximum bei 7. Für 1990 und 1991 wurde auf die gleiche Art der Index 'ZUZUG' errechnet. Das Maximum dieses Wertes liegt jedoch bei 3,0, so daß die beiden Indexwerte von 'ETHNO' und 'ZUZUG' größenmäßig nicht direkt vergleichbar sind. Für 1990 liegen jedoch Messungen unter Verwendung beider Indikatorengruppen vor, so daß über alle Erhebungszeitpunkte ein Vergleich möglich ist. In Tabelle 2.17 wird auf der Grundlage der Indizes 'ZUZUG' und 'ETHNO' die Gesamtentwicklung ab 1980 dargestellt. Durch die Indexbildung gehen die vorher geschilderten spezifischen Informationen (etwa gegenüber der Gruppe der Asylbewerber) zugunsten einer einfacheren und leichter interpretierbaren Darstellung verloren.

Tab. 2.17: Einstellung gegenüber Ausländern 1980 bis 1991
(Mittelwerte (x) und Standardabweichung (s))
Indexwerte in %

ETHNO	1980	1984	1988	1990
1	4.4	5.2	7.4	9.1
2	8.4	10.7	13.2	18.1
3	13.7	17.9	18.9	20.1
4	18.2	20.1	19.8	20.2
5	22.0	20.3	18.1	15.2
6	19.4	15.9	14.1	11.6
7	13.8	9.9	8.5	5.7
n	2925	2967	3040	1451
x	4.58	4.27	4.05	3.72
s	1.66	1.65	1.70	1.67

ZUGUG	(1990)	1991 ges.	1991 West	1991 Ost	1992 ges.	1992 West	1992 Ost
1	9.7	7.2	9.4	5.0	6.9	8.0	4.3
2	64.3	71.0	73.2	68.8	73.3	74.9	71.9
3	26.0	21.8	17.4	26.2	19.8	18.0	23.8
n	2837	2791			3228		
x	2.16	2.15	2.08	2.21	2.13	2.10	2.20
s	0.58	0.52	0.51	0.52	0.50	0.50	0.49

Zunächst kann man aufgrund der vorliegenden Operationalisierungen den Anteil der Personen, die einen maximalen Ethnozentrismuswert von 7 erreichen, über die Erhebungspunkte hinweg bestimmen. Er nimmt von 1980 bis 1990 von 13,8% auf 5,7% ab. Dieser Personenkreis kann inhaltlich wohl als uneingeschränkt 'ausländerfeindlich' oder 'ethnozentristisch' gekennzeichnet werden. Diese Personen nehmen auf allen genannten Items eine extrem ablehnende Position gegenüber den Gastarbeitern ein. Insgesamt hat sich der Anteil von Befragten mit ethnozentrischen Einstellungen von 1980 bis 1990 deutlich verringert (vgl. Tab. 2.17). Die Differenzen in den Verteilungen sind signifikant[15].

Der Personenkreis, der 1990 und 1991 gegenüber allen genannten Ausländern eine absolute Zuzugssperre forderte, betrug 1990 26,0 %, 1991 21,8% und 1992 19,8%. Inhaltlich entspricht dieser Personenkreis dem oben als 'ausländerfeindlich' oder 'ethnozentristisch' gekennzeichneten, da hier ohne Differenzierung nach den angesprochenen Gruppen (Aussiedler, Asylbewerber, EG-Arbeitnehmern und Nicht-EG-Arbeitnehmer) jeglicher Zuzug unterbunden werden soll. Insgesamt sind die Differenzen in den Mittelwerten und Verteilungen zwischen 1990, 1991 und 1992 jedoch unerheblich und auch nicht mehr signifikant verschieden, d.h. das stark ethnozentristische Potential stagniert tendenziell seit 1990, wobei dieser globale Befund jedoch die Veränderungen durch die Vereinigung nicht berücksichtigt.

Betrachtet man 1991 und 1992 die alten Bundesländer - und nur diese können ja sinnvollerweise über die gesamte Zeitreihe von 1980 bis 1992 verglichen werden - dann sind ethnozentrische Einstellungen auch zwischen 1990 und 1991 sowie zwischen 1990 und 1992 deutlich zurückgegangen. Von 1991 bis 1992 ist ein sehr geringer Anstieg zu verzeichnen. Zusammenfassend kann für die alten Bundesländer ein kontinuierlicher Rückgang des Ethnozentrismus von 1980 bis inklusive 1990 und ab 1990 eine annähernde Stagnation festgestellt werden.

In den neuen Bundesländern hat sich das Bild von 1991 nach 1992 kaum verändert. Im Durchschnitt ist die Ablehnung hier stärker als in den alten Bundesländern. Aber auch hier ist eine

---

15 Auch hier wurde ein Kolmogorov-Smirnov-Test berechnet, wobei jede Verteilung mit der vorherigen verglichen wurde. Nicht signifikant ist der Unterschied auf der Variablen "Zuzug" zwischen 1990 und 1991.

Stagnation für den betrachteten Zeitraum von 1991 bis 1992 festzustellen.

Diese Unterschiede zwischen den alten und den neuen Bundesländern führen dazu, daß sich die globalen Durchschnittswerte (ohne Differenzierung Ost/West) auf der Variablen 'ZUZUG' ab inklusive 1990 kaum noch verändert haben.

Exkurs I: Ethnozentrismus im europäischen Vergleich

Bevor die sozialstrukturellen Determinanten der Einstellung gegenüber Minoritäten untersucht werden, soll hier mit Hilfe des EUROBAROMETERS das Ausmaß des Ethnozentrismus in Deutschland mit dem in anderen europäischen Ländern verglichen werden. Zu diesem Zweck wird hier auf vier Fragen der aktuellsten Erhebung von 1992 zurückgegriffen. Diese Fragen lauteten:

1. *Einige Leute aus verschiedenen ... Ländern wollen hier in der Europäischen Gemeinschaft arbeiten. Sagen Sie mir bitte anhand dieser Liste, was ihrer Meinung nach hier in der Europäischen Gemeinschaft mit diesen Einwanderern geschehen sollte. ... Und wie ist das bei anderen, die aus Osteuropa kommen? a) Sie sollten ohne Einschränkungen aufgenommen werden, b) Sie sollten mit Einschränkungen aufgenommen werden, c) Sie sollten nicht aufgenommen werden, d) weiß nicht.*
2. *Und wie ist das bei wieder anderen, die in Ihrem Land unter Menschenrechtsverletzungen leiden und um politisches Asyl bitten? (Antwortmöglichkeiten wie bei 1.)*[16]
3. *Manche Leute empfinden die Einstellungen, Gebräuche und Lebensweisen von Menschen, die von Ihnen selbst verschieden sind, als störend. Finden Sie selbst in Ihrem Alltag die Anwesenheit von Menschen anderer Nationalität als störend? a) störend, b) nicht störend c) weiß nicht.*

16 Insbesondere diese beiden Fragen sind, den im ALLBUS verwendeten Items, scheinbar sehr ähnlich. Im Detail gibt es jedoch Differenzen, die einen direkten Vergleich nicht sinnvoll erscheinen lassen. Im ALLBUS wird z.B. nicht nach Einwanderern aus Osteuropa gefragt, sondern nach Aussiedlern. Bei den Asylsuchenden wird wiederum in der Fragestellung eine vorliegende Verletzung der Menschenrechte unterstellt.

4. Ganz allgemein gesprochen: Wie denken Sie über Leute, die in Deutschland leben, aber nicht Staaatsbürger eines Landes der Europäischen Gemeinschaft sind: Sind es zuviele, viele - aber nicht zuviele oder nicht viele?

Ein Vergleich des Antwortverhaltens hinsichtlich ausgewählter Antwortkategorien in den verschiedenen Ländern der EG zeigt, daß in Deutschland die Einwanderung aus Osteuropa EG-weit am stärksten abgelehnt wird. Die Differenzen, etwa zu Belgien, Dänemark oder den Niederlanden sind jedoch gering (kleiner als 5 Prozentpunkte). Diese Skepsis der Deutschen ist andererseits aber auch nachvollziehbar, da wohl kein anderes europäisches Land vergleichbar viele Ost-Einwanderer in den letzten Jahren aufgenommen hat. Die niedrigsten Werte zeigen sich in Spanien, Portugal und Irland, die auch kaum Zielländer der osteuropäischen Einwanderer sind.

Hinsichtlich der Aufnahme von Asylsuchenden fordern die Deutschen erst nach den Belgiern und Franzosen am dritthäufigsten eine Nicht-Aufnahme von Asysuchenden, obwohl Deutschland deutlich stärker von Asylsuchenden frequentiert wird als diese Staaten.

Die Einstellungen, Gebräuche und Lebensweisen von Ausländern werden in Deutschland von 17,9% der Bevölkerung als störend empfunden. In Griechenland sind es 29,3%, in Belgien 20 %, in Dänemark 16,9% und in Frankreich 16,2% der Bevölkerung, die diese Meinung teilen. Auch der Anteil von Personen, die glauben, daß es 'zuviele Nicht-EG-Ausländer' in den entsprechenden Staaten gibt, ist in der deutschen Bevölkerung relativ hoch (57,5 %), aber nicht am höchsten. Höhere Anteile sind in Italien (67,2 %) und Belgien (57,8%) zu finden. Mit geringem Abstand folgen Frankreich (55,8%), Großbritanien (53,7%) und die Niederlande (50,8%). Am kleinsten sind die entsprechenden Anteile in Irland, Spanien und Portugal, also Länder, die traditionell Emigrationsländer sind und einen sehr geringen Ausländeranteil aufweisen.

Insgesamt deuten diese Daten zwar einerseits daraufhin, daß Vorbehalte gegenüber Minoritäten in Deutschland im Vergleich zu den anderen Mitgliedstaaten der EG zwar stark verbreitet sind, aber keineswegs als 'besonders hoch' oder 'aus der Reihe fallend' zu betrachten sind. Dies gilt insbesondere, wenn man die sehr unterschiedliche Stärke der Immigrationsströme in die verschiedenen Länder der Europäischen Gemeinschaft berücksichtigt.

Abb. 1: Osteuropäer nicht aufnehmen
Eurobarometer 1992

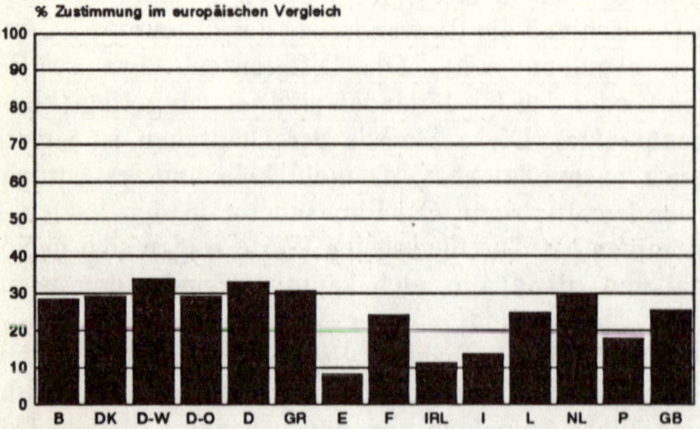

D-O = Deutschland Ost
D-W = Deutschland West
D = Deutschland gesamt

Abb. 2: Asylsuchende nicht aufnehmen
Eurobarometer 1992

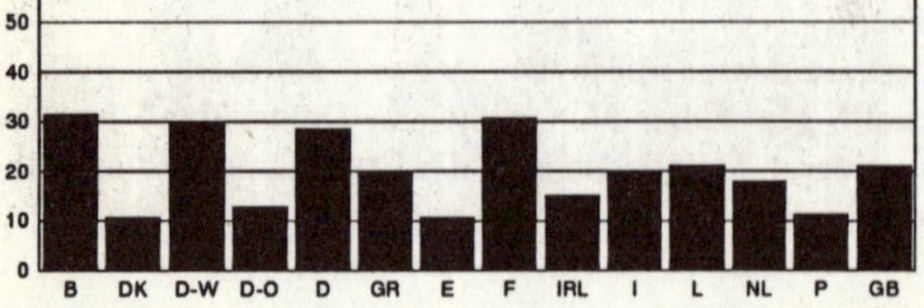

D-O = Deutschland Ost
D-W = Deutschland West
D = Deutschland gesamt

Abb. 3: Lebensweise anderer Nationalität störend

Eurobarometer 1992

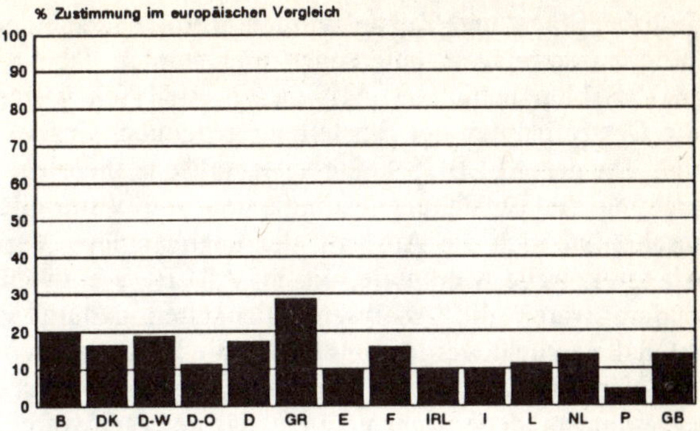

D-O = Deutschland Ost
D-W = Deutschland West
D = Deutschland gesamt

Abb. 4: Zuviele Nicht-EG-Ausländer

Eurobarometer 1992

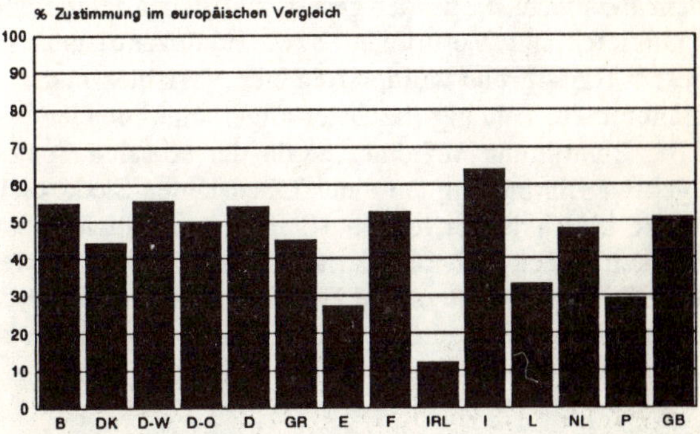

D-O = Deutschland Ost
D-W = Deutschland West
D = Deutschland gesamt

2.4 Determinanten der Einstellung gegenüber Ausländern

Die Indizes 'Ethno' und 'Zuzug' wurden im folgenden einer multiplen Regressionsanalyse unterzogen und wurden dabei als abhängige Variablen betrachtet. Mit diesen Analysen wurde versucht die Determinanten der Einstellung gegenüber Gastarbeitern zu finden. Da der ALLBUS keine systematische theoriegeleitete Untersuchung der Entstehungsbedingungen von Vorurteilen zuläßt, beschränkte sich die Auswahl der unabhängigen Variablen auf sozialstrukturelle Merkmale, die im ALLBUS erhoben wurden. Zudem waren die Analysemöglichkeiten dadurch eingeschränkt, daß versucht werden mußte, für alle Erhebungszeitpunkte gleiche Variablen zu spezifizieren, da ansonsten die verschiedenen Regressionsmodelle nicht vergleichbar gewesen wären. Dieses gelang nur mit einer Einschränkung: für 1984 wurden das Merkmal 'subjektive gesellschaftlich Einordnung auf einer Oben-Unten-Skala' und die Variable 'politische links-rechts-Einordnung' nicht erhoben und konnten somit für diesen Erhebungszeitpunkt nicht berücksichtigt werden. Insofern sind die Ergebnisse dieses Modells nicht direkt mit den anderen Modellen vergleichbar.

Die Auswahl der in die Modelle aufgenommenen Variablen orientierte sich im wesentlichen an den Befunden von Sheriff und Sheriff (vgl. zusammenfassend BRAUN 1990), die in der subjektiv vermuteten Konkurrenz um knappe Ressourcen einen Hauptauslöser für die Herabsetzung von Fremdgruppen (und die Aufwertung der Eigengruppe) sahen. Daraus läßt sich folgern, daß vor allem Personen, die in der gesellschaftlichen Hierarchie weit unten rangieren, zu Vorurteilen bzw. Ethnozentrismus neigen. Vor diesem Hintergrund wurden folgende Variablen in die Analyse aufgenommen: Bildung (höchster allgemeinbildender Schulabschluß)[17], Einordnung auf einer Skala der sozialen Schichtung, die subjektive Einordnung auf einer 'Oben-Unten-Skala' und möglicherweise innerhalb der letzten 10 Jahre persönlich erlebte Arbeitslosigkeit. Einen weiteren Variablenblock bilden die Merkmale Alter, Bildung des Vaters und Berufsprestige des Vaters. Diese Merkmale können im weitesten Sinne als Proxivariablen für die

---

17 Auf die Einbeziehung des Berufsstatus der Befragten wurde verzichtet, da dieser hoch mit der Bildung korreliert und insofern Multikollinearitätsprobleme erwartbar waren.

Sozialisation der Befragten betrachtet werden. Zusätzlich wurden die politische Orientierung (über eine 'Links-Rechts-Einordnungsskala') und die 'Religiosität' (über die 'Kirchgangshäufigkeit' und die 'Religionszugehörigkeit') der Befragten sowie die 'Wohnortsgröße' berücksichtigt[18]. Sehr vage lassen sich hier für einen Teil dieser Indikatoren Verbindungen zur Theorie der 'autoritären Persönlichkeit' nach Adorno u. a. herstellen, die einen Zusammenhang zwischen repressiver Erziehung und Ethnozentrismus postuliert.

Da hier kein stringentes theoretisches Modell, dessen Parameter quantifiziert werden sollten, vorliegt, wird im folgenden mit einer schrittweisen multiplen Regressionsanalyse gearbeitet, die als Voreinstellung diejenigen Variablen in das Regressionsmodell aufnimmt, deren Effekte mit 95% Wahrscheinlichkeit signifikant sind.

Als zentrales Ergebnis der Regressionsanalysen kann zunächst festgehalten werden, daß die Erklärungskraft der Regressionsmodelle mit 19% bis 26% der Varianz auf der abhängigen Variablen eher gering ist (Tab. 2.18 im Anhang). Dies ist allerdings auch kaum anders zu erwarten, da der ALLBUS eben keine auf dieses Untersuchungsziel zugeschnittene Studie ist, sondern eine Mehrthemenumfrage in der das Thema 'Ethnozentrismus' eher beiläufig behandelt wird. Ferner zeigt sich aber eine sehr deutliche Kontinuität in den Determinanten des Ethnozentrismus. Die Bildung und das Alter der Befragten sind zu allen Erhebungszeitpunkten die wichtigsten Faktoren für die Ablehnung gegenüber Gastarbeitern. Steigende Bildung verringert und steigendes Alter begünstigt ethnozentrische Einstellungen deutlich. Einen geringeren Effekt hat die politische Orientierung im Sinne des Links-Rechts-Schemas. Eine 'rechte' Selbsteinordnung auf dieser Skala korrespondiert deutlich mit ethnozentrischen Einstellungen. Die kausale Reihung dieser Variablen ist jedoch nicht unproblematisch. Die

---

18 Die Auswahl der Variablen folgte aus technischen Gesichtspunkten. Theoretisch wäre es möglich gewesen auch andere Variablen - wie das Einkommen, die Berufsposition oder die Parteipräferenz - in die Analyse aufzunehmen. Dagegen spricht jedoch die zu erwartende Multikollinearität. D.h. da Einkommen und Berufsposition stark mit der Bildung korrelieren, sind statistische Verzerrungen bei Schätzung der entsprechenden Koeffizienten möglich. Zudem hätte die Verwendung der Variablen "Einkommen", "Berufsposition" u. a. zur Erhaltung hinreichend großer Fallzahlen die Anwendung von "Ersetzungsverfahren" etwa für Personen, die derzeit über kein eigenes Einkommen verfügen oder die derzeit nicht berufstätig sind, notwendig gemacht.

hier unterstellte Anordnung mit der politischen Orientierung als unabhängiger Variablen kann auch in anderer Richtung interpretiert werden.

Dieser Befund gilt in der Tendenz auch für die Jahre 1991 und 1992. In den entsprechenden Analysen wurden aus den genannten Gründen mit dem Index 'Zuzug' als abhängige Variable gearbeitet, der jedoch nicht zusammengefaßt wurde wie in den vorangegangenen Darstellungen[19], und die Analyse ist auf die Befragten in den alten Bundesländern beschränkt (vgl. Tab. 2.19 im Anhang).

Die Bildung der Befragten in den alten Bundesländern hat 1991 und 1992 den stärksten Effekt auf die Forderung nach Zuzugsrestriktionen. Mit steigender Bildung werden solche Restriktionen offensichtlich stärker abgelehnt. Die politische Selbsteinordnung auf der 'Links-Rechts-Skala' hat einen deutlich geringeren Effekt. Inhaltlich ist er wie in allen anderen Analysen ausgeprägt: je stärker sich Personen als 'rechts' einordnen, desto ausgeprägter werden Restriktionen gegenüber dem Zuzug von Minoritäten gefordert. Lediglich 1992 ist ein signifikanter aber sehr geringer Effekt der subjektiven Schichtzugehörigkeit und des Alters zu erkennen: je weiter unten man sich in der Gesellschaftshierarchie einstuft bzw. je älter die Befragten sind, desto stärker ist ihr Ethnozentrismus ausgeprägt.

Eine entsprechende Analyse für die Befragten in den neuen Bundesländern weist 1991 ebenfalls die allgemeine Schulbildung als bedeutsamsten Faktor für die Ausprägung der Variable 'Zuzug' aus. Danach hat - anders als in den alten Bundesländern - die Gemeindegröße einen signifikanten Einfluß. Je ländlicher bzw. kleiner der Wohnort der Befragten ist, desto stärker sind die Forderungen nach Zuzugsrestiktionen ausgeprägt. Für 1992 können abermals für die Bildung und für die 'Links-Rechts-Orientierung' signifikante Effekte ermittelt werden.

Für eine Beurteilung des Phänomens 'Ethnozentrismus' folgt aus den Analysen somit insgesamt, daß eine soziodemographische Bestimmung des Potentials an Ausländerfeindlichkeit, die über die genannten zentralen Determinanten Bildung, Alter und politi-

---

19 Der auf die Werte von 1 bis 3 zusammengefaßte Index 'Zuzug' hätte die zu erklärende Varianz in den Regressionsanalysen zu sehr minimiert. Deshalb wurde hier mit der Variable "Zuzug" gearbeitet, die nur aus der Summation der Einzelitems besteht. D.h. auf die sonst angewendete Division durch 4 wurde hier verzichtet.

sche Orientierung hinausgeht, kaum möglich ist. 'Religionszugehörigkeit' bzw. 'Religiosität', 'Wohnortgröße', 'persönlich in den letzten 10 Jahren erlebte Arbeitslosigkeit', die 'Selbsteinstufung' als 'oben' oder 'unten' in der gesellschaftlichen Hierarchie oder die 'subjektive Schichteinordnung', das 'Berufsprestige' und die 'Bildung des Vaters' haben keinen signifikanten oder keinen der Größenordnung nach bedeutsamen Effekt auf die Einstellung gegenüber Ausländern bzw. gegenüber Regelungen der Zuzugspraxis.

Der soziodemographische bzw. soziostrukturelle Einfluß auf die Ausprägung des Ethnozentrismus ist somit insgesamt sehr gering und variiert kaum über den untersuchten Zeitraum.

Exkurs II: Kovariate des Ethnozentrismus

Aus den dargestellten ALLBUS-internen Gründen ist es nicht möglich mit dem vorliegenden Material die Determinanten des Ethnozentrismus im Sinne einer stringenten Theorieprüfung genauer zu bestimmen. Trotzdem kann anhand einer Erhebung aus dem Jahre 1990, gezeigt werden, daß die Einstellungen zu Minoritäten mit anderen Einstellungen zusammenhängen, ohne daß jedoch eine eindeutige kausale Struktur unterstellt werden kann. Es läßt sich quasi ein Einstellungssyndrom erkennen, welches für Personen mit hohen Ethnozentrismuswerten typisch ist.

Im Einzelnen zeigt sich ein deutlicher Zusammenhang zwischen dem Ethnozentrismus und dem Antwortverhalten auf verschiedene andere Fragestellungen, die im ALLBUS 1990 erhoben wurden. Dabei handelt es sich um folgende Verhaltensweisen (bzw. Fragen), gegenüber denen die Befragten Stellung nehmen sollten:

1. *Ein Mann zwingt seine Ehefrau zum Geschlechtsverkehr;*
2. *Jemand fährt mit öffentlichen Verkehrsmitteln, ohne einen gültigen Fahrausweis zu besitzen;*
3. *Ein Gastwirt weigert sich, in seinem Lokal Ausländer zu bedienen;*
4. *Ein Mann hat homosexuelle Beziehungen zu einem anderen Mann;*

5. *Ein Mann verprügelt seine Frau, weil sie den Haushalt nicht ordentlich führt. (Für Frage 1 bis 5 konnte zwischen den Antwortmöglichkeiten "sehr schlimm", "ziemlich schlimm", "weniger schlimm" oder "überhaupt nicht schlimm" gewählt werden.)*[20]
6. *Glauben Sie, daß man durch harte Strafen die Kriminalität senken kann? (Antwortmöglichkeiten: "Ja" oder "Nein".)*
7. *Ganz allgemein gesprochen, würden Sie sagen, daß man Gesetze ohne Ausnahme befolgen muß, oder gibt es Ausnahmesituationen, in denen man seinem Gewissen folgen sollte, auch wenn dies bedeutet, Gesetze zu übertreten? (Antwortmöglichkeiten: "Gesetze ohne Ausnahme befolgen" oder "In Ausnahmesituationen seinem Gewissen folgen".)*
8. *Bitte sagen Sie nun, ob die Regierung für die Polizei weniger oder mehr Geld ausgeben sollte. (Antwortmöglichkeiten: "die Regierung sollte sehr viel mehr ausgeben", "... etwas mehr ausgeben", "... die Ausgaben auf dem jetzigen Stand halten", "... weniger ausgeben" oder "... sehr viel weniger ausgeben".*

Die folgenden Graphiken (Abb. 5 bis 12) demonstrieren die Kovariation zwischen der Beantwortung dieser Fragen und dem Antwortverhalten hinsichtlich der Fragen, die dem Index 'Ethnozentrismus' zugrundeliegen. Abgebildet sind jeweils die Mittelwerte des Ethnozentrismus in Abhängigkeit vom Antwortverhalten auf die genannten Fragen 1 bis 8. In der Abbildung 9 ist deutlich zu sehen, daß Personen, die Gewalt gegen die Ehefrau als 'nicht schlimm' einstufen, zugleich einen deutlich höheren Durchschnittswert hinsichtlich ihres Ethnozentrismus aufweisen als Personen, die Gewalt gegen die Ehefrau als 'schlimm' betrachten. Dieses Bild setzt sich in den anderen Darstellungen fort. Wer einen ausgeprägten Ethnozentrismus aufweist, der hält tendenziell auch geringfügige Vergehen wie 'Schwarzfahren' für schlimm, hat mehr Verständnis für ethnozentrisches Verhalten anderer, empfin-

---

20 Für die folgenden Analysen wurden diese Angaben (aus Gründen der Fallzahl) recodiert. Dabei wurden die ersten beiden Möglichkeiten zu der Kategorie "schlimm" und die letzten beiden zur Kategorie "nicht schlimm" zusammengefaßt. Ähnlich wurde mit der Frage 9 verfahren. Hier wurde die erste Kategorie ("sehr viel mehr") beibehalten und alle anderen Kategorien zu einer Ausprägung "etwas mehr bis weniger" zusammengefaßt.

Abb. 5: Verhaltensbeurteilung: Vergewaltigung in der Ehe

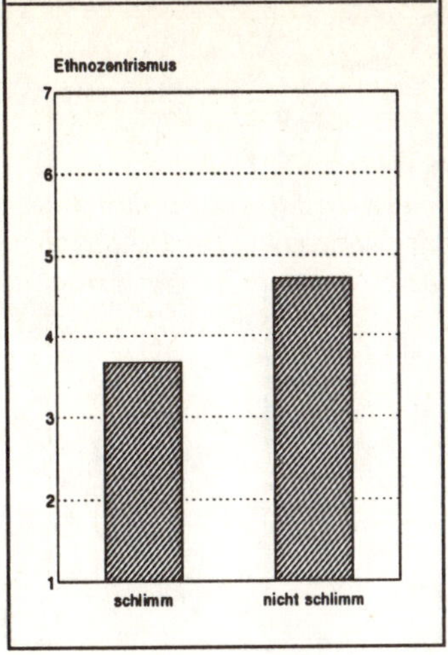

Abb. 6: Verhaltensbeurteilung: Schwarzfahren

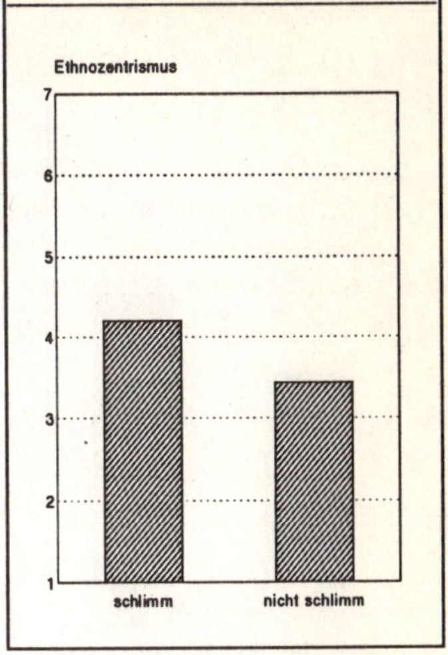

Abb. 7: Ausgaben für Polizei erhöhen

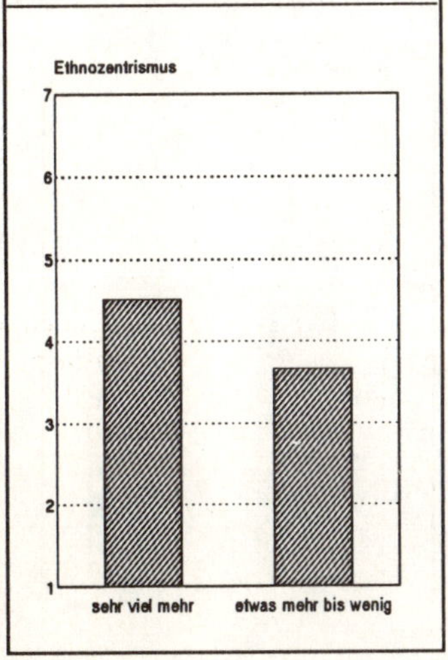

Abb. 8: Verhaltensbeurteilung: Ausländerfeindlicher Wirt

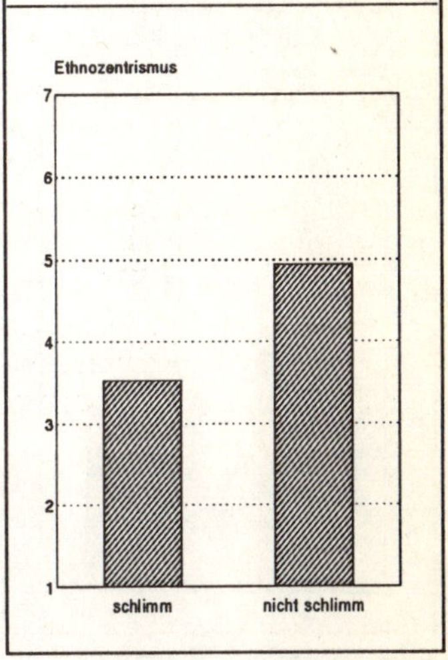

Abb. 9: Verhaltensbeurteilung: Gewalt gegen Ehefrau

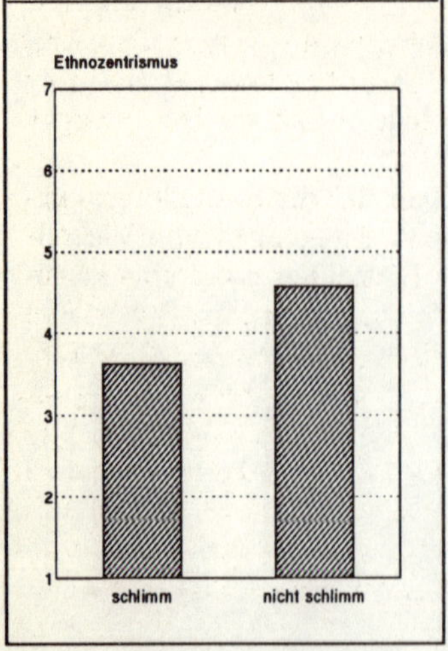

Abb. 10: Verhaltensbeurteilung: Homosexualität

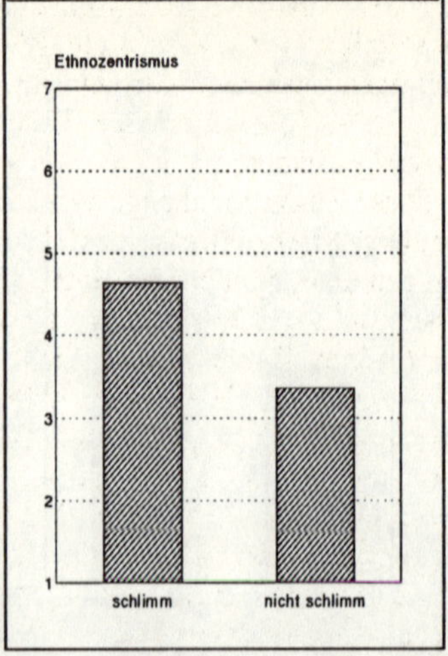

Abb. 11: Abschreckung durch harte Strafen

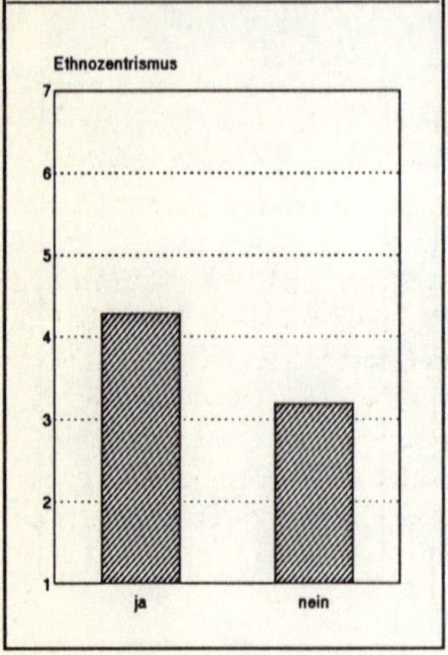

Abb. 12: Gesetze sind ohne Ausnahme zu befolgen

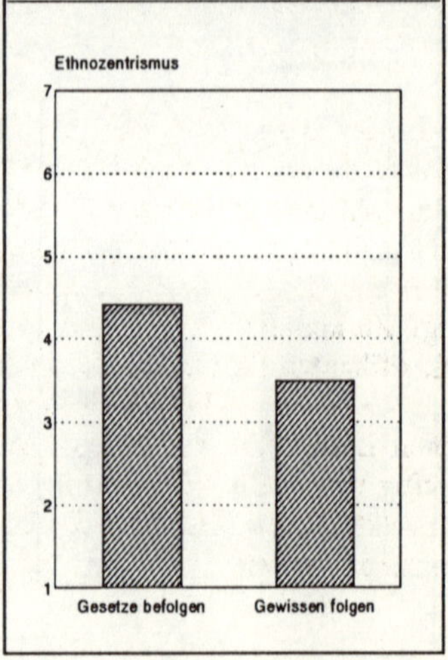

det in der Tendenz Gewalt gegen die Ehefrau als weniger schlimm, hält Homosexualität eher für verwerflich, glaubt deutlich mehr an die abschreckende Wirkung von harten Strafen, findet, daß man Gesetze ohne Rücksicht auf das eigene Gewissen befolgen muß und wünscht sich viel mehr Staatsausgaben für die Polizei[21]. Alle genannten Unterschiede zwischen den Gruppen sind signifikant.

Diese Zusammenhänge verdeutlichen, daß die Einstellungen gegenüber Minoritäten keinesfalls isolierte Meinungen oder Vorstellungen sind, sondern im Sinne eines Einstellungssyndroms konsistent und logisch verbunden sind. Meinungen zu Minoritäten sind Teil eines Bündels von Einstellungen, Teil einer subjektiven Weltsicht und Weltinterpretation, die mit anderen sozio-politischen Vorstellungen systematisch kovariieren. Nach den hier vorliegenden Befunden sind ethnozentrische Personen auch eher 'frauenfeindlich' bzw. eher 'Vertreter eines chauvinistischen Rollenverständnisses' und durch einen Hang zur 'law and order'-Ideologie gekennzeichnet. Sie zeigen durchaus Ähnlichkeit zum Idealtypus der 'autoritären Persönlichkeit'.

2.5 Arbeitslosigkeit und Ethnozentrismus

In den dargestellten (Regressions)analysen wurde für die Erwerbstätigen die Variable 'Arbeitslosigkeit in den letzten 10 Jahren' als eine mögliche Determinante für die 'Einstellung zu Gastarbeitern' bzw. 'für die Forderung nach Beschränkung der Einreisemöglichkeiten für verschiedene Ausländergruppen' berücksichtigt. Zu keinem Erhebungszeitpunkt konnte für diese Variable ein signifikanter Einfluß auf die untersuchten Einstellungen nachgewiesen werden. Da jedoch in der politischen und wissenschaftlichen Diskussion ein solcher Zusammenhang immer wieder als gültig unterstellt wird, soll im folgenden diese Hypothese anhand des aktuellsten ALLBUS-Datensatzes von 1992 detaillierter untersucht werden.

---

21 Alle genannten Differenzen zwischen den Gruppen sind signifikant auf einem 95% Niveau. Berechnet wurde jeweils eine einfache Varianzanalyse.

Im ALLBUS wird die Arbeitslosigkeit der Befragten über einen Filter für die derzeit Erwerbstätigen und die Nicht-Erwerbstätigen getrennt erhoben. Für beide Teilpopulationen wird dann ermittelt, ob die Befragten in den letzten 10 Jahren arbeitslos waren und ggf. wie lange dies der Fall war. Für die derzeit Nicht-Erwerbstätigen wird gefragt, ob aktuell Arbeitslosigkeit vorliegt. Aus den verschiedenen Variablen wurde zunächst eine gemeinsame Variable gebildet, die die Häufigkeit der Arbeitslosigkeit abbildet. Die entsprechende Variable 'Al' hat den Wert 1, wenn derzeit keine Arbeitslosigkeit vorliegt und in den letzten 10 Jahren nicht vorlag. Der Wert 2 bedeutet, daß (nur) zu einem früheren Zeitpunkt Arbeitslosigkeit erlebt wurde, Wert 3 steht für derzeitige (aber nicht auch vormals) erlebte Arbeitslosigkeit und der Wert 4 symbolisiert aktuelle und früher erlebte Arbeitslosigkeit.

Von den 3548 Befragten waren 80,4% in den letzten 10 Jahren nie arbeitslos gewesen (Gruppe 1), 13,3% waren innerhalb dieser Frist schon mal arbeitslos (Gruppe 2), sind es derzeit aber nicht, 4,3 % sind es gegenwärtig (aber waren es vormals noch nicht) (Gruppe 3)[22] und 2,0% sind es jetzt und waren es auch bereits früher (Mehrfach-Arbeitslose)[23].

Betrachtet man die Unterschiede in diesen vier Gruppen hinsichtlich des Indizes 'ZUZUG' dann ergeben sich folgenden Mittelwerte (Tab. 2.20):

---

22 Bei dem scheinbar geringen Anteil von Arbeitslosen ist zu berücksichtigen, daß der ALLBUS auf die (deutsche) Gesamtbevölkerung (über 18 Jahren) zielt und nicht auf die Teilgruppe der Erwerbstätigen.

23 Aus der Analyse wurden 251 Fälle ausgeschlossen, wovon 228 noch nie erwerbstätig gewesen (überwiegend Schüler und Studenten) sind, der Rest ergibt sich aus fehlenden Werten. In der Analyse sind jedoch alle Personen, die jemals erwerbstätig waren. Also auch Hausfrauen/-männer und Rentner(innen). Da diese jedoch unter Umständen schon seit mehr als 10 Jahren nicht mehr erwerbstätig sind, können sie auch nicht in dieser Zeit arbeitslos gewesen sein. Beschränkt man die Analyse nun auf die Personen, die 1982 und später noch erwerbstätig waren, dann reduziert sich die Fallzahl auf 2558 gültige Fälle. Die entsprechenden Mittelwerte des Indizes 'Zuzug' für die Gruppen lauten: Gruppe 1: 2,1355, Gruppe 2: 2,0804, Gruppe 3: 2,2619, Gruppe 4: 2,2679. D. h. für die Ergebnisse ist es eher irrelevant, ob man die gesamte Bevölkerung, die je erwerbstätig war, oder nur die Bevölkerung, die in den letzten 10 Jahren erwerbstätig war, mit den Arbeitslosen (bzw. ehemaligen Arbeitslosen) vergleicht.

Tab. 2.20: Mittelwerte und Varianzanalyse "ZUZUG" nach Arbeitslosigkeit

Gruppe	n	x	s
1	2412	2.1389	.4890
2	407	2.0860	.5061
3	126	2.2619	.5243
4	58	2.2414	.5716
Total	3003	2.1389	.4955

Analysis of Variance:

Source	D.F.	Sum of Squares	Mean Squares	F Ratio	F Prob.
Between Groups	3	3.6547	1.2182	4.9813	.0019
Within Groups	2999	733.4402	.2446		
Total	3002	737.0949			

Anmerkung:
Gruppe = nach dem Wert der unabhängigen Variablen (hier: Arbeitslosigkeit) gebildete Gruppen, n, x und s = Fallzahl, Mittelwert und Standardabweichungen von ZUZUG in den Gruppen, F Prob. = Signifikanz der Mittelwertdifferenzen.

Die ausgewiesenen Mittelwerte unterscheiden sich zwar, aber in einer Reihenfolge, die nicht erwartbar war. Die aktuell von Arbeitslosigkeit Betroffenen (Gruppe 3 und Gruppe 4) weisen zwar höhere Mittelwerte als die anderen Personen auf, aber Personen die nie arbeitslos waren (Gruppe 1) haben einen höheren Wert als solche, die in der Vergangenheit bereits arbeitslos waren (Gruppe 2). Der globale F-Test (F Prob.) der entsprechenden Varianzanalyse weist die Unterschiede als signifikant aus[24]. Rein deskriptiv folgt hieraus, daß aktuell Arbeitslose zwar eine höhere Ablehnung gegenüber dem Zuzug von Fremden zeigen als Erwerbstätige, aber ehemalige Arbeitslose zeigen eine geringere Ablehnung als solche, die in den letzten 10 Jahren nicht arbeitslos waren. Eine denkmögliche Interpretation liegt darin, daß diese Personen trotz der Anwesenheit von Ausländern wieder Arbeit gefunden

24 Von den einzelnen Mittelwertunterschieden sind alle außer der zwischen Gruppe 3 und 4 signifikant.

haben, und deshalb keine 'Bedrohung' mehr in der Anwesenheit von Minoritäten sehen. Es könnte also ein Lerneffekt vorliegen.

Dieses Ergebnis wird im wesentlichen auch reproduziert, wenn man die neuen und alten Bundesländer getrennt betrachtet. Die entsprechenden Mittelwerte lauten dann für die neuen Bundesländer[25] (Gruppe 1 bis 4): 2,198, 2,094, 2,273 sowie 2,318 und für die alten Bundesländer: 2,112, 2,084, 2,188 und 2,194. Es gibt hier in beiden Teilen keine andere Struktur in der Abfolge der Mittelwerte.

Die weitere Analyse sollte nun zwei Fragen klären: erstens, wie stark der festgestellte Effekt der Arbeitslosigkeit ist und zweitens, ob ein Interaktionseffekt zwischen Bildung und Arbeitslosigkeit vorliegt. Dazu wurde eine Varianzanalyse und eine multiple Klassifikationsanalyse berechnet (vgl. Tab. 2.21).

Tab. 2.21: Varianzanalyse ZUZUG mit Arbeitslosigkeit (AL) und Bildung (V147)

Source of Variation	Sum of Squares	DF	Mean Square	F	Signif of F
Main Effects	37.994	7	5.428	23.339	.000
AL	2.478	3	.826	3.552	.014
V147	34.814	4	8.703	37.424	.000
2-way Interactions					
AL	4.239	12	.353	1.519	.110
V147	4.239	12	.353	1.519	.110
Explained	42.234	19	2.223	9.558	.000
Residual	684.661	2944	.233		
Total	726.894	2963	.245		

Ein Interaktionseffekt zwischen Arbeitslosigkeit und Bildung bedeutet inhaltlich, daß die Ausprägungskombinationen der beiden Variablen eine zusätzlich Wirkung auf die Variable 'ZUZUG' haben. D.h., wenn Personen eine geringe Bildung aufweisen und zugleich arbeitslos sind, dann hat dies einen zusätzlichen Effekt

25 Insbesondere in den neuen Bundesländern werden die Fallzahlen, die der Analyse zugrundeliegen klein. Sie betragen (Gruppe 1 bis 4): 757, 96, 110 und 22.

auf die abhängige Variable[26]. Inhaltlich entspricht dies der Annahme, daß Personen mit sehr geringer Bildung und sehr intensiver Arbeitslosigkeit einen höheren Wert auf der Variablen 'ZUZUG' aufweisen als etwa Personen mit hoher Bildung und häufiger Arbeitslosigkeit. Der entsprechende Effekt ist empirisch jedoch nicht signifikant (vgl. Tab. 2.21, 2-way Interactions).

Die Stärke des Effektes der Arbeitslosigkeit auf den Index 'ZUZUG' ist minimal. Der entsprechende Eta-Wert liegt bei 0.07 (der der Bildung hingegen bei 0.22). D.h. es gibt (mit 95% Sicherheit) zwar einen Einfluß der Arbeitslosigkeit auf die Forderung nach Zuzugsbeschränkungen, aber in seiner Stärke ist dieser Effekt nahezu irrelevant. Dies entspricht auch den Ergebnissen der vorangegangenen Regressionsanalysen.

Betrachtet man zusätzlich die neuen und alten Bundesländer getrennt, so ist der Effekt der Arbeitslosigkeit nur noch in den neuen Bundesländern signifikant (F Prob. .0432). Die Stärke des Zusammenhangs liegt dort bei Eta = .08 und ist somit sehr schwach ausgeprägt. Für die alten Bundesländer ist kein signifikanter Zusammenhang festzustellen.

Die dargestellte Operationalisierung der Arbeitslosigkeit vernachlässigt jedoch möglicherweise einen hypothetisch relevanten Aspekt der Arbeitslosigkeit, nämlich deren Dauer. So wäre es denkbar, daß kurzfristige Arbeitslosigkeit kaum Einfluß auf die Einstellung gegenüber Ausländern hat, aber längerfristige zu einer verstärkten Ablehnung des Zuzugs von Ausländern führt. Um dieser Frage nachzugehen, wurde eine entsprechende Variable gebildet, die die Dauer der Arbeitslosigkeit erfaßt. Diese Variable (ALDAU1) hat den Wert 0, wenn Personen (in den letzten 10 Jahren) nicht von Arbeitslosigkeit betroffen waren. Die Werte 1 bis 6 stehen für ehemalige oder aktuelle Arbeitslosigkeit, wobei 1 einer Dauer von unter 4 Wochen entspricht, 2 für 4 bis 12 Wochen, 3 für 13 bis 26 Wochen, 4 für 27 bis 52 Wochen, 5 für 53 bis 104 Wochen und 6 für 105 und mehr Wochen erlebte Arbeitslosigkeit steht.

---

26 Dieses Vorgehen entspricht der Bildung einer neuen Variable, die aus einer Addition von Bildung und Arbeitslosigkeit besteht. Nach einer entsprechenden Recodierung (die hier vorgenommen wurde) hat dann eine Person den höchsten Wert, wenn sie die geringste Bildung aufweist und zugleich aktuell arbeitslos ist und es vormals war.

Tab. 2.22: Mittelwerte und Varianzanalyse ZUZUG nach Dauer der Arbeitslosigkeit

Gruppe	n	x	s
Grp 0	2412	2.1389	.4890
Grp 1	24	2.2917	.4643
Grp 2	80	2.1125	.4499
Grp 3	168	2.1131	.5182
Grp 4	152	2.1250	.4648
Grp 5	86	2.1977	.5702
Grp 6	56	2.2143	.5629
Total	2978	2.1404	.4922

Analysis of Variance:

Source	D.F.	Sum of Squares	Mean Squares	F Ratio	F Prob.
Between Groups	6	1.3661	.2277	.9395	.4650
Within Groups	2971	719.9624	.2423		
Total	2977	721.3284			

Vergleicht man die Gruppenmittelwerte für die verschiedene Dauer der erlebten Arbeitslosigkeit, so zeigt sich, daß die 'Kurzzeit-Arbeitslosen' (Gruppe 1, bis 4 Wochen Arbeitslosigkeit) den höchsten Wert auf dem Index 'ZUZUG' haben (Tab. 2.22). Personen die nie von Arbeitslosigkeit betroffen waren, haben einen tendenziell 'mittleren' Wert. Aber die Mittelwertdifferenzen sind nicht signifikant[27]. Es kann somit nicht davon ausgegangen werden, daß sich diese Differenzen auch in der Grundgesamtheit (Gesamtbevölkerung über 18 Jahren) wiederfinden. Dies gilt auch, wenn man die Analyse für die neuen und alten Bundesländer getrennt berechnet.

Trotz dieser Ergebnisse wurde auch hier eine Varianz- und multiple Klassifikationsanalyse berechnet, in der die Bildung und mögliche Interaktionseffekte zwischen Bildung und Dauer der Arbeitslosigkeit berücksichtigt wurden (vgl. Tab. 2.23).

27 Es unterscheiden sich auch keine zwei Mittelwertpaare voneinander signifikant.

Tab. 2.23: Varianzanalyse ZUZUG mit Dauer der Arbeitslosigkeit (ALDAU1) und Bildung

Source of Variation	Sum of Squares	DF	Mean Square	F	Signif of F
Main Effects	35.747	10	3.575	15.480	.000
ALDAU1	.955	6	.159	.689	.658
V147	34.097	4	8.524	36.914	.000
2-way Interactions	4.314	22	.196	.849	.665
ALDAU1 V147	4.314	22	.196	.849	.665
Explained	40.060	32	1.252	5.421	.000
Residual	671.057	2906	.231		
Total	711.117	2938	.242		

Die Analyse weist abermals keinen signifikanten Interaktionseffekt zwischen Dauer der Arbeitslosigkeit und Bildung aus. Auch hier ist also kein zusätzlicher Effekt über die Kombination von Bildung und Dauer der Arbeitslosigkeit zu finden. Quantifiziert man den nicht-signifikanten Zusammenhang zwischen Dauer der Arbeitslosigkeit und der Variable 'ZUZUG', so beträgt der entsprechende Eta-Wert 0.05. Er ist also nicht nur ungesichert, sondern auch inhaltlich völlig unbedeutend[28].

Es kann also nicht davon ausgegangen werden, daß Arbeitslosigkeit als solche einen nennenswerten Effekt auf die Einstellung gegenüber dem 'Zuzug von Ausländern' und damit generell gegenüber Ausländern hat. Gestützt wird dieser Befund durch die Tatsache, daß sich (ehemalige) Arbeitslose hinsichtlich ihres (voraussichtlichen) Wahlverhaltens nicht von der 'Restbevölkerung' unterscheiden. Auf die Frage *'Wenn am nächsten Sonntag Bundestagswahl wäre, welche Partei würden Sie dann wählen'*, ergeben sich keine bedeutsamen Unterschiede zwischen den Befragten. Diejenigen, die nie oder zumindest in den letzten 10 Jahren nicht arbeitslos waren, würden zu 6,0% die Republikaner wählen, diejenigen die zwar arbeitslos waren, aber es derzeit nicht mehr

---

28 Auch hier ergibt die getrennte Analyse für die neuen und alten Bundesländer keine abweichenden Ergebnisse. In beiden Gebieten ist der Effekt von ALDAU1 nicht signifikant.

sind, geben zu 6,2% die Republikaner an und die derzeit Arbeitslosen würden diese Gruppierung zu 8,5% wählen[29]. Damit gibt die vorliegende Untersuchung keinen Hinweis darauf, daß Arbeitslosigkeit direkt zu Ausländerfeindlichkeit und einer Präferenz für extrem rechte Parteien führt.

2.6 Zwischenergebnis

Ethnozentristische und fremdenfeindliche Einstellungspotentiale sind bei einer Minderheit der Bevölkerung nach wie vor vorhanden und konzentrieren sich in verschiedenen historischen Perioden jeweils auf unterschiedliche Gruppen. Die Analyse der Langzeitdaten zeigt jedoch, daß sich der Umfang dieser fremdenfeindlichen Potentiale in den achtziger Jahren nicht vergrößert, sondern eher verringert hat. Für die bisherige Entwicklung in den neunziger Jahren läßt sich zwar keine weitere Verringerung, jedoch auch keine Zunahme des fremdenfeindlichen Potentials in der Bevölkerung generell feststellen.

Diese Ergebnisse stehen im deutlichen Kontrast (jedoch nicht im Widerspruch) zu einigen Einstellungsuntersuchungen der letzten Jahre, in denen für bestimmte Bevölkerungsgruppen in bestimmten Regionen z.T. wesentlich höhere fremdenfeindliche Potentiale identifiziert werden konnten. Vor allem bei Teilen der Jugend, die während der achtziger Jahre eher in geringerem Maße fremdenfeindlich und ethnozentristisch eingestellt waren, ist nun in den neunziger Jahren ein deutlicher Stimmungsumschwung zu erkennen. Dies ist freilich trotz der hier dargestellten Ergebnisse einer Reduzierung ethnozentristischer Einstellungen in der Bevölkerung insgesamt von besonderer Bedeutung: zum einen weil zu vermuten ist, daß die im Jugendalter erworbenen Einstellungen und Vorurteile zu einem gewissen Anteil nicht mehr veränderbar sein dürften und daher auch in der Zukunft präsent sein werden; zum zweiten weil gerade bei fremdenfeindlichen Jugendlichen

29 Für die NPD als weitere 'Rechtspartei' entschieden sich in dieser Umfrage nur 2 Personen. Insgesamt machten auf die Sonntagsfrage jedoch 1290 Personen keine konkrete Angabe zur Parteienpräferenz. Von den 3548 wollten 357 gar nicht wählen gehen, 298 verweigerten die Angabe und 594 sagten "weiß nicht".

derzeit eine relativ hohe Gewaltbereitschaft festzustellen ist. Darauf wird im nächsten Kapitel einzugehen sein.

3. Die Entwicklung der Einstellungen zur Gewalt zwischen 1980 und 1992

Fremdenfeindliche Einstellungen sind wesentlich weiter verbreitet als diesbezügliche Gewaltbereitschaften und tatsächliches Gewalthandeln. Zugleich existieren in unserer Gesellschaft auch ausgeprägte Vorstellungen von legitimer Gewaltanwendung bis hin zu Gewaltbereitschaften, die sich nicht unbedingt mit den fremdenfeindlichen und ethnozentristischen Potentialen decken müssen. Daher ist es an dieser Stelle von Bedeutung, neben den fremdenfeindlichen Einstellungspotentialen zugleich auch die Potentiale an Gewaltbereitschaft und Gewaltbilligung in der Bevölkerung zu identifizieren.

Die dargestellten Daten zu ethnozentristischen und fremdenfeindlichen Einstellungen und die Verankerung entsprechender Potentiale in sozio-demographischer und politisch-ideologischer Hinsicht geben erste Informationen über ein spezifisches Konflikt- und Protestpotential in der Gesellschaft; sie lassen jedoch nicht den Schluß zu, daß damit auch bereits entsprechende Gewaltbereitschaften und Gewaltpotentiale identifiziert seien. Zwar gibt es theoretische Vermutungen über eine enge Verknüpfung zwischen fremdenfeindlichen, insbesondere rassistischen Einstellungen und damit stets verbundenen Gewaltbereitschaften und Gewaltlegitimationen. Doch solange man nicht fremdenfeindliche bzw. rassistische Einstellungen und Gewaltbereitschaft definitorisch aneinander bindet, gilt es erst einmal empirisch zu prüfen, wie Gewaltbereitschaften in der Gesellschaft verteilt sind und mit welchen anderen Einstellungen und Merkmalen sie korrelieren. Hier können wir auf einige Umfragen aus der Bundesrepublik zurückgreifen, in denen insbesondere politisch motivierte oder ausgerichtete Gewaltbereitschaften zum Teil über mehrere Jahre hinweg erhoben worden sind.

Dies ist zum einen die Political Action Studie (BARNES/KAASE u.a. 1979; JENNINGS/VAN DETH u.a. 1990), die repräsentative Bevölkerungsbefragungen in den Jahren 1974, 1980 und 1985 durchgeführt haben, und von KAASE und NEIDHARDT im Jahre 1989 (KAASE/NEIDHARDT 1990) im Rahmen einer Eurobarometerumfrage für die Gewaltkommission in einigen Teilen wiederholt wurden; zum zweiten die vom IPOS Institut Mannheim im Auftrag des Bundesministeriums des Innern seit 1987 durchgeführte jährliche repräsentative Umfrage unter Wahlberechtigten. Drittens schließlich können wir uns zur aktuellen Entwicklung der Einstellung zur Gewalt nach 1990 auf die Arbeiten von FRIEDRICH und FÖRSTER sowie FRIEDRICH und SCHUBARTH (FRIEDRICH/SCHUBARTH 1991; FÖRSTER/FRIEDRICH 1992) sowie auf die jüngsten Arbeiten des DJI (SCHNEIDER/HOFFMANN-LANGE 1993; DJI JUGENDSTUDIE 1992) im Rahmen des Jugendsurveys 1992 beziehen.

Freilich sind sowohl die Stichproben als auch die Fragen zur Gewalteinstellung über die verschiedenen Untersuchungen hinweg nur bedingt vergleichbar. Auch steht in diesen Studien nicht die Gewalttätigkeit selbst, sondern Gewaltbereitschaft und Gewaltakzeptanz im Vordergrund. Aufgrund der sozialen Unerwünschtheit von Gewalt ergeben sich dabei massive Operationalisierungsprobleme. Während bei KAASE & NEIDHARDT nach unmittelbaren Handlungsbereitschaften gefragt wird, geht es in den IPOS-Umfragen, die insbesondere für die Entwicklung der letzten Jahre in Anspruch genommen werden müssen, um die Bereitschaft zur "Teilnahme an einer Demonstration, auch wenn mit Gewalt gerechnet werden muß". Damit entsteht ein Validitätsproblem, da sicherlich viele durchaus friedliche Bürger sich von einer Demonstration nicht abschrecken lassen, wenn mit Gewalt von anderen gerechnet werden muß, ohne daß bei ihnen selbst damit schon Gewaltakzeptanz oder gar -bereitschaft anzunehmen wäre. Und im DJI Jugendsurvey wurde nicht nach der Beteiligung an gewalttätigen Demonstrationen gefragt, sondern nach der Gewalt gegen Personen bzw. der Gewalt gegen Sachen, so daß die Ergebnisse insgesamt recht schwer zu vergleichen sind.

3.1 Protest und Gewaltbereitschaft in den siebziger und achtziger Jahren

Die Untersuchungen, auf die hier zunächst zurückgegriffen werden, beziehen sich auf die politisch motivierte Gewalt in der BRD in den siebziger und achtziger Jahren. Sie gehen in der Regel von zwei Annahmen aus (vgl. BARNES, KAASE et al. 1979; SCHMIDTCHEN 1983; UEHLINGER 1988). Sie behaupten zum einen, daß die allgemeine Orientierung in der Bevölkerung gegenüber politischer Gewalt (Gewalteinstellung) und die geäußerten Handlungsbereitschaften wichtige Indikatoren für die Bestimmung des gesellschaftlichen Gewaltniveaus sind; unterstellen also eine gewisse Entsprechung zwischen Einstellungen und Handeln. Und sie behaupten zum anderen, daß eine Bestimmung des politischen Gewaltpotentials auch eine Bestimmung des allgemeinen Protestpotentials einschließen muß, da politische Gewalt häufig im Rahmen von unkonventionellen Formen direkter politischer Partizipation vorkommt (KAASE & NEIDHARDT 1990, S. 7). Beide Annahmen sind jedoch, wie wir noch sehen werden, nur begrenzt gültig und werden von den empirischen Daten auch nur teilweise gestützt: Weder läßt sich anhand von Einstellungsdaten das tatsächliche Handeln der Befragten bestimmen, noch sind die Übergänge von unkonventionellen Partizipationsformen zu politischer Gewalt ohne Längsschnittdaten eindeutig auszumachen.

3.1.1 Zur Entwicklung der Gewaltbereitschaften

Die verschiedenen Untersuchungen stellen zunächst fest, daß legale, nicht-institutionalisierte Formen der politischen Beteiligung (Unterschriftensammlungen, Demonstrationen, Bürgerinitiativen, Boykotts) in der Bevölkerung mittlerweile durchweg akzeptiert werden. So bekunden von 1984 bis 1989 je nach Untersuchung zwischen 70 % und 80 % der Befragten ihre Bereitschaft zur Beteiligung an Unterschriftensammlungen, ca. 40 % ihre Bereitschaft zur Beteiligung an Demonstrationen, zwischen 55 % und 65 % ihre Bereitschaft zur Beteiligung an Bürgerinitiativen und zwischen 25 % und 35 % ihre Bereitschaft zur Beteiligung an einen Boykott. Und für Aktionen im Bereich des zivilen Ungehorsams (Hausbesetzung, Platzbesetzung, Verkehrsblockade) liegen die Beteiligungsabsichten zwischen 4 % und 7 %, wobei die Zustimmung Jugendlicher für Aktionen des zivilen Ungehorsams und der politischen Gewalt nur gering über dem Durchschnitt liegt (vgl. ECKERT, KAASE & NEIDHARDT 1990).

Die Untersuchungen kommen übereinstimmend zu dem Schluß, daß politische Gewalt hochgradig tabuisiert ist und daß lediglich eine Minderheit von ca. 3 % - 4 % Gewalt gegen Sachen oder Personen zur Erreichung politischer Ziele im Normalfall akzeptiert. Nimmt man den Normal- und den Eskalationsfall zusammen, so sind es zwischen 6 % und 8 %, die bekunden, sie würden sich auch an gewalttätigen politischen Aktionen beteiligen, wenn andere Versuche der Einflußnahme (z.B. Wählen, Demonstrationen, Petitionen etc.) unbeantwortet blieben (vgl. ECKERT, KAASE & NEIDHARDT 1990, S. 320-321) .

Daß diese Prozentzahlen nicht einfach als Indikatoren für tatsächlich vorhandene Gewaltpotentiale behandelt werden können, wird deutlich, wenn man die große Diskrepanz zwischen Einstellungen und geäußerten Handlungsbereitschaften einerseits und tatsächlichem Verhalten andererseits betrachtet. Die Werte für bereits ausgeübte Verhaltensweisen liegen weit unter den Werten für Beteiligungsabsichten. Nicht mehr als 1 % aller Befragten geben an, bereits einmal aus politischen Motiven gewalttätig geworden zu sein, während hingegen die Zahl derer, die entsprechende **Bereitschaften** bekunden, stets um das Drei- bis Vierfache höher liegt. Damit wird auf die Bedeutung zusätzlicher situativer Faktoren (vor allem Mobilisierungsfelder, Gruppenzusammenhänge, Eskalationsprozesse) für die Erklärung von tatsächlichem Gewalthandeln verwiesen (ECKERT & WILLEMS 1986; WILLEMS 1988a; WILLEMS 1988b). Gewaltaffine Einstellungen und Handlungsbereitschaften allein können also tatsächliches Gewalthandeln nicht erklären.

Auch die Affinität zu direkten oder illegalen Partizipationsformen (ziviler Ungehorsam), die in den quantitativen Studien in den linksalternativen Milieus gefunden wurde, hat nur einen begrenzten Erklärungs- bzw. Prognosewert für politische Gewalt. Zwar können die empirischen Untersuchungen 'Übergänge' (KAASE & NEIDHARDT 1990, S. 14) oder gar 'deutliche positive Beziehungen' (ECKERT, KAASE & NEIDHARDT 1990, S. 337; UEHLINGER 1988, S. 211-217) zwischen zivilem Ungehorsam und politischer Gewalt identifizieren. Doch lassen sich aus diesen Korrelationen keine eindeutigen kausalen Zusammenhänge ableiten, so daß hier unterschiedliche Erklärungen und Interpretationen nebeneinander stehen bleiben müssen. **Zum einen** sind die Korrelationen sicherlich zum Teil dadurch erklärbar, daß ziviler Ungehorsam für einige spezielle Teilgruppen ein Durchgangsstadium zur Gewalt darstellt. Vermutlich wirken dabei konkrete Konflikterfahrungen und Eskalationsprozesse als sozialisatorische 'Transmissionsriemen'. Doch lassen sich solche Übergänge zwischen zivilem Ungehorsam und Gewalthandeln letztlich nur anhand von Längsschnittstudien eindeutig bestimmen. Aus den vorliegenden Querschnittsdaten sind dagegen keine gesicherten Auskünfte über diesen Zusammenhang zu gewinnen. **Zum zweiten** aber lassen sich die Korrelationen zwischen zivilem Ungehorsam und politischer Gewalt möglicherweise auch dadurch erklären, daß prinzipiell gewaltbereite Personen auch andere politische Partizipationsformen instrumentalisieren und damit auch zivilen Ungehorsam in ihrem Repertoire haben (und sich entsprechend äußern). **Und drittens** schließlich gibt es inhaltliche Gründe, die gegen die Generalisierung dieser Übergangsthese sprechen. Denn von einem Teil der Protestgruppen in Ökologie- und Friedensbewegung wird ziviler Ungehorsam gerade als Alternative zur Gewalt propagiert, wird Gewaltfreiheit auch aktiv trainiert, so daß Übergänge zur Gewalttätigkeit bei ihnen gerade selten zu finden sein dürften.

Umgekehrt läßt sich aber dem Gewaltdiskurs in der Ökologie- und Friedensbewegung auch entnehmen, daß es gewaltaffine Personengruppen gibt, die von gewaltfreiem zivilen Ungehorsam nichts halten. Und tatsächlich zeigen auch die Sekundäranalysen von UEHLINGER, daß diejenigen, die politische Gewaltanwendung befürworten bzw. akzeptieren, nicht unbedingt auch zivilen Ungehorsam als mögliche Form politischer Partizipation erwägen. *"Nur zwei Drittel derjenigen, die politische Gewalt für möglich halten, nennen gleichzeitig zivilen Ungehorsam"* (UEHLINGER 1988, S. 150); und von denjenigen, die angeben, schon einmal politische Gewalt ausgeübt zu haben, sind es gar nur 47 %, die bekunden, auch bereits zivilen Ungehorsam als politische Strategie gewählt zu haben (s. UEHLINGER 1988, S. 153)[1]. Es ist zu vermuten, daß es sich bei dieser Personengruppe (a) um radikalisierte politische Gruppen mit revolutionären Strategien handelt, die aus-

---

1 Leider bietet uns UEHLINGER keine eigene Interpretation dieser Daten, da er in erster Linie daran interessiert ist zu belegen, daß zwischen **legalen und illegalen Partizipationsformen** *"kein nahtloser Übergang"* existiert, sondern eine *"Schwelle"*, die *"nicht einfach unbewußt überschritten wird"* (UEHLINGER 1988, S. 120-121). Die Erklärung **politischer Gewalt** steht bei ihm nicht im Vordergrund. Die Daten zeigen jedoch, daß auch zwischen **illegalen aber gewaltfreien Partizipationsformen (ziviler Ungehorsam)** einerseits und **politischer Gewalt** andererseits kein nahtloser Übergang besteht.

schließlich an Gewalt als effizientem Mittel der politischen Auseinandersetzung glauben; (b) um Gruppen, die aus unpolitischen Motiven (Abenteuermotive, sensation-seeking, Frustrationsabbau etc.) heraus Gewalt befürworten; und (c) um Gewaltbereite aus dem politisch rechten bzw. rechtsradikalen Lager, für die Aktionen des zivilen Ungehorsams als typisch 'linke' Aktionsformen diskreditiert sind. Es dürfte also unterschiedliche Wege in die Gewalt geben: einmal durch eskalative Zuspitzungen konkreter Konfliktlagen, in denen moralische Bedenken 'über Bord gehen' (situative Sozialisation in die Gewalt); zum anderen über eine ideologische Begründung, die Gewalt als Mittel der Revolution oder der 'natürlichen' Interessendurchsetzung legitimiert (instrumentelle Gewalt); und drittens als 'präkonventionelle' Freude am 'Zoff' (expressive Gewalt).

3.1.2 Soziodemographische und politisch-ideologische Korrelate der Gewaltbereitschaft

Die in den Bevölkerungsumfragen festgestellten Gewalteinstellungen und Gewaltbereitschaften sind nun nicht gleichförmig in den unterschiedlichen Bevölkerungsgruppen zu finden, sondern weisen bestimmte Zusammenhänge mit soziodemographischen und politisch-ideologischen Merkmalen auf (vgl. KAASE & NEIDHARDT 1990, S. 28-40). Als ein Kristallisationspunkt für das Protestpotential der siebziger und achtziger Jahre und damit auch für einen spezifischen Teil des gesellschaftlichen Gewaltpotentials erscheint danach die Gruppe der 'linken Postmaterialisten'. Damit wird jene Gruppe von Befragten bezeichnet, die sich sowohl durch eine hohe Affinität zu linken Ideen und Ideologien auszeichnet als auch durch eine starke Identifikation mit sogenannten postmaterialistischen Werten (wie Selbstverwirklichung, politische Partizipation, Meinungsfreiheit etc.). Wie die verschiedenen Untersuchungen verdeutlichen, besitzen sowohl die 'Links-Rechts-Dimension' als auch die 'Wertwandels-Dimension' einen voneinander unabhängigen Einfluß auf die Bereitschaft zum politischen Protest und zur politischen Gewalt, wobei letztere Dimension sich in aller Regel als einflußreicher als die erstere erweist (vgl. ECKERT, KAASE & NEIDHARDT 1990, S. 330; KAASE & NEIDHARDT 1990, S. 35-38). Die Befürwortung und das Verständnis für nichtstaatliche Gewalt korreliert also in den siebziger und achtziger Jahren stärker mit linken bzw. linksextremen Ideologien und ebenfalls stärker mit postmaterialistischen Wertorientierungen.

Aus der Perspektive der rechten politischen Ideen und Ideologien wurde dagegen in den siebziger und achtziger Jahren **staatliche Gewaltanwendung** (Repressionsgewalt) für Ruhe und Ordnung stärker gefordert. Die starke Befürwortung repressiver staatlicher Maßnahmen stellt hinsichtlich ihres ideologischen und wertmäßigen Profils daher nahezu ein Spiegelbild des Profils dar, das für die Träger der Protest- und Gewaltpotentiale identifiziert worden ist (KAASE & NEIDHARDT 1990, S. 66-67).

Das 'Repressionspotential' wurde in der Political Action Studie (1974 und 1980) und in der KAASE/NEIDHARDT Untersuchung 1989 mit folgenden Items erhoben:

"'Was halten Sie von den folgenden Vorgehensweisen? Sagen Sie mir bitte zu jeder, ob Sie diese Verhaltensweise voll befürworten, im großen und ganzen befürworten, ob Sie diese im großen und ganzen ablehnen oder entschieden ablehnen?'

A Wenn Polizisten mit Schlagstöcken gegen Demonstranten vorgehen;
B Wenn Gerichte harte Strafen über solche Protestierer verhängen, die sich gegen Anweisungen der Polizei zur Wehr setzen;
C Wenn die Regierung zur Aufrechterhaltung von Sicherheit und Ordnung jede öffentliche Demonstration verbietet;
D Wenn die Bundesregierung den Bundesgrenzschutz oder die Bundeswehr einsetzt, um einen Streik zu beenden."

Für die alten Bundesländer läßt sich für den Zeitraum von 1974 bis 1989 insgesamt ein leichter Rückgang derjenigen Einstellungen feststellen, die staatliche Repression befürworten: So sank etwa der Prozentanteil derjenigen, die Polizeigewalt gegen Demonstranten für gerechtfertigt hielten, von annähernd 50 % im Jahre 1979 auf ca. 25 % im Jahr 1989; auch hinsichtlich der Befürwortung harter juristischer Strafen gegen Demonstranten, die sich den Anordnungen der Polizei nicht fügen, ist ein Rückgang festzustellen, wenngleich insgesamt die Zustimmungswerte mit 60,2 % 1989 nach wie vor beachtlich hoch liegen (KAASE/ NEIDHARDT 1990, S.59).

Dieses Repressionspotential hängt auch eng mit demographischen Merkmalen und politischen Orientierungen der Befragten zusammen: es war am niedrigsten bei der Gruppe der 18 bis 21jährigen, sowie bei denjenigen, die sich selbst als links einstuften, während auf der rechten Seite des politischen Spektrums stets besonders hohe Repressionsneigungen zu finden waren, d.h. hier wurden angesichts einer Bedrohung von Recht und Ordnung stärker die staatliche Gewaltanwendung präferiert. Dies weist auf den Zusammenhang hin, daß Gewaltbereitschaft, wie eingangs ausgeführt, sehr eng mit der Legitimation des Staates in unterschiedlichen Bevölkerungsgruppen zu tun hat, und "daß je nach Fragestellung eine starke Minderheit oder sogar einer Mehrheit 'Ruhe und Ordnung' als wichtige Güter betrachtet" (SCHNEIDER/HOFFMANN-LANGE 1993, S.130).

Darüber hinaus jedoch erscheint Gewalt als Mittel der politischen Auseinandersetzung sozialstrukturell nicht eindeutig festlegbar zu sein. *"Das Gewaltpotential in der BRD ist nicht schichten- und klassenmäßig konzentriert"* (KAASE & NEIDHARDT 1990, S. 32). Zwar gibt es Hinweise darauf, daß *"Gewaltaffinität generell überdurchschnittlich häufig bei Personen nur mit Hauptschulabschluß zu finden ist"* (ECKERT, KAASE & NEIDHARDT 1990, S. 324). Dieser Zusammenhang gilt jedoch nicht für die 'theorieinduzierte' linke politisch motivierte Gewalt, für die gerade eine positive Korrelation mit hohem Bildungsstatus festzustellen ist (KAASE & NEIDHARDT 1990, S. 33). Von Bedeutung bleibt jedoch das Lebensalter (Jugendlichkeit) und, etwas abgeschwächt, das Geschlecht (Männlichkeit). Ansonsten jedoch können hier keine generellen Schlußfolgerungen gezogen werden. Vielmehr muß für jeden Konflikttypus und jede Epoche erneut empirisch bestimmt werden, wo Legitimationsdefizite des politischen Systems und der Justiz vorkommen und wo damit politisch motivierte Gewalt und entsprechende Gewaltaffinitäten soziostrukturell verankert sind. Dies wird besonders deutlich, wenn man den eben dargestellten Untersuchungen zur politischen Gewalt im Kontext von Ökologie-, Friedens- und Hausbesetzerbewegung der siebziger und achtziger Jahre Untersuchungen zur rechtsradikalen und fremdenfeindlichen Gewalt im Kontext der Asyl- und Integrationsdebatte der frühen neunziger Jahre gegenüberstellt.

3.2 Protest und Gewaltbereitschaft in den neunziger Jahren

Die getrennte Betrachtung der Entwicklung politisch motivierter Gewaltbereitschaften in den siebziger und achtziger Jahren einerseits und den neunziger Jahren andererseits beruht zunächst auf der Vermutung, daß sich Gewaltbereitschaften mit den jeweils dominierenden gesellschaftlichen Konflikt- und Problemwahrnehmungen nicht nur hinsichtlich ihrer politischen Ausrichtung und Zielsetzung verändern, sondern auch hinsichtlich der soziostrukturellen Verortung von Gewaltmotiven und Gewaltbereitschaften in der Bevölkerung. Insofern ist zu fragen, ob die eher linke, postmaterialistische Gewaltbereitschaft der siebziger/achtziger Jahre nun durch eine eher rechte und/oder materialistische Gewaltbereitschaft der neunziger Jahre abgelöst oder ergänzt wurde.

3.2.1 Zur Entwicklung der Gewaltbereitschaften

Bevor wir jedoch in eine diesbezügliche Analyse einsteigen, soll zunächst die quantitative Entwicklung der Gewaltbereitschaft und -toleranz im Übergang von den achtziger zu den neunziger Jahren dargestellt werden. Auch hier greifen wir auf repräsentative Bevölkerungsumfragen zurück, die (im Kontext anderer, konventioneller und unkonventioneller, legaler und illegaler Formen) des Protestverhaltens danach fragen, ob die Befragten sich an einer Demonstration beteiligen würden, bei der mit Gewalt zu rechnen sei. Betrachten wir also zunächst die Veränderungen der Beteiligungsbereitschaften an Protestformen insgesamt, so wie sie durch die IPOS-Umfragen jährlich zwischen 1984 und 1992 (1990 fehlt) erhoben worden sind (vgl. Tab. 3.1, folgende Seite). (Dies ist natürlich nur für die alte Bundesrepublik möglich).

Zunächst fällt auf, daß sich die in der Bevölkerung Westdeutschlands vorhandene Bereitschaft zur Beteiligung an verschiedenen Protestformen insgesamt in den neunziger Jahren im Vergleich zu den achtziger Jahren deutlich erhöht hat, ohne daß sich freilich die Relationen zwischen den verschiedenen Protestformen geändert hätten. Die weitaus größte Unterstützung finden nach wie vor die legalen Protestformen der Unterschriftensammlung (87 %), der politischen Demonstration (53 %) und der Bürgerinitiativen (75 %) für 1992, während bezüglich aller illegalen Pro-

Tabelle 3.1) Beteiligung an Protestformen ("sicher" und "vielleicht") 1984-1989 (nur West); Quelle: IPOS 1992

	1984	1985	1986	1987	1988	1989
Unterschriftensammlung	81	80	81	72	79	76
Polit. Demonstration	23	40	43	38	44	42
Hausbesetzung	10	-	-	-	11	10
Demonstration mit Gewalt	7	6	7	7	8	7
Einrichtungen schädigen	-	-	-	3	3	3
Bürgerinitiative	63	61	61	58	65	62
Boykott	28	35	31	29	37	36
Baugelände besetzen	-	-	-	13	15	15
Parolen an Wände	-	-	-	4	4	4
Verkehrsblockade	-	-	-	-	17	13

testformen nur von einem deutlich geringeren Bevölkerungsanteil Beteiligungsabsichten bekundet werden: Sitzstreiks (18 %), Baugeländebesetzen (21 %), politische Demonstrationen, bei denen mit Gewalt gerechnet werden muß (14 % für 1992 in Westdeutschland).

Tabelle 3.2) Beteiligung an Protestformen ("sicher" und "vielleicht") 1991 und 1992 (Ost und West); Quelle: IPOS 1992

	West		Ost	
	1991	1992	1991	1991
Unterschriftensammlung	87	87	90	87
Polit. Demonstration	56	53	67	60
Demonstration mit Gewalt	12	14	19	18
Einrichtungen schädigen	4	4	2	2
Bürgerinitiative	74	75	86	83
Boykott	44	49	27	40
Baugelände besetzen	17	21	24	21
Parolen an Wände	6	8	2	3
Sitzstreiks	17	18	16	15

Auffallend ist jedoch, daß die für alle Protestformen festgestellte Erhöhung der Beteiligungsbereitschaften in den neunziger Jahren im Vergleich zu den achtziger Jahren besonders stark bei den Demonstrationen, bei denen mit Gewalt gerechnet werden muß, ausfällt. Die Bereitschaft zur Beteiligung an solchen Demonstrationen lag in den achtziger Jahren nie höher als zwischen 6 % und 8 % der Befragten. Sie schnellt in den Jahren 1991 und 1992 auf ein bisher nie erreichtes Niveau von 12 % bzw. 14 % der Befragten in Westdeutschland; das heißt, etwa jeder siebte Befragte gibt die Bereitschaft an, sich auch dann noch an einer Demonstration zu beteiligen, wenn mit Gewalt gerechnet werden muß. Die Bereitschaft, sich an politisch motivierten, potentiell gewaltsamen Protestformen zu beteiligen bzw. diese zu akzeptieren, hat sich in den letzten beiden Jahren somit deutlich erhöht.

Dieser Trend ist zunächst nur für die westlichen Bundesländer beschreibbar, für die wir über Vergleichsdaten aus den achtziger Jahren verfügen. Die aktuellen Zahlen aus den neuen Bundesländern verdeutlichen jedoch, daß hier mit 19 % Zustimmung für 1991 und 18 % für 1992 eine im Vergleich zum Westen noch höhere Beteiligungsbereitschaft an potentiell gewalttätigen Demonstrationen festzustellen ist. Dagegen ist die Bereitschaft zur aktiven Sachbeschädigung (Sprühaktionen) und zur Beschädigung öffentlicher Gebäude deutlich niedriger als im Westen (IPOS 1992, S. 54-56).

Festzuhalten bleibt, daß mit dem Übergang in die neunziger Jahre sich die Gewalttoleranz und die Bereitschaft zur Beteiligung an Demonstrationen mit möglicher Gewaltanwendung insgesamt in Deutschland deutlich erhöht hat und daß die Gewalttoleranz in den neuen Bundesländern nochmals höher liegt als in den alten.

Fragt man nun weiter, wie diese Aktions- und Gewaltbereitschaft politisch verankert ist bzw. mit Parteipräferenzen zusammenhängt, so zeigt sich laut IPOS, *"daß die Anhänger der Unionsparteien die geringste Bereitschaft besitzen, sich in einer der aufgeführten Aktionen zu engagieren, während umgekehrt die Anhänger der Grünen insgesamt die größte Bereitschaft aufweisen, wobei dies auch im verstärkten Maße für die illegalen Protestaktivitäten gilt. So akzeptieren hier 43 % auch Demonstrationen mit einer möglichen gewalttätigen Eskalation, das sind dreimal so viel Befragte wie in der Gesamtheit Westdeutschlands"* (IPOS 1992, S.54 ff). Eine deutlich überdurchschnittliche Aktionsbereitschaft einschließlich einer entsprechenden Bereitschaft zu gewalthaltigen Demonstrationen weisen übrigens auch die Anhänger der Republikaner auf: 35 % der Anhänger der Republikaner in den westlichen Bundesländern bekunden entsprechende Beteiligungsabsichten an Demonstrationen, bei denen auch mit Gewalt gerechnet werden muß.

Für die östlichen Bundesländer bestehen hinsichtlich des Zusammenhangs zwischen Parteipräferenz und Protest bzw. Gewaltbereitschaft einige von diesem Muster abweichende Orientierungen. So liegt die Bereitschaft zur Beteiligung an Demonstrationen mit Gewaltanwendung hier nicht bei den Grünen/Bündnis 90 am höchsten, sondern bei den Anhängern der PDS mit insgesamt 33 % (gegenüber 21 % bei den Grünen/Bündnis 90). Zusammenhänge mit einer Präferenz für rechte politische Parteien wurden in den IPOS-Umfragen für 1992 in den östlichen Bundesländern leider nicht abgefragt. Freilich hatten bereits die IPOS-Untersuchungen aus dem Jahre 1991 für den Osten gezeigt, daß diejenigen, die sich auf einer 'Rechts-Links-Skala' 'rechts' einordnen, im Osten in noch stärkerem Maße als im Westen auch eine Bereitschaft erklären, an politischen Demonstrationen und auch an Demonstrationen mit Gewalt teilzunehmen.

3.2.2 Jugendliche Gewaltbereitschaften und ihre soziodemographischen sowie politisch-ideologischen Korrelate

Diese Einstellungen und Verhaltensbereitschaften bzgl. verschiedener Partizipations- und politischer Aktionsformen sind im Jahre 1992 vom Deutschen Jugendinstitut speziell für die Gruppe der Jugendlichen und jungen Heranwachsenden in einer Repräsentativbefragung über politische Orientierungen von 2.464 Jugendlichen in den neuen und 4.526 in den alten Bundesländern (16 bis 29jährig) erhoben worden (DJI Jugendsurvey 1992). Sie bestätigen zunächst die Ergebnisse von KAASE/NEIDHARDT für 1989 sowie die Ergebnisse aus den IPOS Untersuchungen für die 90er Jahre, daß legale, aber unkonventionelle Formen politischer Aktionen insbesondere für junge Bürger zur Normalität geworden sind, zumindest was ihre Billigung und potentielle Beteiligungsbereitschaften angeht. Doch was die nachfolgende Tabelle ebenfalls verdeutlicht ist die große Kluft zwischen Beteiligungsabsichten und tatsächlichem Verhalten.

Nicht mehr als 1 % der Befragten im Westen und 2,9 % im Osten geben 1992 an, tatsächlich bereits gewalttätig gegen Personen vorgegangen zu sein, während eine entsprechende Verhaltens**bereitschaft** von 6,9 % der Befragten im Westen und 12,4 % im Osten bekundet wird.

Tabelle 3.3) Einstellungen der Jugendlichen zu verschiedenen Partizipationsformen - Verhaltensbereitschaften und tatsächliches Verhalten - im Ost-West-Vergleich (in %); Quelle: DJI-Jugendsurvey 1992 entnommen aus Schneider/Hoffmann-Lange 1993)

Partizipationsformen	Verhaltens-bereitschaften		Tatsächliches Verhalten	
	Ost	West	Ost	West
Beteiligung an Wahlen	90.8	93.9	70.7	81.9
In eine Partei eintreten und aktiv mitarbeiten	21.1	23.5	4.5	2.7
Mitarbeit in einer Bürgerinitiative	39.6	44.7	4.3	7.0
Beteiligung an einer Unterschriftensammlung	83.3	77.4	52.0	49.1
Teilnahme an einer genehmigten Demonstration	79.0	62.1	50.6	28.8
Teilnahme an einer nicht genehmigten Demonstration	37.4	26.6	20.5	8.5
Wilder Streik	16.4	12.0	1.6	1.0
Hausbesetzung	19.2	12.3	2.8	2.0
Boykott	28.6	31.7	3.6	1.8
Gewalt gegen Sachen	12.2	7.0	3.7	1.8
Gewalt gegen Personen	12.4	6.9	2.9	1.0

Fasst man nun die verschiedenen illegalen politischen Aktivitäten (die letzten sechs Items in Tab.3.3) zu einem Index zusammen, wie dies in der DJI Studie getan wurde, so zeigt sich folgendes Bild:

Tabelle 3.4) Bereitschaft zur Teilnahme an illegalen politischen Aktionen und Links-Rechts-Orientierung; Quelle: DJI-Jugendsurvey 1992, entnommen aus Schneider/Hoffmann-Lange 1993

	Ost					
	Insgesamt	links	eher links	Mitte	eher rechts	rechts
keine	48.8	27.8	43.9	58.9	42.3	16.5
1 Aktionsform	22.1	20.3	21.7	23.3	22.2	14.7
2 oder mehr Aktionsformen	29.1	51.9	34.4	17.8	35.5	68.8
	West					
keine	56.2	29.3	45.1	63.4	66.3	48.5
1 Aktionsform	21.6	16.8	24.4	21.5	19.7	13.0
2 oder mehr Aktionsformen	22.2	53.8	30.5	15.1	14.0	38.5

Etwa die Hälfte aller Befragten in Ost wie in West schließt nicht aus, daß sie sich zur Durchsetzung politischer Ziele auch illegaler Aktivitäten bedienen wollen. Dabei wird vor allem der Zusammenhang mit politischen Orientierungen deutlich: mehr als 70 % der sich selbst *links* einordnenden Befragten nannten wenigstens eine der sechs illegalen Verhaltensbereitschaften, während es bei den Befragten aus der politischen Mitte nur ca. 40 % waren. Aber noch stärker ist die Bereitschaft auch zu illegalen Aktivitäten bei denjenigen vertreten, die sich selbst rechts einordnen und aus den östlichen Bundesländern stammen. Hier sind es mehr als 80 %, die illegale Handlungsbereitschaften bekunden. Im Osten ist die Beteiligungsbereitschaft an illegalen Aktionen bei den rechten Gruppen höher als bei den Linken (während im Westen die Affinität zur illegalen Aktion nach wie vor etwas stärker im linken Spektrum ausgeprägt ist).

Obwohl diese Gruppe der Rechten in der DJI-Untersuchung prozentual relativ klein war (4,3 % der befragten Jugendlichen im Osten und 3,8 % im Westen) scheint diese Zunahme der privaten

Gewaltbilligung und der Bereitschaft zu illegalen Aktionen, wenn es darum geht eigene politische Ziele und Interessen durchzusetzen, doch auf eine neue Qualität in der politischen Auseinandersetzung hinzudeuten: während in den 70/80er Jahren entsprechende Bereitschaften zu illegalen und gewalthaltigen Aktionen besonders stark nur bei den 'Linken' ausgeprägt waren, reklamieren nun zunehmend auch die 'Rechten' solche Aktionen für ihre Ziele. "Im DJI Jugendsurvey zeigen Befragte, die ihre politisch ideologische Position als 'rechts' einstufen, eine höhere Gewaltneigung als solche mit 'linker' Selbsteinstufung haben, wobei diese Tendenz in den östlichen Bundesländern eindeutiger ist". (SCHNEIDER/ HOFFMANN-LANGE 1993, S.133).

Zugleich wird in verschiedenen anderen Einstellungsuntersuchungen darauf hingewiesen, daß die erhöhte Gewaltbereitschaft und Gewalttoleranz in den 90er Jahren eng mit der Entwicklung der Ausländerfeindlichkeit im Zusammenhang zu sehen ist. Bereits 1988 hatten KAASE & NEIDHARDT in ihren Umfragen für die Gewaltkommission festgestellt, daß ca. 8 % der Befragten in der BRD es in Ordnung finden, wenn Bürger Asylanten handgreiflich klarmachen, daß sie in ihre Heimat zurückfahren sollen (KAASE/NEIDHARDT 1990). Diese Frage ist leider in den letzten Jahren nicht mehr in gleicher Form gestellt worden. Dennoch müssen wir davon ausgehen, daß die Toleranz gegenüber radikalen, gewalttätigen und rechtsextremistischen Tendenzen im Kontext des Einwanderungskonfliktes angestiegen ist.

FRIEDRICH/SCHUBARTH verweisen in ihren Jugendstudien darauf, daß es auch in der ehemaligen DDR Ausländerablehnung und fremdenfeindliche Verhaltensweisen gegen Ausländer gegeben hat, nicht nur bei Jugendlichen, sondern auch bei Erwachsenen. Sie betonen jedoch, daß diese ausländerfeindlichen Einstellungen in den 70er und 80er Jahren weit schwächer ausgeprägt waren als in den 90er Jahren, und sehen insbesondere in den Jahren 1989/90 eine deutliche Zäsur: nicht nur ausländerfeindliche Einstellungen, sondern auch rechtsextremistische Haltungen und Gewaltbereitschaften sind entsprechend der Vergleichsuntersuchungen seit 1990 bei Jugendlichen deutlich angestiegen: "Der Vergleich zu unserer Studie Ende 1990 läßt darauf schließen, daß in den letzten eineinhalb Jahren der Anteil der negativ zu Ausländern eingestellten 14 bis 25-jährigen seit Ende 1990 um ca. fünf Prozent (in den Teilpopulationen von zwei bis zwölf Prozent) gestiegen ist" (MÜLLER/SCHUBARTH 1992, S. 18; siehe auch FRIEDRICH/SCHUBARTH 1990).

Dieses Einstellungssyndrom ist am stärksten bei männlichen Lehrlingen aus kleineren Städten und Gemeinden zu finden. "Männliche Jugendliche vertreten auch viel stärker die Meinung, daß Gewalt ein legitimes Mittel zur Durchsetzung eigener Interessen sei. Entsprechend unserer Studie haben sich bereits vier Prozent der männlichen Lehrlinge und ein bis zwei Prozent der männlichen Schüler an gewalttätigen Aktionen gegen Ausländer beteiligt, indem sie z.B. 'Jagd auf Ausländer gemacht' und/oder ein Ausländerwohnheim angegriffen haben. Weitere 15 Prozent der männlichen Lehrlinge und fünf bis zehn Prozent der männlichen Schüler wären dazu bereit ..." (MÜLLER/SCHUBARTH 1992, S.19). Die Fremdenfeindlichkeit und Gewaltbereitschaft geht zugleich einher mit einer Abwendung von den großen Parteien der Mitte und einer stärkeren Identifikation mit linken oder rechten Gruppierungen. "Linke und rechte Positionen werden 1992 aber nicht nur häufiger, sondern auch entschiedener, affektiver, radikaler vertreten, als noch vor 2 Jahren" (FRIEDRICH 1993, S.25).

Die Gewaltbereitschaft ist jedoch nicht nur im Kontext politischer Strategien und ausländerfeindlicher Überzeugungen zu verankern, sondern hat auch unabhängig von diesem Bezug offensichtlich für manche neu an Attraktivität gewonnen.

Im DJI Jugendsurvey wurde daher die generelle Gewaltbilligung über zwei Items gemessen:

1. Item: In jeder Gesellschaft gibt es bestimmte Konflikte, die mit Gewalt ausgetragen werden müssen
2. Item Auch wer in einer Auseinandersetzung Recht hat, sollte einen Kompromiss suchen

Im ersten Item steht die Frage nach der Gewalt als einem unvermeidlichen Mittel der Konfliktaustragung im Vordergrund, im zweiten eher die Frage nach der Kompromissbereitschaft denn nach der Gewaltbilligung (fehlende Kompromissbereitschaft ist ja nicht per se mit Gewaltbilligung gleichzusetzen). Dennoch zeigt die nachfolgende Tabelle, daß sich die Antwortverteilung nahezu spiegelbildlich ergänzt:

Tabelle 3.5) Gewaltbilligung, Repressionspotential und Rechts-Links-Orientierung bei Jugendlichen in den neuen und alten Bundesländern (% Zustimmung) - Quelle: DJI-Jugendsurvey, entnommen aus Schneider/Hoffmann-Lange 1993

OST						
	Insgesamt	links	eher links	Mitte	eher rechts	rechts
Gewalt unvermeidlich	25.6	28.2	20.5	20.1	38.9	65.1
Kompromisse anstreben	81.6	79.1	85.9	84.9	73.7	50.9
Verlust Demonstrations-recht	65.8	49.4	60.5	73.3	63.3	48.6
Für Todesstrafe	51.4	40.5	42.5	51.3	62.4	83.5
Scharfes Durchgreifen der Polizei	74.2	63.3	63.6	78.4	76.2	71.6

WEST						
	Insgesamt	links	eher links	Mitte	eher rechts	rechts
Gewalt unvermeidlich	23.6	36.6	19.8	20.4	28.8	47.3
Kompromisse anstreben	81.1	78.4	84.4	81.9	77.2	66.9
Verlust Demonstrations-recht	70.0	51.5	67.6	72.9	74.3	63.9
Für Todesstrafe	43.3	26.7	38.5	42.1	54.4	72.8
Scharfes Durchgreifen der Polizei	60.1	37.0	47.9	64.6	73.2	79.3

Die Tabelle verdeutlicht, daß etwa ein viertel aller Befragten, (im Osten 25,6 %, im Westen 23,6 %), es für unvermeidlich hält, daß bestimmte Konflikte in der Gesellschaft mit Gewalt ausgetragen werden (was freilich noch keine positive Wertung impliziert).

Die Anteile sind besonders hoch bei denjenigen, die sich ideologisch als 'rechts' oder 'eher rechts' einstufen. Von den Befragten, die sich selbst als rechts einstufen, stimmen im Osten zu 65,1 % und im Westen zu 47,3 % dem Item zu, daß Gewalt in der Konfliktaustragung unvermeidlich ist. Bei denjenigen, die sich 'eher als rechts' einstufen sind es immerhin noch 38,9 % im Osten und 28,8 % im Westen, für die Gewaltanwendung unvermeidlich ist.

Insgesamt ist die Vorstellung, daß Gewalt ein unvermeidliches Mittel der Konfliktlösung darstellt im politisch rechten Spektrum stärker verankert als im linken, und im Osten stärker als im Westen; wenngleich auch im linken Spektrum erhöhte Akzeptanzwerte festzustellen sind, insbesondere im Westen (36,6 %).

Die niedrigsten Werte sind bei der quantitativ am stärksten vertretenen Gruppe aus der politischen 'Mitte' und der 'eher links' Orientierten zu finden. Dies ist zugleich die Gruppe, die die höchsten Zustimmungswerte zum 'Kompromiss-Item' aufweisen. Es muß freilich hervorgehoben werden, daß mit dem ersten Item nicht tatsächlich bereits eine Gewaltakzeptanz oder - billigung abgefragt wird. Denn die Frage, ob man es für unvermeidlich hält, daß bestimmte Konflikte in der Gesellschaft mit Gewalt ausgetragen werden, kann sowohl normative Überzeugungen (das soll so sein!), als auch kognitive Überzeugungen (das ist faktisch der Fall) umfassen.

In der obigen Tabelle wird neben der Gewalteinschätzung auch die Repressionsbilligung dargestellt. Wir hatten für die 80er Jahre eine leichte Abnahme von Repressionsneigungen in der Bevölkerung auf einem insgesamt recht hohen Niveau festgestellt und zugleich die enge Verbundenheit mit politisch ideologischen Orientierungen hervorgehoben. Insbesondere Befragte, die sich selbst politisch 'rechts' oder 'eher rechts' einordnen, betrachteten 'Ruhe und Ordnung' als wichtige Güter und billigten daher, wenn der Staat zur Aufrechterhaltung von Ordnung und Sicherheit hart durchgreift. Die Antwortverteilungen zu den drei letzten Items in der Tabelle (3.5) verdeutlichen, daß Repressionsbilligung, der Ruf nach einem starken Staat, zwar auch in den 90er Jahren stärker bei rechtsorientierten Befragten festzustellen ist. Dennoch machen diese Zahlen möglicherweise auch einen Einstellungswandel bei den 'Rechten' deutlich. Wie SCHNEIDER und HOFFMANN-LANGE berichten nimmt vor allem im Osten sowohl zum Item 3 als auch zum Item 5 die Zustimmung bei den Rechtsorientierten eher ab. Die Rechten wollen nicht mehr in gleichem Maße wie zuvor, daß der Staat hart gegen Demonstranten und Straftäter durchgreift. Hier deutet sich möglicherweise ein neuer Trend ab, "indem nunmehr auch ein wachsender Anteil der Anhänger der äußersten 'Rechten' das Recht auf Durchsetzung von Bürgerinteressen durch direkte Aktionen höher bewertet als die Aufrechterhaltung der öffentlichen Ordnung durch die Polizei" (DJI Jugendsurvey 1992, zitiert nach: SCHNEIDER/HOFFMANN-LANGE 1993, S. 131). Dies gilt insbesondere für rechtsorientierte *Jugendliche* in den neuen Bundesländern.

Wir haben bereits weiter oben darauf hingewiesen, daß die Ergebnisse von Einstellungsuntersuchungen zur Gewalt je nach Stichprobe und Fragestellung z.T. erheblich differieren können. Daß bereits relativ geringe Unterschiede in der Operationalisierung der Gewaltbereitschaft (Formulierung von Fragen) große Wirkungen haben können, darauf verweisen die jüngsten IPOS-Untersuchungen des Februar und März 1993 unter jeweils 1000 deutschen Jugendlichen im Alter von 14-27 Jahren. Ähnlich wie in der DJI-Studie wurde auch hier gefragt, inwieweit die gewaltsame Konfliktaustragung als notwendig bzw. unvermeidlich angesehen werden.

Während in der DJI-Studie aber die Formulierung verwendet wird:

"In jeder Gesellschaft gibt es Konflikte, die mit Gewalt ausgetragen werden müssen"

fragt die IPOS-Studie:

"Glauben Sie, daß es in jeder *demokratischen* Gesellschaft bestimmte Konflikte gibt, die mit Gewalt ausgetragen werden müssen".

Der Zusatz "demokratische" Gesellschaft in dieser Fragestellung hebt hervor, daß bestimmte legitimierte Formen des Interessensausgleiches und der Konfliktregulierung bereits vorhanden sind und setzt daher eine zusätzliche Barriere für die Zustimmung zu diesem Item im Vergleich zur DJI-Formulierung. Von daher ist zu erwarten, daß in der IPOS-Erhebung wesentlich niedrigere Werte aufscheinen dürften als in der DJI-Studie. Tatsächlich liegen die Werte nahezu um 50 % niedriger als in der DJI-Studie: während laut DJI-Daten etwa ein Viertel (ca. 25 %) der Befragten gewaltsame Konfliktaustragung für unvermeidlich hält, sind laut IPOS nur ca. 13 % der befragten Jugendlichen und jungen Erwachsenen im Westen und ca. 18 % im Osten überzeugt, daß es Konflikte gibt, die mit Gewalt ausgetragen werden müssen.

Übereinstimmend mit der DJI-Studie ist jedoch der politisch-ideologisch Zusammenhang. Auch hier korreliert die Zustimmung deutlich mit einer Präferenz für rechte Ideologien und Parteien.

"Die Anhänger der Republikaner weisen sowohl im Westen (31 %) als auch im Osten (38 %) mehr als doppelt so häufig die Einstellung auf, daß es in jeder demokratischen Gesellschaft Konflikte gibt, die notfalls auch mit Gewalt ausgetragen werden müssen, als die Gesamtheit der befragten Jugendlichen." (IPOS 1993, S.77)

Während die Frage nach der Unvermeidbarkeit gewaltsamer Konfliktaustragung
von relativ wenigen Jugendlichen bejaht wird, gibt es eine starke Minderheit unter den Jugendlichen, die glaubt, daß es Rechtfertigungsgründe für die Gewalt von Jugendlichen gibt. 28 % im Westen und 66 % im Osten teilen diese Überzeugung, wobei es vor allem die ganz jungen Menschen, zwischen 14 und 17 Jahren sind, die hier die höchsten Werte erzielen: im Osten sind es in dieser Altersgruppe gar 47 %, die Verständnis für Gewaltanwendung von Jugendlichen haben (wobei hier die männlichen Jugendlichen deutlich stärker repräsentiert sind).

In politisch-ideologischer Hinsicht liegen die höchsten Zustimmungswerte der individuellen Gewaltrechtfertigungen bei den Befragten, die den Republikanern nahestehen:

"Im Westen gibt es für 52 % der Jugendlichen mit einer politischen Nähe zu den Republikanern Gründe, die die Anwendung von Gewalt rechtfertigen, im Osten sind dies sogar 62 %." (IPOS 1993, S.78)

Dennoch spielt die Ausländerfeindlichkeit bei der Frage nach den Rechtfertigungsgründen nicht die zentrale Rolle. Selbstverteidigung (65 % Ost/22 % West), Frustration/Aggression (25 % Ost/ 24 % West) und Verteidigung anderer (35 % Ost/6 % West(!)) liegen als Rechtfertigungsgründe deutlich vor der Ausländerfeindlichkeit (17 % Ost/14 % West).

"Bezogen auf die Gesamtheit der befragten Jugendlichen sind dies im Osten allerdings lediglich 6 %" (IPOS 1993, S.80), die Gewalt gegen Ausländer als gerechtfertigt ansehen.

Eine deutliche Erhöhung der Gewalttoleranz bzw. Gewaltrechtfertigung ist freilich festzustellen, wenn nicht diffus von Ausländern gesprochen wird, sondern ganz konkret spezifische Ausländergruppen hervorgehoben werden: 8 % der Befragten im Westen und 18 % der Befragten im Osten äußern Verständnis für gewalttätige Aktionen gegen Asylbewerber, wobei im Osten männliche Jugendliche und jüngere Altersgruppen deutlich mehr Verständnis für ausländerfeindliche Aktionen haben, als weibliche und ältere Jugendliche.

Hinsichtlich der sozialstrukturellen und demographischen Zusammenhänge der Protest- und Gewaltbereitschaft sind die Ergebnisse im Osten und Westen zunächst weitgehend gleichlautend. In beiden Teilen Deutschlands ist die Beteiligungsbereitschaft von Frauen wesentlich geringer als die von Männern, und zwar hinsichtlich jeder Form der Beteiligung an Protestaktivitäten, auch der Beteiligung an Demonstrationen mit Gewalt. Ähnlichkeiten zwischen Osten und Westen bestehen auch hinsichtlich des Einflusses des Lebensalters: mit zunehmendem Alter sinkt die Aktionsbereitschaft deutlich ab. Deutliche Unterschiede zwischen Ost und West gibt es jedoch hinsichtlich des Zusammenhangs zwischen Beteiligungsbereitschaft und formalem Bildungsabschluß. Im Westen findet sich eine höhere Protest- und Gewaltbereitschaft vor allem bei den jungen und formal Hochgebildeteten; während die Bereitschaft zu illegalen und gewaltaffinen Protestformen im Osten stärker bei jungen Befragten mit niedrigen Bildungsabschlüssen zu finden ist.

Freilich bedarf es hier noch weiterer Auswertungen, um die genauen soziostrukturellen Hintergründe erhöhter Gewaltbereitschaften zu identifizieren. Für die fremdenfeindliche Gewalt der letzten drei Jahre hat sich jedoch anhand der Auswertung von 1.400 polizeilichen Ermittlungsakten (Kap. 6) herausgestellt, daß hier ein enger Zusammenhang zwischen Gewalttätigkeit und niedrigem Bildungsstatus besteht. Eigene Desintegrations- und Deklassierungserfahrungen sowie Orientierungs- und Perspektivlosigkeit der Gewalttäter spielen hingegen nur eine relativ geringe Rolle. Vielmehr scheinen Empörungen aufgrund vermeintlicher oder tatsächlicher ungerechtfertigter Bevorzugung von Ausländern und Asylbewerbern gegenüber 'den Deutschen' hier ein wichtiges Legitimationsmuster für die Gewaltanwendung und -toleranz zu sein.

3.3 Zwischenergebnis

Was läßt sich zusammenfassend aus diesen Untersuchungen zur Gewaltbilligung und zur Gewaltbereitschaft feststellen? Obwohl zwischen den Einstellungen zur Gewalt (Gewaltakzeptanz und Gewaltbereitschaft) und den tatsächlichen Gewalthandlungen eine große Lücke besteht, sind Informationen über die Einstellung zur Gewalt und ihre Verteilung in der Bevölkerung von Bedeutung, weil sie auf Konfliktpotentiale aufmerksam machen können. Die Ergebnisse unserer Sekundäranalysen verdeutlichen, daß in den siebziger und achtziger Jahren die Gewaltanwendung hochgradig tabuisiert war und lediglich von einer Minderheit von 3 % bis 4 % die Anwendung von Gewalt zur Erreichung politischer Ziele akzeptiert wurde. In den siebziger und achtziger Jahren korrelieren die Gewaltbereitschaften und die Gewaltbilligung vor allem mit politisch linken Orientierungen sowie eher mit postmaterialistischen Werthaltungen, während bei den sogenannten rechten Materialisten eher die Befürwortung staatlicher Gewaltanwendung für Ruhe und Ordnung verbreitet ist. Zugleich gibt es einen Zusammenhang zum Alter- und zum Bildungsstatus: je jünger die Befragten sind und je höher ihr Bildungsstatus, um so eher billigen sie auch gewalttätige politische Aktionen. Das Geschlecht hat dagegen nur einen geringen Effekt auf die Einstellungen.

Für die neunziger Jahre läßt sich im Vergleich zu den achtziger Jahren hier eine deutliche Veränderung feststellen. Zum einen ergibt sich eine deutliche Zunahme der Gewaltakzeptanz, d.h. die Bereitschaft sich auch dann an politischen Protestformen zu beteiligen, wenn diese gewaltbereit ausgetragen werden, hat sich auf 18 % für 1992 in den neuen Bundesländern und 14 % in den alten Bundesländern erhöht. Zugleich hat sich auch die politisch-ideologische Orientierung, mit der die Gewaltbereitschaft zusammenhängt, verändert. Gewaltakzeptanz und Gewaltbereitschaft korrelieren zwar auch in den neunziger Jahren noch mit politisch linken und postmaterialistischen Orientierungen, werden daneben jedoch und wesentlich stärker ausgeprägt jetzt auch von einem Teil derjenigen Befragten geäußert, die ausländerfeindliche und ethnozentrische Einstellungen haben und sich selbst politisch rechts einordnen. Dieser Zusammenhang zwischen Gewaltbilligung und Gewaltbereitschaft mit rechten Orientierungen und Ausländerfeindlichkeit ist stärker in den neuen Bundesländern als in den alten ausgeprägt und weist zudem deutliche Zusammenhänge zum Bildungsstatus und zum Geschlecht auf: Männer akzeptieren Gewaltanwendung wesentlich häufiger als Frauen, und Befragte mit niedrigen Bildungsabschlüssen bekunden - auch dies vor allem in den neuen Bundesländern - wesentlich häufiger Gewaltbereitschaften als solche mit hohem Bildungsgrad. Neben dem Protestpotential der siebziger und achtziger Jahre, das sich eher in höheren Bildungsschichten und bei jungen Erwachsenen etabliert hatte, hat sich also in den neunziger Jahren in der 'gegenüberliegenden' Ecke der Gesellschaft bei z.T. extrem jungen Menschen mit niedrigen Bildungsabschlüssen ein zweiter und derzeit stärkerer Gewaltpol herausgebildet.

Das Potential der politisch motivierten Gewalt in den siebziger und achtziger Jahren war in starkem Maße durch die Konflikte zwischen den bildungsbürgerlichen neuen sozialen Bewegungen und dem Staat geprägt. Es hatte relativ wenig mit den allgemeinen Gewaltbereitschaften zu tun, wie sie etwa in der traditionellen Jugendkriminalität zum Ausdruck kommt. In den neunziger Jahren hat sich nun ein neues Potential gebildet. Es sind Jugendliche und junge Erwachsene mit niedrigem Bildungsstatus, die auch generell, d.h. nicht nur in bezug auf politische Ziele, eine höhere Gewaltbereitschaft haben und nun im Kontext von Fremdenfurcht und Fremdenfeindlichkeit aktiv geworden sind. Im Vergleich zu den Gewaltphänomenen im Konflikt zwischen der 'Neuen Linken', den 'neuen sozialen Bewegungen' und dem Staat erreicht die fremdenfeindliche Gewalt quantitativ eine neue Dimension, in der sie bereits den Linksterrorismus der siebziger Jahre übertrifft. Auch der subjektiv gemeinte Sinn verrät einen qualitativ anderen Charakter. Agierten die Protestbewegungen der siebziger und achtziger Jahre im Bewußtsein, eine Übermacht von Staat und Wirtschaft angreifen zu müssen, geht es bei den 'Rechten' nun gegen Gruppen, die durchaus als Schwächere perzipiert werden, selbst wenn ihre steigende Zahl als Bedrohung wahrgenommen wird.

Diese neuen Gewaltpotentiale und ihre politische Ausrichtung sind nur vor dem Hintergrund eines neuen gesellschaftlichen Konfliktes adäquat zu verstehen: des Konfliktes um die Immigration, der sich nach der Öffnung der Grenzen insbesondere zu den östlichen Ländern und dem dadurch bewirkten starken Zustrom von Übersiedlern, Aussiedlern und Asylbewerbern entwickelt hat. Dabei hat sicherlich auch eine große Rolle gespielt, daß die gestiegene Zuwanderung sich zur gleichen Zeit ereignete, in der die Bevölkerung Deutschlands aufgrund der Vereinigung verunsichert und hinsichtlich der weiteren Zukunft auch besorgt war.

4. Die Bedeutung politischer 'Szenen' und jugendlicher Subkulturen für die Sozialisation politischer Gewalt

Politisch motivierte Gewalt unterscheidet sich insofern von anderen Formen der Gewalt, als sie von politischen Einstellungen und Strategien her begründet und legitimiert wird und sich im Kontext gesellschaftlicher Konflikte entwickelt. Wir können daher nicht einfach von einem Transfer von genereller Gewaltbereitschaft in die Politik sprechen. Zumindest haben wir keine Hinweise darauf, daß die Gruppen und Personen, die in den vergangenen 25 Jahren eine vergleichsweise positivere Einstellung zu politischer Gewalt hatten, insgesamt und generell eine höhere Gewaltbereitschaft aufwiesen (ECKERT, KAASE & NEIDHARDT 1990). Möglicherweise jedoch besteht ein entsprechender Zusammenhang bei der gegenwärtigen Welle fremdenfeindlicher und rechtsradikaler Gewalt. Das derzeitige Ausmaß an fremdenfeindlicher Gewalt wird auch durch viele zunächst unpolitische subkulturelle Gruppen von aggressiven Jugendlichen bestimmt, die offensichtlich in den 'Fremden' oder 'Ausländern' lediglich neue Aggressionsobjekte für ihre grundlegende Gewaltbereitschaft und Gewaltakzeptanz fanden. In der Untersuchung von Tatverdächtigen im Zusammenhang mit fremdenfeindlicher Gewalt konnten wir einen hohen Prozentsatz von Überlappung mit unpolitischen Gewaltdelikten finden (siehe Kap. 6.2.8).

Die politischen Einstellungen des Elternhauses haben zwar einen gewissen Vorhersagewert für die politischen Einstellungen der Jugendlichen, etwa derart, daß in den frühen achtziger Jahren Jugendliche häufig in 'linker' aber nicht allzuweiter Distanz zu ihrem Elternhaus standen (ALLERBECK 1982, S. 70ff.) und heute eher etwas rechts davon (DJI-SCHÜLERSTUDIE 1992). Die Verfestigung und Spezialisierung entsprechender Einstellungen und Handlungsbereitschaften findet aber zumeist in den Gruppen und Subkulturen statt, in denen sich Jugendliche und junge Erwachsene zusammenschließen und ihre Identität gerade in Abgrenzung von Eltern und Lehrern, Pfarrern und Meistern, Vereinen und Parteien befestigen. Für den Anschluß von Jugendlichen insbesondere an Gruppen mit abweichender Selbstdarstellung und Gewaltorientierung mögen biographische Erfahrungen wie *"Mobilität, Wechsel der Schule, negative Erfahrungen in der Schule, Kommunikationslosigkeit im Elternhaus, Normenkonflikte mit den Institutionen, religiöse Desozialisation"* eine Rolle spielen (SCHMIDTCHEN, in: MATZ & SCHMIDTCHEN, 1983, S. 249). Aber erst im Kontext von sich ausdifferenzierenden politischen 'Szenen' unter Jugendlichen und jungen Erwachsenen sowie vor dem Hintergrund von Konflikten dieser Szenen mit kommunalen und staatlichen Institutionen oder anderen gesellschaftlichen Gruppen finden die Sozialisationsprozesse statt, die dann u.U. zu politisch motivierter Gewalt oder zu einer ideologischen Legitimation von genereller Gewaltbereitschaft führen können.

Im Zentrum der Aufmerksamkeit hat im letzten Vierteljahrhundert die 'Neue Linke' gestanden, die sich in den sechziger Jahren konstituiert hat und seit Ende der siebziger Jahre in Jugendprotesten, in Ökologie- und Friedensbewegung zum Ausdruck kommt. In dieser 'Szene' spielen kleine Minderheiten von gewaltorientierten Jugendlichen und jungen Erwachsenen eine Rolle. Viele Jugendliche haben in den frühen achtziger Jahren die Erfahrung gemacht, daß erst gewaltsame Auseinandersetzungen Politiker und Medien aktivieren, daß 'Steine' oft doch wirksamer sind als Argumente (ECKERT & WILLEMS 1984, 1986). An Protesten sind daher oft auch Konfliktgruppen beteiligt gewesen, die aufgrund dieser instrumentellen Überlegungen und entsprechender Erfahrungen oder aber aus unpolitischen Motiven (Spaß, Spannung) ein Interesse an gewaltsamen Auseinandersetzungen haben. Revolutionäre Gruppen hoffen, Solidaritätswellen auszulösen, indem sie die Polizei durch Provokationen zu Gewaltmaßnahmen veranlassen, die dann auch andere Protestteilnehmer treffen. Sie werden ihre gewalttätigen Aktionen durchführen, wenn dies möglichst risikolos geschehen kann, d.h. wenn sie sich im Schutz großer Menschenmengen befinden oder wenn die polizeiliche Kontrolle und Sanktionsdrohung nicht durchgehend wirksam sind. Obwohl diese gewaltorientierten Gruppen innerhalb der neuen sozialen Bewegungen eine verschwindende Minderheit sind, hat sich das polizeiliche Verhalten und auch die öffentliche Berichterstattung mehr und mehr an ihnen orientiert.

Die älteste gewalttätige Abspaltung der 'Neuen Linken' ist in der Bundesrepublik die 'RAF'. Ihr ursprüngliches Konzept war es, den Guerilla-Krieg aus der Peripherie der Dritten Welt in die Metropolen des Kapitalismus zurückzutragen, wie es Che Guevara empfohlen hatte, und damit zugleich die zersplitterte Linke zur Solidarität zu zwingen. Das Ausbleiben der erwarteten Solidarisierung hat sie mehr und mehr zu einer Gruppe sprachloser Desperados isoliert (eine Analyse der Bedeutung von Ideologien für die Entwicklung und Verfestigung von terroristischer Gewalt findet sich in: ECKERT 1978; FETSCHER & ROHRMOSER 1981; gruppendynamische Aspekte dieses Prozesses werden von NEIDHARDT 1982 und CLAESSENS 1982 analysiert).

Heute sind es insbesondere die Autonomen und Antiimperialisten, die als prinzipiell gewaltbereite politische Aktionsgruppen mit linken Ideologien und Zielsetzungen auftreten und derzeit als 'Antifa-Kämpfer' gegen die Skins und 'Faschos' erneut Zulauf erhalten. In Berlin, aber auch in anderen Städten, haben sich Schutzgruppen ausländischer Jugendlicher sowie **'Antifa-Gruppen'** gebildet, in denen deutsche und ausländische Jugendliche aktiv sind. Diese Gruppen haben sich inzwischen stabilisiert und gehen weiter auf Suche nach ihren Feinden. In einigen Städten sind Kämpfe zwischen Skinheads und türkischen Jugendlichen mittlerweile zum andauernden Problem geworden.

Diffuser noch ist die rechte Szene. In ihr gibt es ideologisch begründete rechtsextremistische Parteien und 'Wehrsportgruppen', aber auch jugendliche Subkulturen, die allenfalls 'anpolitisiert' sind, aber oft eine diffuse Fremdenfeindlichkeit aufweisen. Eine ganze Reihe von Gründungen der siebziger und achtziger Jahre ist offenbar von den 'Erfolgen' der linken Gewalt inspiriert gewesen und hat versucht, das Gesetz des Handelns für eine neue Rechte zu reklamieren.

Anfang der achtziger Jahre tauchen in der Bundesrepublik nach dem Vorbild aus Großbritannien die **Skins** auf. Einige Gruppen unter ihnen bedienen sich in ihren Provokationen der Nazi-Symbolik und sind sowohl in Großbritannien als auch in der Bundesrepublik an rassistischen Ausschreitungen beteiligt.
Anders als in Westdeutschland, wo die Skinheadszene erst Ende der 80er Jahre aus einer eher unpolitischen jugendlichen Subkultur zunehmend durch rechte politische Parolen und rechtsextremistische Organisationen beeinflusst und politisiert wurde, hatten die Skinheads in der DDR sich seit Anfang der 80er Jahre stärker als eine politische, und zwar eine rechte und nationale Fundamental-Opposition zur sozialistischen Herrschaft verstanden. Dies

kommt auch heute noch in einer höheren Politisierung und rechtsradikalen Orientierung der Skinheadszene im Osten zum Ausdruck (KORFES 1992b).

Während in den siebziger Jahren im Westen die gewaltsamen Auseinandersetzungen nahezu ausschließlich zwischen dem Staat und einigen militanten Gruppen aus der links-alternativen Szene stattfand, haben wir es seit Ende der achtziger Jahre insbesondere mit ausländerfeindlichen Gewaltaktionen sowie mit Kämpfen zwischen linken und rechten Schlägertruppen zu tun.

Genaue Zahlen über Veränderungen der gewaltorientierten und gewaltbereiten politischen Gruppen im linken wie im rechten Bereich sind schwer zu bekommen. (Eine sehr instruktive und sorgfältig gearbeitete Schilderung der rechten und fremdenfeindlichen 'Szene' im Osten Deutschlands liefert Erb, vgl. ERB 1993). Legt man die Zahlen des Bundesamtes für Verfassungsschutz zugrunde, die freilich nicht nach dem Gewaltmerkmal, sondern nach dem Merkmal *'verfassungsfeindlich'* organisiert sind, so ergibt sich folgendes Bild: die linksextremistischen Parteien und Gruppierungen haben sich seit einigen Jahren deutlich verringert. Freilich gilt dieser Befund gerade nicht für die Gruppen von Anarchos und Autonomen, die quantitativ die geringste Gruppe darstellen, aber zugleich die höchste Gewaltaffinität aufweisen. In rechtsextremistischen Bereichen zeigt sich insbesondere auf der Parteiebene, aber auch bei den besonders gewaltaffinen Gruppen der Hooligans und Skinheads eine erhebliche Zunahme der Mitglieder (VERFASSUNGSSCHUTZBERICHT 1991; 1992).

Dieser Trend drückt sich auch in den Ereignisdaten über tatsächliches Gewalthandeln aus, die sich in den letzten Jahren insbesondere im rechten, fremdenfeindlichen Feld drastisch veränderten und im nächsten Kapitel dargestellt werden. (Vgl. Kap. 5).

5. Quantitative Entwicklung fremdenfeindlicher Gewaltereignisse zwischen 1990 und 1993

Sowohl für die Theorie der fremdenfeindlichen Gewalt als auch für die politisch-praktischen Schlußfolgerungen sind präzise Zahlen über den Umfang der Gewalt und insbesondere über die Veränderung des Gewaltniveaus im Zeitverlauf von besonderer Bedeutung. Die dadurch erkennbaren kurz- und mittelfristigen Schwankungen des gesellschaftlichen Gewaltniveaus verweisen darauf, daß die Gewalttätigkeit in der Gesellschaft auch etwas mit gesamtgesellschaftlichen Bedingungen und Problemlagen und ihrer politischen, rechtlichen oder sozialen Bewältigung bzw. Nichtbewältigung zu tun haben.

Die wissenschaftliche Erfassung des Phänomens fremdenfeindlicher Gewalt hat sich bisher fast ausschließlich auf repräsentative Bevölkerungsumfragen gestützt. In diesen steht jedoch nicht die Gewalttätigkeit selbst, sondern die Einstellung zur Gewalt im Vordergrund, also die Gewaltbereitschaft und Gewaltakzeptanz. Daten über die Entwicklung fremdenfeindlicher Gewalttaten und faktischer Gewaltereignisse selbst sind jedoch bisher nur in der polizeilichen Kriminalstatistik sowie in den Berichten des Verfassungsschutzes gesammelt. Die Arbeit mit polizeilich erhobenen Daten wirft jedoch einige Fragen hinsichtlich der Bewertung der Qualität und Aussagekraft der Daten auf, und zwar aus folgenden Gründen:

1. Es werden nur die polizeilich registrierten, d.h. die tatsächlich zur Anzeige gebrachten fremdenfeindlichen Straf- und Gewalttaten erfaßt. Wie groß das Dunkelfeld ist, wie groß die Zahl der Taten, die aus den verschiedensten Gründen oft nicht gemeldet und registriert werden, muß offenbleiben. Es muß also vermutet werden, daß die tatsächliche Zahl fremdenfeindlicher Straf- und Gewalttaten höher liegt als die Zahl, die sich aus der Polizeistatistik ergibt.

2. Die Kriterien, nach denen Straf- und Gewalttaten durch die Polizei als fremdenfeindlich eingestuft werden, sind keineswegs eindeutig festgelegt, so daß von den einzelnen Polizeidienststellen auch sehr Unterschiedliches als fremdenfeindlich definiert und eingeordnet wird. So werden z.T. alle Straftaten durch die Ausländer, Asylbewerber oder auch andere Opfergruppen (Schwule, Behinderte) geschädigt wurden, in entsprechenden Statistiken einbezogen, auch wenn nicht in jedem Fall geklärt wurde, ob tatsächlich auch fremdenfeindliche Motive zugrundelagen.

Es ergeben sich also einige Unsicherheiten in der Beurteilung der Daten, ohne daß die vermuteten Verzerrungen hinsichtlich ihrer quantitativen Größenordnungen eingeschätzt werden können. Da jedoch die verschiedenen Selektionsmechanismen, die für mögliche Verzerrungen polizeilicher Statistiken verantwortlich sind, nicht alle in die gleiche Richtung gehen, sondern sich eher wechselseitig kompensieren, können wir davon ausgehen, daß die verfügbaren Zahlen zumindest die Veränderungen der relativen Größenordnungen einigermaßen adäquat wiedergeben.

Wir wollen daher hier einen Blick auf die polizeilich registrierte Entwicklung der fremdenfeindlichen Straf- und Gewalttaten werfen, weil anhand dieser Zahlen einige wichtige Hinweise zu Ausmaß, Struktur und Dynamik fremdenfeindlicher Handlungen gewonnen werden können. Die Untersuchung bezieht sich also an dieser Stelle nicht ausschließlich auf Gewalttaten, sondern umfasst auch andere Delikte, sofern diese fremdenfeindliche oder rechtsextremistische Hintergründe haben. Dazu gehören etwa Propagandadelikte, sowie die Verbreitung und Verwendung von verfassungswidrigen Kennzeichen und die Störung des öffentlichen Friedens. Was die eigentlichen Gewaltdelikte betrifft, so muß erwähnt werden, daß die Polizei hier von Gewalt im Sinne der physischen Beeinträchtigung und Schädigung bzw. der Drohung mit entsprechenden Beeinträchtigungen ausgeht, also einen engen Gewaltbegriff zugrundelegt, der auch Grundlage des staatlichen Gewaltmonopols ist. Wenn man auch psychische Angriffe wie Beleidigungen und Schmähungen von Ausländern sowie deren staatsbürgerrechtliche Diskriminierung als Gewalt begreifen will, so wird man zu einem wesentlich dramatischeren Bild, was die Fremdenfeindlichkeit der Gesellschaft betrifft, gelangen.

Betrachten wir also zunächst die zeitliche Entwicklung der polizeilich registrierten fremdenfeindlichen Straf- und Gewalttaten.

Zunächst wird deutlich, daß sich mit dem Jahr 1991 erstmals eine dramatische Erhöhung der Gesamtzahl der gemeldeten fremdenfeindlichen Straftaten einstellt. Von durchschnittlich etwa 250 jährlich gemeldeten fremdenfeindlichen Straftaten in den Jahren 1987 bis 1990 schnellt die Zahl im Jahre 1991 auf 2427 hoch, was eine Verzehnfachung der Durchschnittswerte für die vorangegangenen Jahre bedeutet[1]. Weitaus die meisten dieser 2427 registrierten fremdenfeindlichen Straftaten, nämlich 1852 (= ca. 76%), entfallen auf Verbreitung von Propagandamitteln, Störungen des öffentlichen Friedens, Sachbeschädigungen ohne Gewaltanwendung etc. Doch auch bei typischen Gewaltdelikten wie bei Angriffen gegen Personen mit 239 Fällen und bei Brandanschlägen mit 336 Fällen im Jahre 1991 ist ein dramatischer Zuwachs gegenüber den Vorjahren feststellbar (BKA 1992/ Bundeslagebericht). Betrachtet man die monatliche Verteilung der fremdenfeindlichen Straftaten im Jahre 1991, so ergibt sich folgendes Bild: In den ersten sieben Monaten des Jahres 1991 wurden durchschnittlich etwa 50 fremdenfeindliche Straftaten pro Monat registriert, ohne daß deutliche Schwankungen zu verzeichnen sind. Im August steigen die Zahlen dann erstmals deutlich an, und zwar auf insgesamt über 100, im September dann auf 313 und im Oktober (nach dem ausländerfeindlichen Pogrom von Hoyerswerda) gar auf 964 Straftaten, davon alleine 148 Brandanschläge. Im November und Dezember 1991 ist dann wiederum ein deutlicher Rückgang der fremdenfeindlichen Straftaten feststellbar, jedoch nicht auf das gleiche Niveau wie vor der Eskalationswelle. Das Jahr 1991 stellt also eine deutliche Zäsur in der Entwicklung fremdenfeindlicher Straf- und Gewalttaten dar, die in dieser Größenordnung nicht als Resultate verstärkter und verbesserter polizeilicher Wahrnehmung, sondern als Ausdruck tatsächlicher Veränderungen gewertet werden muß. Im Jahr 1991 haben fremdenfeindliche Straf- und Gewalttaten dramatisch zugenommen.

Das Ausmaß an fremdenfeindlichen Straf- und Gewalttaten stabilisiert sich Ende des Jahres 1991 auf einem insgesamt deutlich höheren Niveau, und zwar bis Mitte 1992, mit leicht abnehmender Tendenz. Danach kommt es im September 1992 (v.a. nach den

---

1 Hier muß freilich berücksichtigt werden, daß eine flächendeckende und systematische statistische Erfassung fremdenfeindlicher Straf- und Gewalttaten vor 1991 nicht existierte, so daß ein entsprechender Vergleich nur unter Vorbehalt vorgenommen werden kann.

ausländerfeindlichen Krawallen in Rostock) zu einem erneuten dramatischen Anstieg fremdenfeindlicher Straf- und Gewalttaten und zu einer Stabilisierung auf hohem Niveau: im September, sowie auch (nach dem Mordanschlag in Mölln) im November und Dezember 1992 wurden erstmals monatlich mehr als 1000 fremdenfeindliche Straftaten registriert. Für 1992 ist daher insgesamt erneut ein deutlicher Anstieg fremdenfeindlicher Gewalt- und Straftaten auf 6336 (gegenüber 2427 für das Jahr 1991) festgestellt worden (BKA Bundeslagebild 1992).

Monatliche Verteilung der fremdenfeindlichen Straftaten

Zeitraum: Januar 1991 bis August 1993

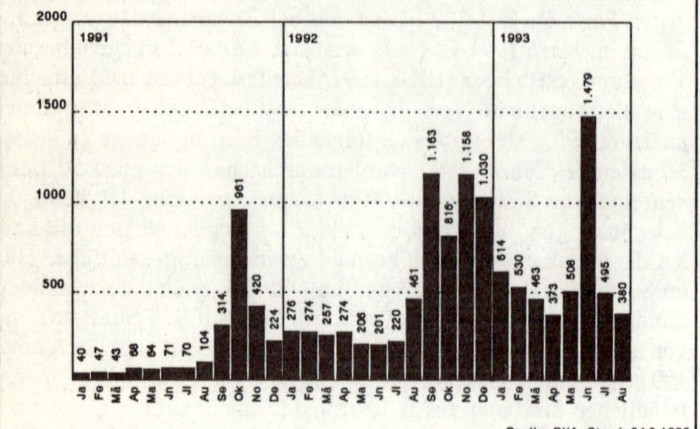

Quelle: BKA, Stand: 24.8.1993

Gegenüber dem Dezember 1992, in dem 1030 fremdenfeindliche Straftaten registriert wurden, ist für die ersten fünf Monate des Jahres 1993 zunächst ein deutlicher Rückgang um bis zu 50 % zu verzeichnen. Nach dem fremdenfeindlichen Brandanschlag in Solingen am 29.5.1993 zeigt sich dann jedoch für den nachfolgenden Monat Juni wiederum eine deutliche Zunahme der registrierten fremdenfeindlichen Straftaten: mit 1307 ist es der bisher höchste Stand an monatlich registrierten Straftaten, eine Verdreifachung gegenüber dem Vormonat. Der Anstieg der fremdenfeindlichen Straf- und Gewalttaten betrifft, wie schon nach den Ereignissen von Hoyerswerda 1991 und Rostock 1992, sowohl Brandanschläge, als auch Angriffe auf Personen (versuchte und vollendete

Tötungsdelikte), in besonderem Maße aber andere Straftaten wie z.B. Bedrohungssachverhalte. Insgesamt ist für 1993 nach Vorlage der Halbjahreszahlen (3967 registrierte fremdenfeindliche Straftaten bis Ende Juni 1993) (BKA 1993) kein Rückgang gegenüber 1992 zu erwarten.

Was läßt sich aus diesen Ereignisdaten und ihrer Entwicklung in den letzten 2 Jahren herauslesen?

1. Für den Zeitraum zwischen 1991 und 1993 (Juni) ist insgesamt eine deutliche Zunahme an registrierten fremdenfeindlich motivierten Straf- und Gewalttaten festzustellen. Die Zunahme fremdenfeindlicher Straftaten betrifft rechtsextremistische Propagandadelikte, Gewaltdelikte gegen Personen und Brandstiftung an Asylbewerber- und Ausländerwohnheimen in nahezu gleichem Maße: die Veränderung in den verschiedenen Deliktgruppen verlaufen fast synchron, wenngleich Brandanschläge und Gewaltdelikte gegen Personen in der Regel geringere Zuwachsraten aufweisen, verglichen mit Propagandadelikten und Bedrohungssachverhalten. Proportional betrachtet machen Brandanschläge (auf Ausländerwohnungen, Asylbewerber- oder Aussiedlerunterkünfte) und Gewaltangriffe gegen Personen zwischen 15 % und 25 % der fremdenfeindlichen Straftaten aus. Der Rest, also 75 % bis 85 % aller registrierter fremdenfeindlicher Straftaten entfällt auf Propagandadelikte, Bedrohungssachverhalte etc. Fasst man die Bedrohungsdelikte jedoch ebenfalls als Gewaltdelikte auf, so steigt der Anteil der Gewalttaten an den fremdenfeindlichen Straftaten auf 40-50 % an. Eine Phänomenologie der fremdenfeindlichen Handlungen würde deutlich machen, daß wir es hier mit sehr unterschiedlichen Delikten zu tun haben: Sie reichen von (polizeilich nicht registrierten) Beleidigungen und psychischer Beeinträchtigung über direkte Drohungen (mit Gewalt) bis hin zu körperlichen Angriffen gegen Personen und kollektiven Angriffen und Pogromen mit Todesopfern, und umfassen spontane, ungeplante Angriffe ebenso wie den instrumentell kalkulierten Einsatz der Gewalt. Dies läßt darauf schließen, daß hier verschiedene Gruppen v.a. rechtsextremistische Parteien und Gruppierungen, gewaltorientierte fremdenfeindliche Jugendgruppen (vor allem Skinheads, Hooligans) und frustrierte Anwohner und Nachbarn von Asylbewerberwohnheimen einen gemeinsamen Konflikt- und Kristallisationspunkt gefunden haben: im Widerstand ge-

gen die Aussiedler- und Asylbewerberunterkünfte und zunehmend auch gegen private Wohnungen von ausländischen Mitbürgern.

2. Die quantitative Eskalation und die dramatische Zunahme fremdenfeindlicher Ereignisse verlaufen nicht kontinuierlich sondern in Sprüngen. Einzelne dramatische Ereignisse, über die ausführlich in den Medien berichtet wird, wirken als Auslöser von Eskalations- und Mobilisierungswellen. Die Welle der Gewalt erreicht ihren ersten Kumulationspunkt unmittelbar nach den Angriffen auf die Ausländer- und Asylbewerberwohnheime Ende September 1991 in Hoyerswerda, die - wie bekannt - mit dem Abtransport aller Ausländer aus den betreffenden Unterkünften endeten. Der 'Erfolg' der Gewalttäter in Hoyerswerda stellt für die weitere Entwicklung der Gewalt- und Straftaten einen zentralen Mobilisierungsfaktor dar: Nachahmungsaktionen in der ganzen Bundesrepublik lassen die Zahl der fremdenfeindlichen Straftaten und Gewaltdelikte im Anschluß daran auf Höchstwerte ansteigen und bewirken zugleich eine räumliche Diffusion der Gewalt, insbesondere durch Aktivierung von gewaltbereiten Gruppen andernorts. Der gleiche Mobilisierungs- und Rekrutierungseffekt kann auch nach den 'erfolgreichen' Krawallen in Rostock Ende August 1992 und sogar nach dem furchtbaren Brandanschlag in Solingen (29.5.1992) beobachtet werden. Die Existenz entsprechender fremdenfeindlicher und gewaltbereiter Gruppen vorausgesetzt, scheint die mediale Berichterstattung über entsprechende Aktionen, selbst wenn diese - wie in Solingen - unschuldige Menschenopfer gefordert haben, neben Abschreckungswirkungen immer auch erhebliche Resonanz- und Nachahmungseffekte zu haben.

3. Große Eskalations- und Mobilisierungswellen ebben nicht einfach wieder auf ein Voreskalationsniveau ab, sondern führen für längere Zeit zu einer Stabilisierung von fremdenfeindlichen Straf- und Gewalttaten auf einem höherem Niveau. Für die Wochen nach Rostock konnten wir eine Verstetigung und Veralltäglichung der Eskalation über längere Zeit hinweg feststellen. Die Gründe dafür sind noch weitgehend unerforscht. Veränderte 'Erfolgserwartungen' für gewalttätiges und fremdenfeindliches Handeln aufgrund 'erfolgreicher' Vorgänger und reduzierte Sanktionserwartungen aufgrund staatlicher Unterreaktionen können dies z.T. erklären. Diffuse Gewaltbereitschaften konkretisieren und verfestigen sich durch solche Erfahrungen.

Möglicherweise versuchen jedoch auch andere, besser organisierte rechtsradikale Gruppen und Parteien, die Ausschreitungen gezielt weiter zu eskalieren und für die eigenen politischen Zwecke zu instrumentalisieren.

4. Nach den Ereignissen von Mölln und insbesondere auch nach den Gegendemonstrationen und Lichterketten Ende 1992 war eine Reduzierung der tatsächlichen Gewalttaten und auch der Gewalttoleranz und -bereitschaft in der Bevölkerung festzustellen, wenngleich nicht auf das relativ niedrige Niveau vor den großen Eskalationswellen im Herbst: dennoch gehen die monatlichen Werte von über 1000 fremdenfeindlichen Straftaten Ende 1992 auf monatlich 500 und weniger für die ersten Monate des Jahres 1993 zurück. Was ist hier passiert?

   a) Die Ereignissse von Mölln hatten eine Schockwirkung auf einen Teil der gewaltbereiten jugendlichen Gruppen und Cliquen: vielen ging Mölln in jeder Hinsicht zu weit. Manchen wurde danach erst bewußt, worauf sie sich eingelassen hatten.

   b) Mit den Gegendemonstrationen hat sich die bis dahin schweigende Mehrheit zu Wort gemeldet. Dies hat auch den rechtsextremistischen, rassistischen und fremdenfeindlichen Gruppen deutlich gemacht, daß sie nach wie vor eine Minderheit sind, daß sie keineswegs von einem Großteil der Bevölkerung unterstützt werden, und daß sie in Zukunft wohl nicht mehr mit der gleichen Toleranz in der Bevölkerung rechnen können, wie dies z.T. in den Jahren 1991/92 der Fall war.

   c) Diese Veränderung in der Stimmung der Bevölkerung sowie ein entschiedeneres staatliches Vorgehen gegen Rechtsextremisten und Gewalttäter haben die 'Erfolgserwartungen' und Risikostrukturen der Täter verändert.

5. Dieser zeitweilige Rückgang der fremdenfeindlichen Gewalt darf freilich nicht als Entwarnung verstanden werden. Die Mobilisierungszyklen mit ihren 'ups and downs', was die Unterstützung und Beteiligung durch größere Bevölkerungsgruppen angeht, erscheinen vielmehr typisch für die Genese einer fremdenfeindlichen Bewegung, die sich in den letzten Jahren in Anfängen entwickelt hat, und deren Ende bisher nicht absehbar ist. Noch fehlen festere Organisationsstrukturen und Führerfiguren. Auch haben sie bisher zu keinem Einstellungswandel in größeren Teilen der Bevölkerung geführt. Anders als bei der Ökologiebewegung, die in den achtziger Jahren den Durchbruch zur kulturellen Hegemonie schaffte, ist Fremdenfeindlichkeit, wie eingangs gezeigt wurde, immer noch in einer aus-

geprägten Minderheitenposition. Ob dies so bleiben wird, hängt davon ab, wie der Einwanderungskonflikt sich entwikkelt und welche politischen Antworten gefunden werden. Möglicherweise aber hat sich bereits eine Polarisierung der fremdenfeindlichen und rechtsradikalen Szene angedeutet, die bei einigen Gruppen auch die Radikalisierung und Verfestigung entsprechender Gewaltbereitschaften bis hin zu einem rechten Terrorismus zur Folge haben dürfte. Die Welle an Nachahmungstaten unmittelbar nach Solingen scheint ein Indikator dafür zu sein, daß ein Teil der Gewaltszene selbst durch furchtbare Opfer in ihren Aktionen nicht mehr abgeschreckt wird und für ethisch-moralische Appelle nicht mehr ansprechbar sein dürfte.

Die hier dargestellten Ereigniszahlen erlauben freilich keinerlei zuverlässige Interpretation über die weitere Entwicklung der beschriebenen Trends. Sie verweisen vielmehr darauf, daß die Art und Weise, in der sich Protest und Unzufriedenheit artikulieren und politische Gewalt sich ereignet, hochgradig von spezifischen politischen Lagen und Problemen abhängig ist. Sie geben darüber hinaus jedoch keine Hinweise auf die soziodemographischen Strukturen der Gewalttäter und ihre individuellen Motive und Einstellungen, so daß es sinnvoll ist, sie durch täterbezogene Daten zu ergänzen.

6. Tatmerkmale und Täterstrukturen: eine Analyse von Ermittlungsdaten

6.1 Datenquellen, Stichprobe, methodische Annäherung

Grundlage der nachfolgenden Analyse sind Daten aus insgesamt 1.398 polizeilichen Ermittlungsakten zu fremdenfeindlichen Straftaten, die zwischen Januar 1991 und April 1992 von den Polizeien der Länder registriert wurden.

Unsere Datenerhebung aus Polizeiakten erfolgte mittels eines standardisierten Fragebogens, der eigens zur Datenübertragung erstellt wurde, sich jedoch in seiner Struktur weitgehend an dem Leitfaden der Polizei für die Ermittlungsbefragung orientierte. Folgende Fragekomplexe stehen im Vordergrund:

a) soziodemographische Merkmale, familialer Kontext und Gruppenzugehörigkeit der Tatverdächtigen
b) Tatmerkmale
c) Opfer- und Geschädigtenmerkmale
d) Tatortmerkmale
e) polizeiliche und juristische Reaktionen

Diese Bögen wurden über die Landeskriminalämter an die Polizeidienststellen der Länder geschickt und hier von Mitarbeitern ausgefüllt. Somit enthalten diese Daten das, was von der Polizei zur bekanntgewordenen fremdenfeindlichen Straftat registriert wurde und was der jeweilige Mitarbeiter davon anhand des Fragebogens berichtete. Die so gewonnenen Informationen wurden, soweit es möglich war, statistisch ausgewertet.

Die Auswertung polizeilicher Ermittlungsakten zur Gewinnung von Informationen über die potentiellen Akteure fremdenfeindlicher Gewalt ist nach wissenschaftlichen Kriterien nicht unproblematisch.

Zum einen handelt es sich nicht um Daten über tatsächlich ermittelte Täter, sondern lediglich über Tatverdächtige. Zum zweiten können wir nicht kontrollieren, welche Selektionsprozesse die Aufnahme von Ermittlungsverfahren beeinflussen. Wir wissen daher nicht, welche Verzerrungen das Bild, das die Analyse der Ermittlungsakten zeigt, jeweils beeinträchtigen. Zum dritten haben wir schließlich keinen Einfluß darauf, welche Daten in den polizeilichen Ermittlungsbefragungen erhoben wurden, und wie sie erhoben wurden. Insbesondere im Hinblick auf soziologische und kriminologische Fragestellungen müssen von daher eine ganze Reihe von Fragen offenbleiben, weil sie in den polizeilichen Ermittlungsbefragungen nicht thematisiert werden. Dazu gehört auch die in diesem Kontext sicherlich eminent wichtige Frage nach der Motivation für die jeweilige Tat. Viertens wird eine vollständige und detaillierte Sammlung von Informationen über Tatverdächtige schlichtweg dadurch behindert, daß diese im Rahmen der polizeilichen Ermittlungsbefragung nicht zur Auskunft über die personenbezogenen Daten hinaus verpflichtet sind. Freiwillige Informationen zu soziologisch interessanten Daten wie etwa nach familialen Strukturen, sozialen Problemlagen, biographischen Daten oder Motiven werden nicht von allen Tatverdächtigen gegeben. Fünftens schließlich gibt es nicht nur erhebliche Definitionsprobleme, was den Tatbestand der fremdenfeindlichen Straftat angeht, sondern auch erhebliche Zuordnungsprobleme: manche Straftat, die in diesen Kontext einzuordnen wäre, kann hier nicht aufgenommen werden, weil der Polizei entsprechende Informationen z.B. über die fremdenfeindliche Motivation fehlen; andererseits sind aber in diesem Zusammenhang sicherlich auch eine Reihe von Straftaten aufgenommen worden, bei denen Ausländer oder Asylbewerber betroffen waren, bei denen aber nicht unbedingt von einer fremdenfeindlichen oder rechtsextremistischen Motivation und Täterschaft auszugehen ist. Vor allem in den Fällen, in denen keine Täter ermittelt werden konnten und es sich nicht um typisch fremdenfeindliche Delikte, wie Brandanschläge gegen Asylbewerberheime sondern z.B. um Gewaltanwendungen gegen einzelne Personen handelte, ist eine Zuordnung der Delikte zu fremdenfeindlichen Straftaten oft alleine auf Grund der Opfer vorgenommen werden. Die Polizeien der Länder und das BKA haben zwar eine gemeinsame Definition von fremdenfeindlichen Straftaten entwickelt, die bundesweit verwendet werden soll. Danach werden als fremdenfeindlich motivierte Straftaten jene Delikte zusammengefasst, "die in der Zielrichtung gegen Personen begangen werden, denen die Täter (aus intoleranter Haltung heraus) aufgrund ihrer Nationalität, Volkszugehörigkeit, Rasse, Hautfarbe, Religion, Weltanschauung, Herkunft oder aufgrund ihres äußeren Erscheinungsbildes oder aufgrund ihrer tatsächlichen oder vermeintlichen Herkunft ein Bleibe- oder Aufenthaltsrecht in ihrer Wohnumgebung oder in der gesamten BRD bestreiten." (BKA 15.2.1993, S.3)

Doch läßt diese Definition offen, wie und nach welchen Kriterien Straf- und Gewalttaten hier zugeordnet werden können (wenn z.B. die Täter nicht ermittelt wurden oder die Tatmotivation und -intention nicht bekannt ist), so daß auch innerhalb der Polizei durchaus unterschiedliche Zuordnungspraktiken angenommen werden müssen.

Aufgrund dieser Datenprobleme erweist sich die Auswertung der polizeilichen Ermittlungsakten für die Forschung, insbesondere für die Suche nach theoretischen Erklärungsmöglichkeiten, nur für spezifische Fragestellungen geeignet, doch angesichts des aktuellen Informationsbedarfs dennoch als notwendig.

Von den verschiedenen Bereichen des Fragebogens (Tätermerkmale, Tatmerkmale, Opfermerkmale, Tatortmerkmale, Reaktionen) konnten in der Untersuchung zwei Bereiche nicht berücksichtigt werden: zu den Opfern und Geschädigten lagen insgesamt zu wenige Daten vor, als daß eine Auswertung möglich gewesen wäre. Die polizeilichen und juristischen Reaktionen hätten sich zum Zeitpunkt der Datenerhebung nur unvollständig und nur für einen Teil der Ermittlungsfälle darstellen lassen, was eine unzulässige Verzerrung bedeutet hätte. Auf beide Bereiche wird daher in der Analyse verzichtet. Doch auch für die verbleibenden Bereiche (Tätermerkmale, Tatmerkmale, Tatort) sind nicht alle Informationen, die aus sozialwissenschaftlicher Sicht sinnvoll und notwendig gewesen wären, in der polizeilichen Ermittlungsbefragung erhoben worden.

Eine Überprüfung theoretischer Ansätze im engeren Sinne, kann auf Grund der fehlenden Variablen und der Verzerrungen in der Datenerhebung daher hier nicht vorgenommen werden. Nachdem die Auswahl der ermittelten Daten durch pragmatische und nicht durch theoretisch-wissenschaftliche Kriterien bestimmt ist, können die Ergebnisse allenfalls als Übereinstimmung mit/oder Abweichung von wissenschaftlichen Theorien interpretiert werden, nicht jedoch als Bestätigung oder Widerlegung im Sinne wissenschaftlicher Methodologie.

Dennoch haben unsere Forschungsergebnisse eine besondere Bedeutung: da wir mittels einer relativ breit angelegten Erhebung durchaus verallgemeinerbare Aussagen über die Strukturen fremdenfeindlicher Gewalt in den letzten Jahren treffen können, sind die Ergebnisse sowohl für die gesellschaftliche Praxis des Umgangs mit fremdenfeindlicher und/oder rechter Gewalt von Bedeutung, aber auch als gültige und verallgemeinerbare Informationen, denen sich die theoretischen Erklärungsansätze stellen müssen.

In die vorliegende Untersuchung konnten aus verschiedensten Gründen nicht alle sechzehn Bundesländer miteinbezogen werden. Insgesamt hatten zehn Bundesländer, sechs aus dem Westen, vier aus dem Osten, ihre Bereitschaft bekundet, sich an dem Projekt zu beteiligen und uns mit entsprechenden Informationen zu versorgen. Wie das nachstehende Diagramm verdeutlicht, konnte das Projekt jedoch letztlich nur für neun Bundesländer realisiert werden: sechs aus dem Westen und drei aus dem Osten.

Es geht an dieser Stelle nicht darum, die länderspezifische Belastung mit fremdenfeindlichen Straftaten vergleichend darzustellen; dazu liegen BKA-Daten für alle Bundesländer vor (BKA 15.2.1993).

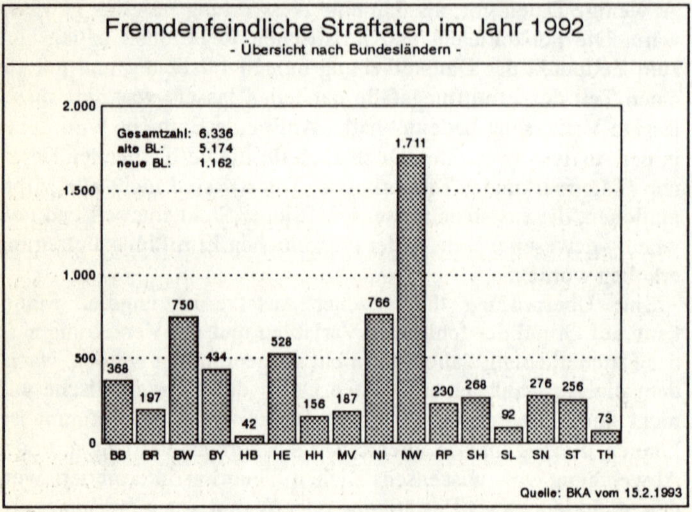

Sie zeigen, daß, auf die jeweilige Bevölkerungszahl bezogen, die Länder im Osten Deutschlands eine etwas stärkere Belastung aufweisen als die Länder im Westen.

Dieses grundlegende Muster gilt auch für die länderspezifische Verteilung der hier ausgewerteten 1.398 Fälle. Insofern spiegeln unsere Daten die tatsächliche Verteilung registrierter fremdenfeindlicher Straftaten über die Bundesländer weitgehend wieder.

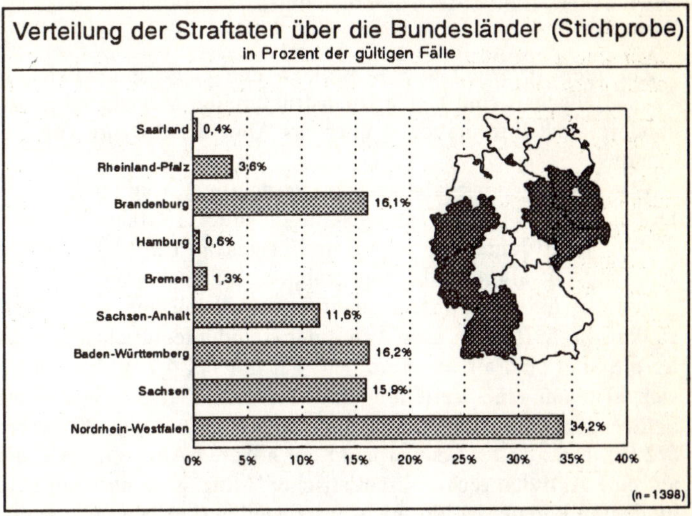

Die Streuung der in unserer Studie analysierten Straftaten zwischen östlichen und westlichen Bundesländern entspricht also der realen Verteilung polizeilich registrierter fremdenfeindlicher Straftaten weitgehend. Vergleicht man die Verteilung der 1.398 Fälle auf die alten und neuen Bundesländer, so ergibt sich folgendes Bild:

Neue Bundesländer:	43,6 Prozent
Alte Bundesländer:	56,4 Prozent.

Damit sind die neuen Bundesländer in unserer Stichprobe etwas stärker repräsentiert als dies die BKA-Statistiken ausweisen. Die Dominanz der alten Bundesländer hinsichtlich des quantitativen

Anteils an fremdenfeindlichen Straftaten ist jedoch auch in unserer Stichprobe gegeben.

6.2 Täterstrukturen

6.2.1 Altersstruktur der Tatverdächtigen

Zur Identifizierung von Konflikten und Gewaltpotentialen in der Gesellschaft sind neben soziostrukturellen Merkmalen insbesondere auch Informationen über das Alter der Akteure von Bedeutung.

Wie das folgende Stabdiagramm verdeutlicht, sind mehr als ein Drittel (36,2 %) aller Tatverdächtigen unter 18 Jahre alt, über 75 % sind 20 Jahre und jünger, und insgesamt ca. 90 % unter 25 Jahre alt. Die älteren Jahrgangsgruppen ab 25 Jahre spielen demgegenüber eine, von ihrem quantitativen Anteil her, vernachlässigbare Rolle (8,3 %). Der Anteil der fremdenfeindlichen Straftäter die älter sind als 30 Jahre liegt gar nur bei 4,7 %. Es handelt sich also um eine Verteilung mit nur einem klar ausgeprägten Schwerpunkt bei der Altersgruppe zwischen 15 und 20 Jahren (72 %). Ein zweiter Schwerpunkt bei höheren Altersgruppen, der auf eine Aktivität rechtsextremistischer 'Altnazis' in unserem Feld hindeuten könnte, ist hier nicht festzustellen (vgl. aber Ost-West-Vergleich, Kap. 6.4). Im Vergleich mit anderen Formen der politisch motivierten oder politisch gemeinten Gewalt in der Bundesrepublik in den letzten beiden Jahrzehnten ist die Altersstruktur der potentiellen Täter bei der fremdenfeindlichen Gewalt der 90er Jahre deutlich jünger und am ehesten mit dem Jugendprotest der frühen 80er Jahre vergleichbar (Eckert/Willems 1986).

Es gibt jedoch Anzeichen dafür, daß es sich bei der relativ kleinen Gruppe der über 25jährigen zum Teil eher um rechtsextremistisch motivierte Aktivisten und Mitglieder 'rechter' Parteien und Gruppierungen handeln könnte. So finden wir bei der Gruppe der über 25jährigen einen deutlich höheren Anteil von Einzeltaten, als bei allen anderen Altersgruppen (27,2 % gegenüber 6,1 % bei allen!). Auch sind die über 25jährigen zu einem über dem Erwartungswert liegenden Anteil als den verschiedenen rechtsextremistischen Gruppen zugehörig identifiziert worden.

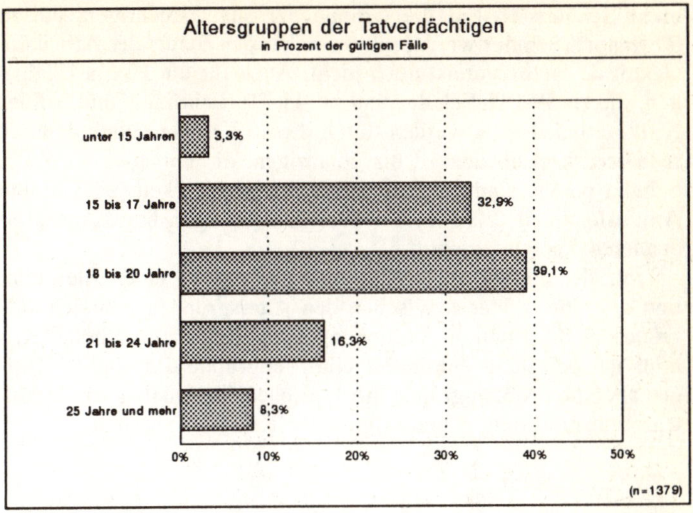

Doch auch in Bezug auf andere Merkmale gibt es deutliche Unterschiede zwischen dieser Gruppe der älteren Tatverdächtigen und den anderen Altersgruppen. Zum einen weist die Gruppe der über 25jährigen die mit Abstand höchste Kriminalitätsbelastung (bezogen auf sonstige, d.h. nicht-politische Straftaten) auf. Die polizeilichen Vorerkenntnisse wegen sonstiger Straftaten liegen bei dieser Gruppe mit 63 % deutlich über dem Durchschnitt aller Tatverdächtigen (47 %); und ebenfalls deutlich über dem Durchschnitt aller 1.398 Tatverdächtigen liegt der Prozentanteil der über 25jährigen, die bereits einmal wegen sonstiger Straftaten verurteilt wurden; dies sind 45,7 % der über 25jährigen gegenüber durchschnittlich 23,8 %. Inwieweit hier schlicht Alterseffekte (d.h. höhere Wahrscheinlichkeiten kriminell zu werden aufgrund höheren Alters) oder Kohorteneffekte eine Rolle spielen, kann nicht festgestellt werden. Zum zweiten ist für die Gruppe der über 25jährigen die bei weitem höchste Arbeitslosenquote festzustellen: Jeder Dritte war zum Zeitpunkt der Tat arbeitslos (33,7 % gegenüber 18 % für alle Tatverdächtigen).

Natürlich spielt auch hier eine Rolle, daß sich das Risiko, arbeitslos zu werden entsprechend der Altersstruktur unterschiedlich darstellt. Grundsätzlich kann nur arbeitslos werden, wer nicht mehr Schüler ist. Für die Gruppe der unter 15jährigen, die zu 93 % noch Schüler waren, gibt es daher den Status der Arbeitslosigkeit de facto zumeist noch nicht. Auch für die 15 bis 17jährigen, die zu 39,1 % Schüler und zu 48,7 % Lehrlinge sind, ist das Risiko arbeitslos zu werden durch diesen Umstand noch deutlich reduziert. Erst ab den 18 bis 20jährigen, die nur noch zu 6,3 % Schüler waren, sind die Zahlen zur Erwerbstätigkeit (26,3%) und Arbeitslosigkeit (20,2 %) bei 41,5 % Lehrlingen bzw. Auszubildenden daher aussagekräftig.

Trotz der methodischen Vorbehalte bezüglich einer Interpretation der Unterschiede zwischen den Altersgruppen läßt sich aufgrund der Kumulation von hoher Arbeitslosigkeit und hoher Kriminalitätsbelastung zumindest eine Teilgruppe der über 25jährigen als eine Problemgruppe mit typischen Merkmalen von Desintegrationserfahrungen und kriminellen Karrieren ansehen.

6.2.2 Geschlecht

Die fremdenfeindliche Straf- und Gewalttat, d.h die letztendliche Ausführung und Umsetzung der Fremdenfeindlichkeit und Gewaltbereitschaft in einer Handlung, wird zu weit über 90 % von Männern begangen. Von den 1.398 ausgewerteten Ermittlungsakten waren nur 3,7 % Ermittlungen gegen Frauen.

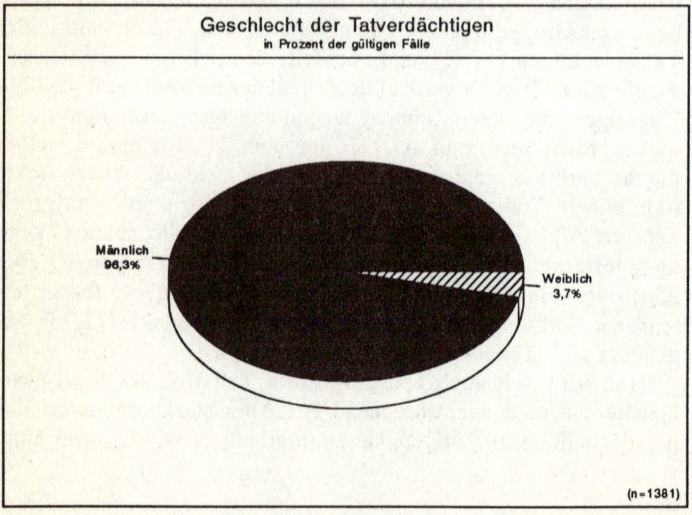

Geschlecht der Tatverdächtigen
in Prozent der gültigen Fälle

Dies bedeutet nun nicht, daß auch die Fremdenfeindlichkeit und der Rechtsextremismus in erster Linie ein Männerphänomen sind, und daß die Frauen in rechtsextremistischen Parteien sowie in den fremdenfeindlich-rechtsradikalen Jugendgruppen keine Rolle spielen. Wir wissen aus Einstellungsuntersuchungen (z.B. SCHUBARTH/FRIEDRICH 1992), daß auch bei Frauen fremdenfeindliche und rechtsextremistische Einstellungen durchaus vorkommen; und wir wissen ebenfalls, daß Frauen in stärkerem Maße Mitglieder in rechten Cliquen, Subkulturen und Parteien sind, als dies die hier vorgestellten Zahlen zu Tatverdächtigen vermuten lassen (Vgl. ERB 1993).

Was die Zahlen vielmehr verdeutlichen, ist, daß die eigentliche fremdenfeindliche Straf- und insbesondere Gewalt*tat* nach wie vor ein männertypisches Verhalten ist; gegen Frauen wird eher wegen Propagandadelikten ermittelt als wegen Gewaltdelikten. So wurden alle Tötungsdelikte und 99 % aller hier analysierten Körperverletzungen von Männern begangen, während bei Brandanschlägen und Sachbeschädigungen mit Gewalt Frauen durchaus entsprechend ihres prozentualen Anteils an den Tatverdächtigen insgesamt beteiligt waren. Die Zahlen sagen jedoch nichts darüber aus, welche Bedeutung ihnen als Unterstützerinnen und Helferinnen der männlichen Gewalttäter zukommt.

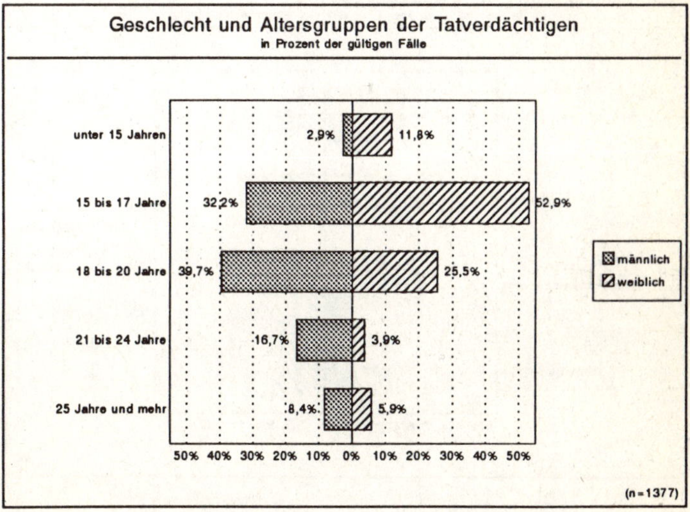

Neben diesen Unterschieden in den Beteiligungsformen und Delikttypen zwischen Männern und Frauen sind auch deutliche Unterschiede in der Altersstruktur feststellbar: die Frauen sind im Durchschnitt deutlich jünger als die Männer. Während bei den Männern nur 35,1 % unter 18 Jahren alt waren, sind es bei den Frauen 64,7 %. Jede zehnte Frau (11,8 %) war sogar jünger als 15 Jahre (Männer 2,9 %). Aufgrund dieser Altersstruktur sind die Frauen zumeist Schülerinnen oder Auszubildende.

Zudem können für tatverdächtige Frauen deutlich niedrigere Anteile als für Männer hinsichtlich einer Zugehörigkeit zu rechtsextremistischen Gruppen und zu sonstigen fremdenfeindlichen Gruppen festgestellt werden (siehe Abbildung S. 102). Während für alle männlichen Tatverdächtigen zusammen bei ca. 25,6 % eine Zugehörigkeit oder Affinität zu rechtsextremistischen Gruppen bestand, waren es bei den Frauen nur 8,3 %. Annähernd gleiche Zugehörigkeitsanteile zwischen Männern und Frauen bestehen lediglich bezüglich der Gruppe der Skinheads mit jeweils etwa 1/3 der männlichen und weiblichen Tatverdächtigen. Im Vergleich zu den tatverdächtigen Männern konnten jedoch nur etwa für die Hälfte der tatverdächtigen Frauen überhaupt entsprechende Gruppenzugehörigkeiten ermittelt werden.

Geschlecht und Gruppenzugehörigkeit der Tatverdächtigen
in Prozent der gültigen Fälle (Mehrfachnennungen möglich)

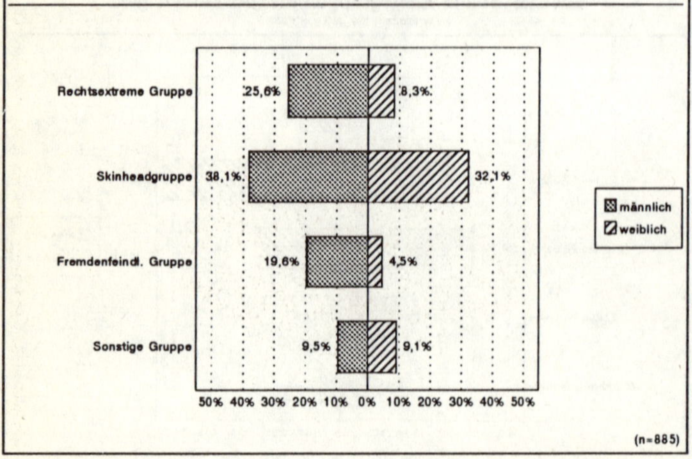

Auch hinsichtlich der Belastung durch Vorstrafen weisen die Frauen erheblich geringere Anteile auf als die Männer: dies gilt sowohl im Hinblick auf die politischen, wie auch auf die sonstigen Straftaten und Verurteilungen (wobei freilich auch die unterschiedliche Altersstruktur eine Rolle spielen dürfte). Zudem sind sie bei ihren Taten wesentlich seltener alkoholisiert.

6.2.3 Familienstand der Tatverdächtigen

Der Familienstand hängt natürlich mit der Altersstruktur der Tatverdächtigen eng zusammen. Von daher ist es wenig überraschend, daß mehr als 95 % der Tatverdächtigen ledig sind. Dieser starke Zusammenhang mit dem Familienstand 'ledig' ist freilich nicht spezifisch für die fremdenfeindliche Gewalt, sondern zeigt sich in ähnlicher Stärke auch bei der Jugendgewalt und Jugenddelinquenz generell. Er ist jedoch nicht nur als ein Korrelat des Alters zu interpretieren, sondern verweist auf einen wichtigen Umstand: von den Konsequenzen des Handelns werden in der Regel nur die Täter selbst betroffen, Ehepartner oder Kinder werden in der Regel nicht in Mitleidenschaft gezogen. Ohne diesbezügliche Rücksichten können Gewalttaten daher 'kostengünstiger' und weniger riskant erscheinen.

Familienstand der Tatverdächtigen
in Prozent der gültigen Fälle

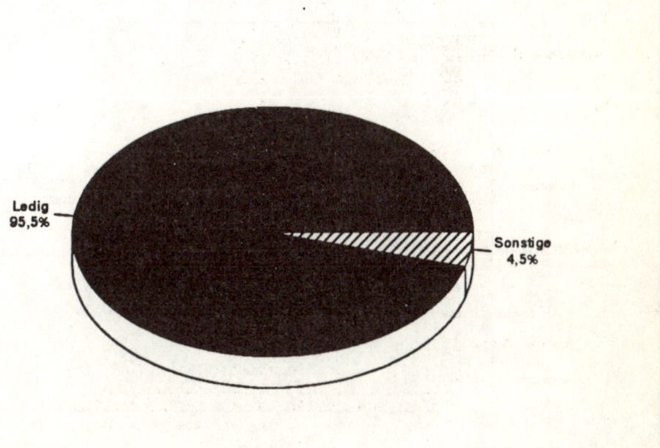

6.2.4 Formaler Bildungsabschluß

Die Frage nach dem Bildungsstatus ist eine der entscheidenden Variablen hinsichtlich der strukturellen Verortung der fremdenfeindlichen Straftäter. Freilich haben wir gerade bei diesen Angaben eine hohe Anzahl von missing values, insgesamt 512 von 1.398 (= 37 %), so daß wir hier mit Verzerrungen in der Verteilung zu rechnen haben, die wir nicht kontrollieren können. Möglicherweise haben wir es mit bildungsspezifischen Verzerrungen zu tun, derart, daß Jugendliche die einen mittleren oder höheren Bildungsabschluß haben, in stärkerem Maße die Antwort auf diese Frage verweigert haben. Es ist jedoch schlichtweg auch möglich, daß die hohe Zahl der missings lediglich auf fehlerhafte oder unvollständige Auswertung der Ermittlungsakten, oder eben auf nicht gestellte Fragen in der Ermittlungsbefragung zurückzuführen sind.

Trotz dieser Probleme hinsichtlich der missing values und der durch sie möglicherweise verursachten Verzerrungen, können wir auf einer Basis von 886 Fällen dennoch zu relativ zuverlässigen Vermutungen über den Bildungsstatus fremdenfeindlicher Straftäter kommen.

Formaler Bildungsabschluß der Tatverdächtigen zur Tatzeit
in Prozent der gültigen Fälle

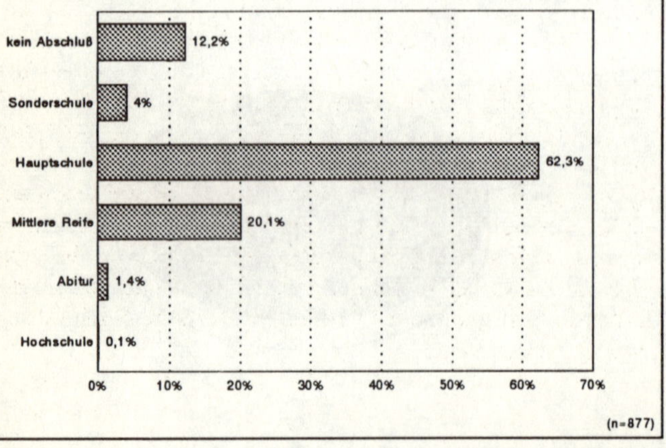

Es zeigt sich, daß es sich in erster Linie um Jugendliche mit einem niedrigen bis mittleren Bildungsstatus handelt. Über 62 % der Tatverdächtigen haben einen Hauptschulabschluß, und 20,1 % die Mittlere Reife. Nur weniger als 2 % aller Tatverdächtigen haben hingegen Abitur oder einen Hochschulabschluß. Als Tatverdächtige ohne Abschluß werden hier 12,2 % ausgewiesen. Die fremdenfeindliche Gewalt ist also nicht in erster Linie definiert durch Schulabbrecher und Personen ohne jeden formalen Bildungsabschluß, sondern durch Täter mit einem einfachen bis mittleren Bildungsstatus.

Bei den Interpretationen dieser Zahlen muß freilich berücksichtigt werden, daß angesichts der Altersstruktur der Tatverdächtigen sicherlich eine Reihe von Tatverdächtigen ihren letztendlichen Bildungsabschluß noch nicht erreicht haben. Dies bedeutet, daß möglicherweise einige Tatverdächtige, die noch zur (Haupt) Schule gehen, hier zu den 12,2 % ohne Abschluß gezählt wurden, so daß die tatsächliche Zahl derjenigen, die ohne jeden formalen Bildungsabschluß sind und dies wahrscheinlich auch bleiben, niedriger als 12 % sein dürfte, was für die Interpretation der Ursachen von fremdenfeindlichen Gewalttaten durchaus von Bedeutung ist. Darüber hinaus ist es auch wahrscheinlich, daß ein Teil der Hauptschüler noch die mittlere Reife machen wird, so daß sich das formale Bildungsniveau der Tatverdächtigen insgesamt noch leicht nach oben verschieben wird, ohne daß dadurch freilich der Befund grundlegend verändert wird.

Eine nach Altersklassen differenzierte Betrachtung des Bildungsabschlusses gibt jedoch möglicherweise ergänzende Einblicke. Wie das folgende Diagramm verdeutlicht, steigt der Anteil der Tatverdächtigen mit mittlerer Reife von 15,6 % bei den 15 bis 17jährigen auf 20,9 % bei den 18-20jährigen, auf 26,1 % bei den 21 bis 24jährigen und 34,6 % bei der Gruppe der über 24jährigen an. Etwa jeder dritte Tatverdächtige etwa in dieser älteren Jahrgangsgruppe hatte also einen mittleren Bildungsabschluß. Dabei dürfte es sich in erster Linie um einen Alterseffekt und weniger um einen Kohorteneffekt handeln, so daß auch für die Gruppe der zur Tatzeit 15 bis 17jährigen und 18 bis 20jährigen mit höherem Alter durchaus ein höherer Anteil mit Mittlere-Reife-Abschluß erwartet werden kann.

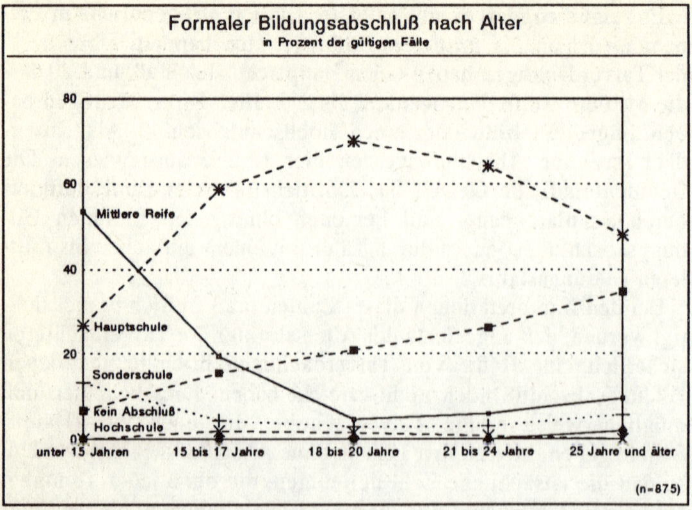

Ebenfalls wird deutlich, daß der Anteil der Tatverdächtigen insgesamt, die keinen Abschluß haben (=12,2 %), vor allem durch die unteren Altersklassen nach oben gedrückt wird; insbesondere die unter 15jährigen haben zu mehr als 53 % noch keinen Bildungsabschluß, die 15 bis 17jährigen zu 19,4 %. Freilich muß auch ins Auge fallen, daß in der Gruppe derer, die 25 Jahre und älter sind, immerhin auch 9,6 % keinen Abschluß haben. Ob hier kohortenspezifische Aspekte eine Rolle spielen kann nicht geklärt werden. Möglicherweise haben auch Unterschiede zwischen BRD- und DDR- Abschlüssen bei diesen Statistiken eine verzerrende Wirkung, zumal nicht kontrolliert werden konnte, wie die DDR-Schülerabschlüsse in den Fragebögen kodiert wurden.

Insgesamt jedoch wird das Muster des durchschnittlichen Bildungsniveaus der fremdenfeindlichen Straf- und Gewalttäter durch diese altersspezifischen Verzerrungen und noch zu erwartenden Veränderungen nur unwesentlich beeinflußt. Es ist eine klare Dominanz niedriger und mittlerer Bildungsabschlüsse zu erkennen, die weit über den durchschnittlichen Werten für diese Bildungsabschlüsse unter den Jugendlichen insgesamt liegen, während die Anteile von Abiturienten und Hochschulabsolventen vernachlässigbar niedrig und im Vergleich zur Jugend insgesamt deutlich geringer sind. (laut Statistischem Jahrbuch haben 1990 in den alten Bundesländern etwa 1/3 aller Schulabgänger Abitur, bzw. Fachhochschulreife erworben, während nur weniger als 1/3 lediglich den Hauptschulabschluß machten (vgl. STATISTISCHES JAHRBUCH 1992, S.415)).

6.2.5 Erwerbstätigkeit, Arbeitslosigkeit, Berufsstatus, Einkommensstruktur

a) Erwerbstätigkeit vs. Arbeitslosigkeit zur Tatzeit

Ähnlich wie bei der Frage nach den Bildungsabschlüssen müssen wir auch für die folgenden Fragen nach Arbeitslosigkeit, Berufs- und Einkommensstruktur aufgrund des Alters der Tatverdächtigen davon ausgehen, daß sich hier durchaus noch Veränderungen in der Zukunft ergeben werden. Dies gilt insbesondere für die Frage nach dem Berufsstatus und dem Einkommen, doch angesichts einer generell recht hohen Jugendarbeitslosigkeit auch für die Frage nach der Erwerbstätigkeit bzw. Arbeitslosigkeit. Insofern ist hier erneut zu betonen, daß es sich um entsprechende Daten zur Tatzeit handelt, die so nicht einfach in die Zukunft fortgeschrieben werden können. Die nachfolgende Grafik zeigt, daß lediglich 23,4 % der Tatverdächtigen zur Tatzeit voll- oder teilerwerbstätig waren. Jeder dritte Tatverdächtige, insgesamt 34,9 %,

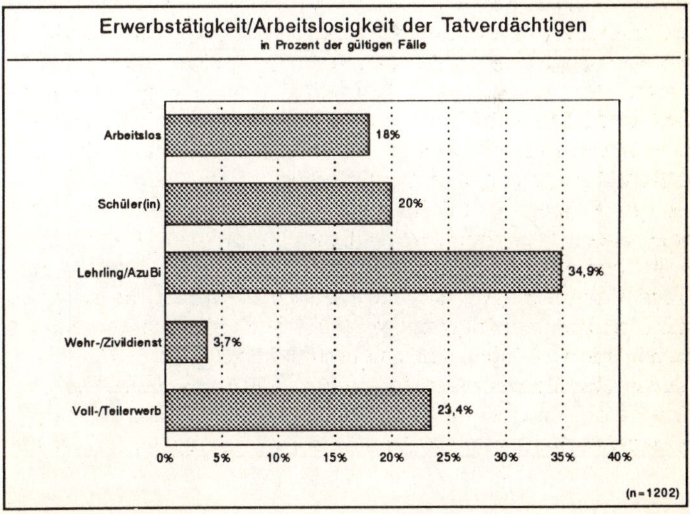

war zur Tatzeit in einem Ausbildungsverhältnis (Lehrling/AzuBi), jeder fünfte (= 20 %) war noch Schüler. Insgesamt mehr als die Hälfte aller ermittelten Tatverdächtigen sind also zur Tatzeit Schüler oder Auszubildende gewesen.

Von besonderer Bedeutung ist hier auch die Quote der Arbeitslosen, weil Arbeitslosigkeit in vielen Erklärungsversuchen eine zentrale Rolle spielt. Mit 18 % liegt der Anteil der Arbeitslosen zwar über der Arbeitslosenquote der Jugendlichen insgesamt (1991 waren 11,8 % der 20 bis 24jährigen und 14,3 % der 25 bis 29jährigen arbeitslos (laut Statistischem Jahrbuch 1992, S. 126)), ist aber keineswegs so deutlich erhöht, wie dies im wissenschaftlichen und öffentlichen Diskurs in der Regel angenommen wird: dort wird häufig die Arbeitslosigkeit als dominierendes Merkmal der Gruppe fremdenfeindlicher gewaltaffiner Jugendlicher und als der zentrale Erklärungsfaktor für fremdenfeindliche Gewalttaten (und Indikator für Desintegrationsprozesse) angesehen.

Auch hier spielen freilich altersspezifische Verzerrungen eine Rolle, da ja nur diejenigen Tatverdächtigen arbeitslos werden können, die nicht mehr Schüler sind. Eine differenzierte Analyse nach Altersstufen zeigt, daß die unter 15jährigen zu 93,3 % Schüler waren. Bei den 15 bis 17jährigen sind 39,1 %, bei den 18 bis 20jährigen sind nur noch 6,3 % Schüler.

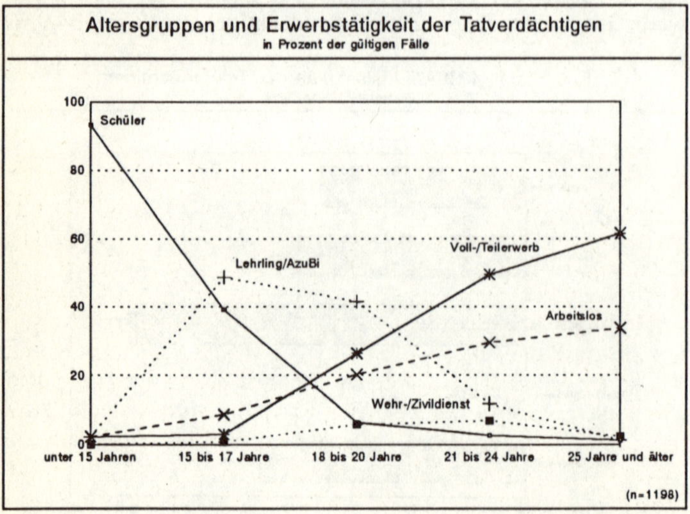

Umgekehrt steigt mit höherem Alter der Anteil derjenigen Tatverdächtigen, die erwerbstätig oder in der Ausbildung sind: von 4,4 % bei den unter 15jährigen auf 51,6 % bei den 15 bis 17jährigen und 67,8 % bei den 18 bis 20jährigen. Bei den höheren Altersgruppen liegt der Anteil derer, die erwerbstätig oder in der Ausbildung sind, bei 61,1 % für die 21 bis 24jährigen und 62,8 % für die über 25jährigen (wobei dies bei den über 25jährigen fast ausschließlich auf Erwerbstätigkeit zurückzuführen ist).

Zugleich aber steigt der Anteil der Erwerbslosen/Arbeitslosen in den jeweiligen Altersgruppen kontinuierlich an:

von 8,6 % im Alter von 15 bis 17 Jahren,
auf 20,2 % bei den 18 bis 20jährigen,
auf 29,5 % in der Gruppe der 21 bis 24jährigen,
auf 33,7 % bei der Altersgruppe der 25jährigen und älter.

Die Gruppe der über 25jährigen, die an den Tatverdächtigen insgesamt nur 8,3 % ausmacht, stellt hinsichtlich der Betroffenheit durch Arbeitslosigkeit die größte Problemgruppe mit 33,7 % dar. Die Arbeitslosigkeit in der Gruppe der 21 bis 24jährigen ist mit 29,5 % jedoch ebenfalls besorgniserregend hoch, zumal hier ein Teil der Jugendlichen noch als Schüler oder als Auszubildende einzustufen ist. Die Arbeitslosenquote bei der Gesamtgruppe der fremdenfeindlichen Tatverdächtigen von 18 % erhöht sich also deutlich, wenn man den Schülereffekt (aufgrund der Altersstruktur) berücksichtigt und sich nur diejenigen Altersgruppen aussucht, bei denen der Schüleranteil gering ist. Dennoch liegt der Anteil der Arbeitslosen insgesamt keineswegs so hoch, daß die Gleichsetzung von Arbeitslosigkeit und Fremdenfeindlichkeit oder fremdenfeindlicher Gewalt berechtigt wäre. Die durch Arbeitslosigkeit erzeugten Frustrationen und/oder Orientierungslosigkeiten scheinen somit nur ein potentielles Ursachenbündel für fremdenfeindliche Straf- und Gewalttaten darzustellen.

Vergleicht man nun die Gruppe der Arbeitslosen mit den Schülern und Erwerbstätigen hinsichtlich anderer Merkmale, so zeigt sich, daß die erwerbslosen Tatverdächtigen zu einem deutlich höheren Anteil als die anderen Gruppen bereits wegen anderer als politisch motivierter Straftaten verurteilt worden sind: 42,8 % der Arbeitslosen sind bereits einmal wegen sonstiger Straftaten verurteilt worden gegenüber insgesamt 24,2 %. Zwar macht die Gruppe der Arbeitslosen insgesamt nur ca. 18 % der fremdenfeindlichen

Tatverdächtigen aus, doch scheint es sich durch die Kumulation von anderen Belastungen hier um eine besondere Problemgruppe zu handeln.

b) Berufsstatus

Die Frage nach dem zuletzt ausgeübten Beruf kann nur mit einiger Vorsicht ausgewertet werden. Zunächst liegen die Missings hier bei 53 %, d.h. zu jedem zweiten Tatverdächtigen liegen hierzu keine Angaben vor - sei es weil er/sie keine Angabe machte, oder weil die Frage nicht zutraf, weil der/die Tatverdächtige noch Schüler/in war. Grundlage für die nachfolgende Analyse sind also nur jene Tatverdächtigen, die nicht mehr Schüler sind.

Hinzu kommt, daß zwar nach dem zuletzt ausgeübten Beruf gefragt worden ist, die Antworten jedoch nach Berufsstatusgruppen zusammengefasst sind, ohne daß man die konkrete Zuordnung von Berufen zu Berufsstatusgruppen überprüfen könnte. Dies ist insofern besonders problematisch, als wir in den neuen Bundesländern zum Teil von den alten Bundesländern abweichende Berufsabschlüsse und Berufsbezeichnungen vorfinden.

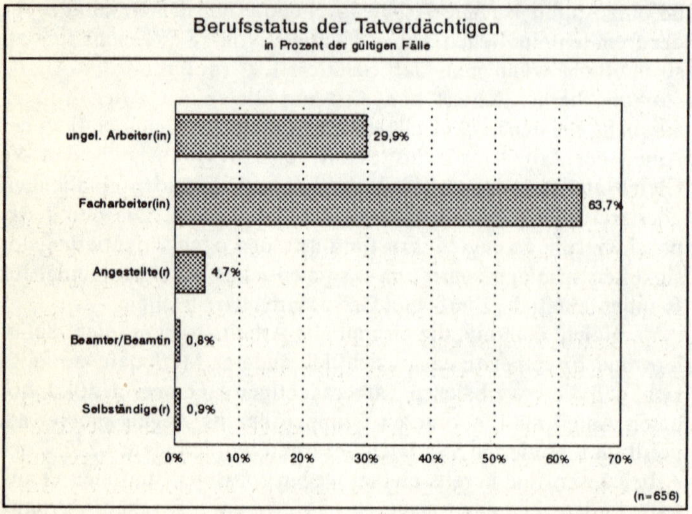

Das Stabdiagramm bezieht sich somit nur auf 656 Tatverdächtige. Das Ergebnis entspricht in etwa dem, was man aufgrund der Bildungsstruktur erwartet hätte. Facharbeiterberufe dominieren mit 63,7 %. Auffällig ist jedoch ebenfalls eine hohe Zahl (29,9 %) von ungelernten Arbeitern - was freilich nicht eindeutig zu interpretieren ist. Dies kann durchaus auf einen relativ hohen Anteil von Jugendlichen ohne jede berufliche Qualifikation verweisen, wird jedoch möglicherweise auch aufgrund der Altersstruktur und der noch nicht abgeschlossenen Berufsausbildungen verzerrt.

c) Einkommen

Entsprechend der Tatsache, daß ca. 20 % der Tatverdächtigen noch Schüler waren, 34,9 % Lehrling/AzuBi, und 18 % arbeitslos, liegen die durchschnittlichen Einkommen in der Gruppe der Tatverdächtigen deutlich unter 1000 DM. Insgesamt 76,8 % haben monatlich nur bis zu 1000 DM zur Verfügung, davon 46,7 %, also fast die Hälfte weniger als 500 DM.

Obwohl die meist jugendlichen Täter in der Regel noch bei ihren Eltern wohnen, verweist diese Einkommensstruktur doch möglicherweise auf einen Faktor, an dem sich Gefühle der Unzufriedenheit und der Benachteiligung (insbesondere gegenüber den staatlich alimentierten Gruppen von Asylbewerbern und Aussiedlern) festmachen können.

6.2.6 Struktur der Herkunftsfamilie

Der Familienstand der Eltern wird häufig als ein Indikator für biographische Erfahrungen und damit verbundenen Problemlagen angesehen, deren Bewältigung für Jugendliche durchaus eine Belastung darstellen kann. Häufig, so die Vermutung, sind familiale Schwierigkeiten sowie strukturelle Defizite und dadurch bedingte biographische Brüche **eine** Ursache für die Zuordnung von Jugendlichen zu abweichenden und aggressiven Gruppen.

Die Grafik (siehe folgende Seite) zeigt freilich, daß der Anteil der Tatverdächtigen, bei denen Erfahrungen familialer Strukturveränderungen und Diskontinuitäten (Eltern geschieden, getrennt lebend oder wiederverheiratet) vermutet werden können, mit insgesamt etwas über 20 % keineswegs deutlich höher als im Durchschnitt der Bevölkerung liegt (vgl. STATISTISCHES JAHR-

BUCH 1992, S. 84), zumal hier die höhere durchschnittliche Scheidungsquote in den neuen Bundesländern berücksichtigt werden muß. Auch der Anteil der Fälle, in denen ein oder beide Elternteil(e) verstorben sind, verweist mit ca. 8 % nicht auf eine generelle Verdichtung besonderer Problemkonstellationen, die durch unvollständige Familienstrukturen und Brüche in den familialen Konstellationen verursacht sind.

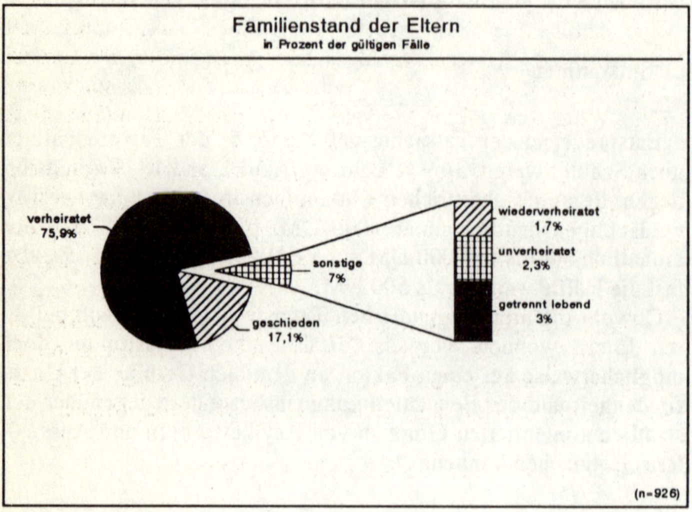

Familiale Desintegrationserscheinungen im Sinne einer Auflösung der Familie oder ihrer krisenhaften Veränderung durch Vater- oder Mutterverlust können also offensichtlich nur für eine kleine Gruppe von Tatverdächtigen eine wichtige Rolle spielen. Ob und in welchem Maße jedoch darüber hinaus familiale Probleme, Erziehungs- und Sozialisationsdefizite vorliegen und als ein Erklärungsfaktor auch für die Zuordnung zu aggressiven Gruppen und Subkulturen herangezogen werden können, kann aus diesen Daten nicht abgeleitet werden. Unvollständige Familienstrukturen und Scheidungserfahrungen scheinen jedenfalls für sich allein keineswegs eine zentrale Bedeutung für die Erklärung jugendlicher Delinquenz und fremdenfeindlicher Gewalt zu haben.

Über die sozialen Milieus und die Schichtzugehörigkeit der Tatverdächtigen (bzw. ihrer Herkunftsfamilien) liegen uns keine verlässlichen Daten vor. Die in den polizeilichen Ermittlungsakten gestellte Frage nach dem Berufsstatus der Eltern als ein möglicher Indikator für die soziale Schichtzugehörigkeit ist nur von ca. 30 % der 1.398 ermittelten Tatverdächtigen beantwortet worden, so daß die Ausfälle eine zuverlässige Interpretation der Verteilung nicht zulassen. Auf Basis der verbleibenden 382 Fälle bei der Frage nach dem Berufsstatus des Vaters (471 bei der Frage nach dem Beruf der Mutter) scheint jedoch zumindest erkennbar, daß es sich a) nicht um ein reines Unterschichtphänomen handelt, wenngleich die Arbeiterberufe (Facharbeiter/Angelernte) dominieren, und daß b) auch die Arbeitslosigkeit in den Herkunftsfamilien nicht überproportional hoch ist, so daß hier nicht per se von Deklassierungseffekten oder Modernisierungsopfern in den Herkunftsfamilien ausgegangen werden kann.

So gibt es auch keinerlei Hinweise darauf, daß die Jugendlichen vorwiegend aus 'asozialen' Randgruppen - wie es in der öffentlichen Diskussion heißt - stammen. Vielmehr rekrutieren sich die fremdenfeindlichen Straf- und Gewalttäter über alle sozialen Schichten und alle Berufsgruppen hinweg, wobei jedoch Arbeiter- und kleinbürgerliche Milieus klar dominieren. Inwieweit in diesen Milieus Ängste vor sozialem Statusverlust und vor intergenerationaler Deklassierung vorhanden sind und daher auch für die Gewalttäter eine Rolle spielen, kann hier nur vermutet werden.

6.2.7 Gruppenzugehörigkeit der Tatverdächtigen

Wie in Kapitel 6.3.2 dargestellt wird, ist die Mehrzahl der von der Polizei erfassten Straf- und Gewalttaten mit fremdenfeindlichem Hintergrund in den Jahren 1991 bis April 1992 von Gruppen begangen worden. Von daher bekommt die Frage nach der individuellen Zuordnung der ermittelten Tatverdächtigen zu jugendlichen Subkulturen, fremdenfeindlichen und/oder rechtsextremistischen Gruppen und Organisationen eine besondere Bedeutung. Auch in der öffentlichen Diskussion spielt die Vermutung eine große Rolle, daß es sich hier um Jugendiche entweder aus dem Skinheadmilieu oder aus dem rechtsextremistischen Milieu handelt.

In den polizeilichen Ermittlungsakten wurde jeweils nach der Zugehörigkeit zu folgenden Gruppen/Organisationen gefragt:

a) zu rechtsextremen Gruppen/Organisationen
b) zu Skinheadgruppen
c) zu sonstigen Gruppen mit fremdenfeindlichen Zielen
d) zu sonstigen Gruppen und Organisationen

Die Auswertung und Interpretation dieser Daten ist freilich nicht ohne Probleme. Zum einen wissen wir nicht, zu welchem Anteil die Gruppenzugehörigkeit der Tatverdächtigen von diesen selbst mitgeteilt wurde, bzw. in wievielen Fällen schlicht eine Zuordnung durch die Polizei nach Augenschein oder aufgrund sonstiger Informationen und Erfahrungen, die wir nicht überprüfen können, zugrunde lag.

Zum zweiten ist die Differenzierung nach rechtsextremistischen Gruppen, Skinheadgruppen und sonstigen Gruppen mit fremdenfeindlichen Zielen a) nicht trennscharf genug, um eindeutige Zuordnungen zu gewährleisten (z.B. wo würden sich rechte Skins einordnen?); b) nicht hinreichend: wir wissen, daß viele fremdenfeindliche Straf- und Gewalttaten aus informellen Cliquen und Freizeitgruppen von Jugendlichen begangen werden, die sich nicht per se als Skinheads oder Gruppen mit fremdenfeindlichen Zielen einordnen würden und oft auch so wenig strukturiert und verfestigt sind, daß die Frage nach Organisations- oder Gruppenzugehörigkeit für viele nicht beantwortbar sein dürfte, weil sie von ihnen als nicht zutreffend angesehen wird.

Möglicherweise sind daher eine Reihe von jugendlichen Tatverdächtigen aus solchen informellen Freizeitcliquen, die sich selbst nicht als Gruppen (mit rechtsradikalen oder fremdenfeindlichen Zielen) verstehen, dennoch aber zum Teil hohe fremdenfeindliche Einstellungen und Gewaltbereitschaften aufweisen, hier nicht erfasst worden. Denn die Frage nach einer Zuordnung zu informellen Gruppen und zu Freizeitcliquen wurde nicht eigens gestellt. Dies könnte die relativ hohen Missings vor allem bei der Frage zur Zugehörigkeit zu sonstigen Gruppen und Organisationen (54,6 % Missings) und der Zugehörigkeit zu sonstigen Gruppen mit fremdenfeindlichen Zielen erklären.

Zudem muß darauf hingewiesen werden, daß bei den abgefragten Kategorien Mehrfachzuordnungen möglich waren, so daß wenigstens ein Teil der jeweiligen Werte für die Gruppenzugehörigkeit durch Doppelzuordnungen zustande kommt. Die Zahlen sollten daher nicht als exakte Quantifizierung, sondern eher als Verhältniszahlen gelesen werden.

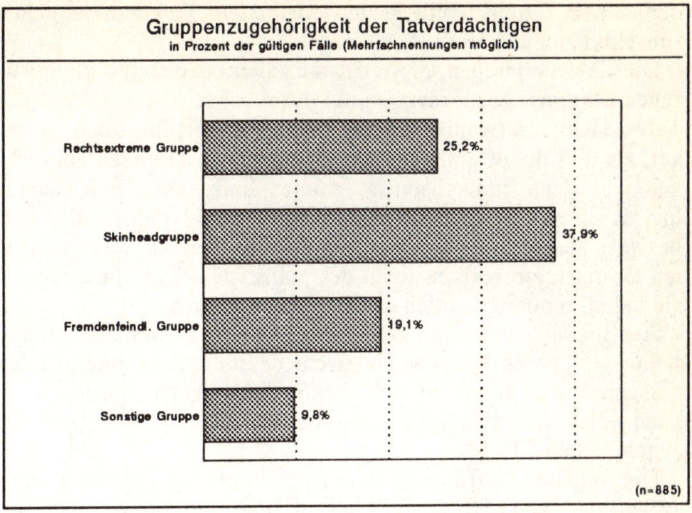

Trotz dieser Ungenauigkeiten in der Kategorisierung und den einzukalkulierenden Verzerrungen lohnt es sich, die Daten genauer anzuschauen.

Insgesamt 25,2 % der ermittelten Tatverdächtigen ordnen sich selbst einer rechtsextremistischen Gruppe zu oder werden aufgrund polizeilicher Vorerkenntnisse oder sonstiger Informationen von der Polizei hier zugeordnet. Da jedoch die Gruppen und Organisationen im einzelnen nicht benannt sind, ist zu vermuten, daß es sich dabei nicht ausschließlich um rechtsextremistische Gruppen im Sinne der Verfassungsschutzdefinitionen handelt, sondern generell um rechte oder rechtsradikale, politisch ausgerichtete Gruppen und Organisationen.

Noch deutlicher fällt die Zuordnung zur Subkultur der Skinheads auf. Insgesamt 37,9 % der Tatverdächtigen ordnen sich dieser Gruppe zu oder werden von der Polizei hier zugeordnet. Und etwa jeder fünfte Tatverdächtige (19,1 %) ist einer sonstigen fremdenfeindlichen Gruppe zuzuordnen. Die obige Abbildung gibt die Prozentwerte der Ja-Antworten zu den jeweiligen Fragen wieder.

Insgesamt wird deutlich, in welchem Maße fremdenfeindliche Straf- und Gewalttaten vor allem von Jugendlichen begangen werden, die in Gruppen mit gezielt oder latent fremdenfeindlichen Einstellungen und Vorurteilen eingebunden sind.

Die Zahl derjenigen, die rechtsradikalen oder rechtsextremistischen Gruppen zuzuordnen sind, ist mit etwa einem Viertel der Tatverdächtigen (wahrscheinlich sogar weniger) insgesamt geringer, als dies die öffentliche Gleichsetzung von Fremdenfeindlichkeit und Rechtsradikalismus vermuten ließe. Dies weist darauf hin, daß fremdenfeindliche Motive und Gewaltbereitschaften keineswegs ausschließlich in rechtsextremistischen und rechtsradikalen Gruppen am rechten Rand des politischen Spektrums organisiert sind, sondern deutlich darüber hinausreichen.

Aus soziologischer und kriminologischer Sicht ist nun die Frage interessant, ob es deutliche Unterschiede in der Zuordnung zu den verschiedenen fremdenfeindlichen/rechtsradikalen Gruppen je nach Alter, Geschlecht, Bildungsstand und Erwerbstätigkeit der Jugendlichen gibt.

Die folgende Grafik zeigt deutlich, daß die Mehrzahl der unter 18jährigen Tatverdächtigen Skinheadgruppen und sonstigen fremdenfeindlichen Gruppen zuzurechnen sind, während sie in rechtsextremistischen Gruppen eher selten und deutlich unter dem Erwartungswert zu finden sind. Der Anteil der 15 bis 17jährigen an den Tatverdächtigen insgesamt beträgt 32,9 %. Von denjenigen Jugendlichen, die rechtsextremistischen Gruppen zuzuordnen sind, sind jedoch nur 24,1 % in der Altersgruppe der 15 bis 17jährigen. Mit einem Anteil von 40 % ist die Altersgruppe von 15 bis 17 Jahren dagegen überproportional hoch an sonstigen Gruppen (Freizeit- und Freundesclique, Musikgruppe, Fangruppe) beteiligt.

Gerade umgekehrt ist das Ergebnis für die quantitativ relativ kleine Gruppe (ca. 8 %) der über 25jährigen: Sie werden zu einem über dem Erwartungswert liegenden Anteil als verschiedenen rechtsextremistischen Gruppen zugehörig identifiziert. Auch die Altersgruppe der 21 bis 24jährigen liegt mit 21,8 % Anteil bei den rechtsextremistischen Gruppen über dem Erwartungswert (16,3 %). Die Verteilung der Zugehörigkeit für die Altersgruppe der 18 bis 20jährigen entspricht dagegen weitgehend der Verteilung für die Gesamtgruppe der Tatverdächtigen. Wir können also festhalten, daß insbesondere die jungen Tatverdächtigen (noch) relativ wenig den verschiedenen rechtsradikalen und rechtsextremistischen Gruppierungen und Parteien zuneigen, während für die Gruppe der 21 bis 24jährigen und der über 25jährigen eine stärkere Zugehörigkeit zu rechten Gruppierungen festzustellen ist. Ob und inwieweit es sich dabei um typische rechte 'Karrierewege' (vom jugendlichen Skin zum rechten Erwachsenen) handelt, kann hier nicht beantwortet werden.

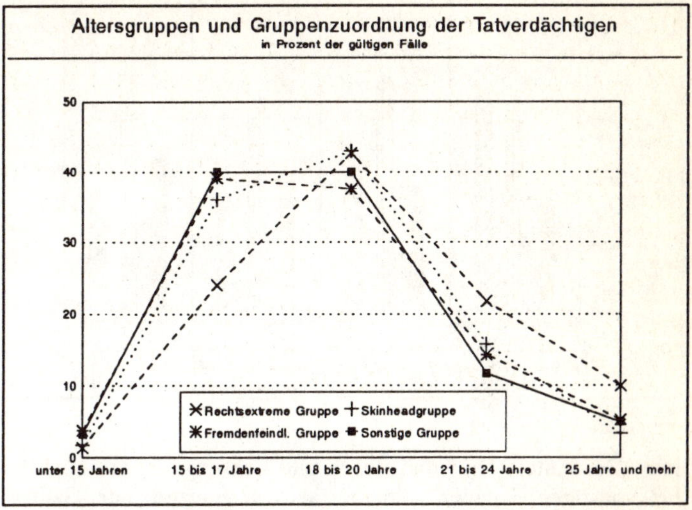

Vergleicht man nun die Gruppen-/Organisationszugehörigkeit der Tatverdächtigen mit den Erwerbsprofilen so wird offensichtlich, daß es auch hier deutliche Unterschiede gibt zwischen rechtsextremen Gruppen einerseits sowie Skinheads und sonstigen fremdenfeindlichen Gruppen andererseits.

Der Anteil der arbeitslosen Tatverdächtigen in rechtsextremen Gruppen liegt mit 16,3 % unter dem Durchschnittswert für alle Tatverdächtigen (ca. 18 %) und noch deutlich unter der Arbeitslosenquote in den verschiedenen fremdenfeindlichen Gruppen (ca. 20 %), sowie in sonstigen Gruppen (23,6 %). Zugleich ist der Anteil der Erwerbstätigen in rechtsextremistischen Gruppen mit 38,3 % deutlich höher als in Skinheadgruppen, wo er bei 20,6 % liegt oder in sonstigen fremdenfeindlichen Gruppen (15,6 %).

Selbst wenn man die bereits besprochenen unterschiedlichen Altersstrukturen von Skinheadgruppen und rechtsradikalen Gruppen berücksichtigt, ist festzuhalten, daß sich in rechtsextremistischen Organisationen eher ältere Jugendliche und Erwachsene mit fester Berufstätigkeit finden als Schüler, Lehrlinge oder Arbeits-

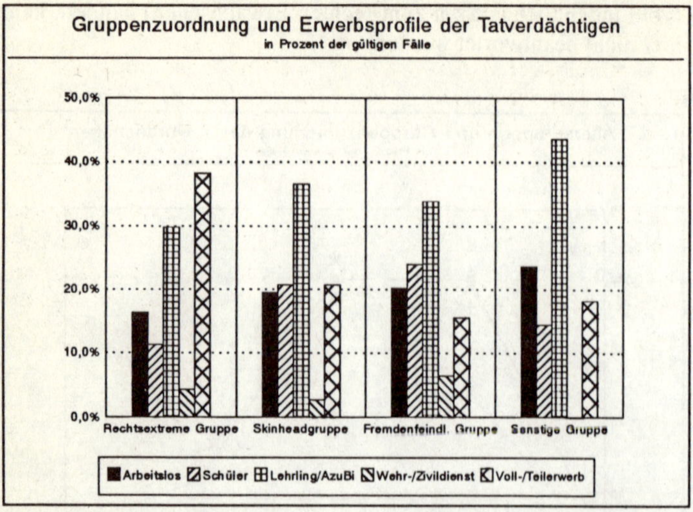

lose. Der Anteil der Arbeitslosen und Lehrlinge ist am höchsten bei 'sonstigen Gruppen', die eher als lose Freizeit- oder Saufcliquen denn als politisch ausgerichtete und subkulturell orientierte Gruppen zu kennzeichnen sind. Die Arbeitslosen sind also keineswegs zwangsläufig ein Rekrutierungspotential für rechtsextremistische und rechtsradikale Gruppen, wohl aber zum Teil für fremdenfeindliche oder gewaltaffine Gruppen.

Ein Zusammenhang zwischen Schulbildung und Gruppenzugehörigkeit ist aufgrund der hohen Missings (über 60 %) nicht zuverlässig nachzuweisen: vor allem die Kategorien Sonderschulabschluß, Abitur und Hochschulabschluß sind so gering besetzt, daß sich dazu keine Aussage treffen läßt. Lediglich für die stark besetzten Kategorien Hauptschulabschluß/Mittlere Reife können Verteilungen erkannt werden. Hauptschüler sind stärker bei fremdenfeindlichen Gruppen (Skinheadgruppen und sonstigen fremdenfeindlichen Gruppen), geringer als dem Erwartungswert entsprechend bei rechtsradikalen Gruppen zu finden. Das Umgekehrte gilt für Tatverdächtige mit mittlerer Reife: sie sind deutlich über dem Erwartungswert liegend rechtsextremen Gruppen zuzuordnen.

6.2.8 Vorstrafen und Verurteilungen

Von besonderer Bedeutung zum Verständnis der fremdenfeindlichen Gewalt und deren Ursachen dürfte auch die Frage sein, ob es sich bei den Tatverdächtigen um Personen handelt, die bereits wegen politisch motivierter Straftaten registriert oder bereits wegen anderer Straftaten aufgefallen sind.

Diese Frage ist deshalb von Interesse, weil sie sowohl Hinweise zum Kern der rechtsradikalen, d.h. der politisch motivierten Straftäter gibt, als auch Informationen darüber, in welchem Maße es sich hier um diffuse Devianzpotentiale und Gewaltbereitschaften handelt, die nicht spezifisch durch die Fremdenfeindlichkeit begründet und generiert sind.

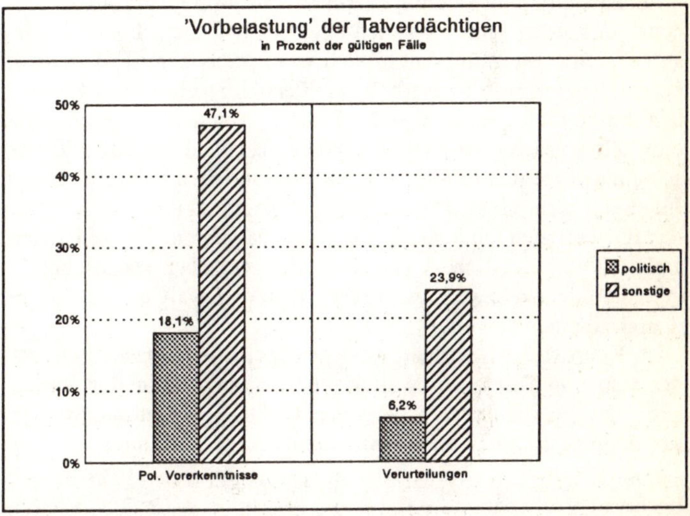

Wie die Abbildung verdeutlicht, liegen zu 18,1 % der Tatverdächtigen polizeiliche Vorerkenntnisse wegen anderer politischer Straftaten vor; d.h. gegen diese Personen wurde bereits mindestens einmal wegen des Verdachtes der Begehung einer politisch motivierten Straftat ermittelt. Und 6,2 % sind bereits einmal wegen politischer Straftaten verurteilt worden. Dies läßt vermuten, daß in dieser Teilgruppe von Tatverdächtigen, die auch deutlich eher rechtsextremistisch/rechtsradikalen Gruppen zuzuordnen ist, relativ stark verfestigte, politisch ausgerichtete Bereitschaften zu illegalen und/oder gewaltbereiten Aktionen vorhanden sind. Ein solcher Hinweis auf Mehrfachtäterschaften und die Verfestigung politisch motivierter und ausgerichteter Gewaltbereitschaft in Gruppen und Organisationen muß daher sehr ernst genommen werden.

Noch deutlicher als die Zahlen zu Vorerkenntnissen wegen politischer Straftaten sind freilich die Vorerkenntnisse wegen sonstiger Straftaten. Nahezu zur Hälfte (47,1 %) aller fremdenfeindlichen Tatverdächtigen liegen polizeiliche Vorerkenntnisse wegen sonstiger Straftaten vor (ohne, daß hier näher spezifiziert werden könnte, um welche Straftaten es sich handelt). Und nahezu jeder Fünfte, genau 23,9 % der Tatverdächtigen wurde bereits einmal wegen sonstiger Straftaten verurteilt.

Selbst wenn man sich die datenkritische Vorbemerkung hier erneut vor Augen führt und auch bedenkt, daß diese hohen Zahlen an polizeilichen Vorerkenntnissen wenigstens zum Teil Artefakt polizeilicher Ermittlungsarbeit ist (Personen, über die es Vorerkenntnisse gibt, können von der Polizei schneller identifiziert und ermittelt werden), so bleibt dennoch festzuhalten, daß die verschiedenen rechten Gruppen, fremdenfeindlichen Subkulturen und Jugendcliquen nicht nur hinsichtlich fremdenfeindlicher Straf- und Gewalttaten eine Problemgruppe darstellen. Es gibt offensichtlich eine deutliche Überschneidung zwischen klassischer Jugenddelinquenz bzw. jugendlicher Bandengewalt und der fremdenfeindlichen Gewalt.

Im Kontext der fremdenfeindlichen Straf- und Gewalttaten werden also zum Teil jene gewaltorientierten und kriminellen Banden aktiv, die auch in anderen Bereichen (Gewalt im Stadion, Straßenkriminalität, Bandendelinquenz) bereits aufgefallen sind.

6.3 Tatmerkmale

6.3.1 Straftatbestände: Gewalttat vs. Propagandatat

Die unter dem Kürzel fremdenfeindliche Straf- und Gewalttaten zusammengefassten Handlungen beziehen sich auf eine Vielzahl von unterschiedlichen Straftatbeständen. Die folgende Abbildung gibt einen Überblick über die Verteilung der 1.398 Straftaten auf die verschiedenen Delikttypen. Da konkrete ausländerfeindliche Handlungen, wie etwa Brandanschläge auf Asylbewerberheime, meist mehrere Straftatbestände erfüllen, wurden hier nur die jeweils schwersten Straftatbestände im Sinne des Strafgesetzbuches gezählt. Dies bedeutet, daß die Zahlen zu den typisch-rechtsextremistischen Straftaten (die Verbreitung von Propagandamitteln etc.) hier niedriger angegeben sein dürften als ihre tatsächliche Zahl ausmacht.

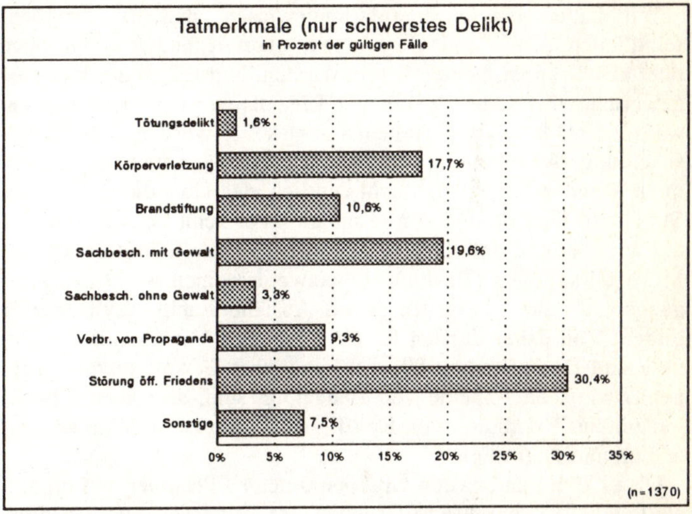

Betrachtet man zunächst die Verteilung über die einzelnen Delikttypen, so fällt auf, daß nahezu jede dritte registrierte Straftat sich auf Störung des öffentlichen Friedens bezieht. Dazu gehören etwa nicht angemeldete Demonstrationen oder der 'Verbleib in einer Menschenmenge trotz polizeilicher Auflösungsverfügung'.

Doch an zweiter, dritter und vierter Stelle der Delikttypen liegen bereits typische Gewaltdelikte: Sachbeschädigung mit Gewaltanwendung (etwa Türen eintreten, Fenster einwerfen) mit 19,6 %, Körperverletzung mit 17,7 % und Brandstiftung mit 10,6 %. Zwar sind vollendete Tötungsdelikte mit 1,6 % für den hier untersuchten Zeitraum relativ gering, doch fasst man die ersten vier Kategorien zusammen, so sind insgesamt 49,5 % der fremdenfeindlichen Straftaten als Gewaltdelikte einzuordnen.

Daß es sich dabei um eine durchaus ernstzunehmende Gewaltbereitschaft handelt wird durch die Tatsache ersichtlich, daß in ca. 30 % aller Straftaten Waffen (Schußwaffen, Brandsätze, Baseballschläger, etc.) benutzt wurden oder mit ihrer Anwendung gedroht wurde.

6.3.2 Einzel- vs. Gruppentat

Wir haben bereits darauf hingewiesen, daß die fremdenfeindlichen Straf- und Gewalttaten überwiegend von Gruppen oder aus Gruppen heraus verübt wurden. Nur 6,2 % der hier ausgewerteten Straftaten waren als Einzeltaten registriert worden, während 93,8 % als Gruppentat eingestuft wurden. Die Unterscheidung zwischen Gruppen bis zehn Personen und solchen mit mehr als zehn Personen, macht deutlich, daß etwa die Hälfte aller Straf- und Gewalttaten von Gruppen unter zehn Personen ausgeübt wurden, und daß daneben vor allem Zusammenrottungen und Massensituationen (Rostock/Hoyerswerda) einen wichtigen Ausgangspunkt für Übergriffe gegen Ausländer und Asylbewerber bilden. Von daher dürften für ein adäquates Verständnis der Genese und Durchführung fremdenfeindlicher Gewalt sowohl gruppendynamische Aspekte von Bedeutung sein, als auch Überlegungen zur Eskalation von Konflikten bis hin zu kollektiven Krawallen und Pogromen.

Ob es sich nun bei den Gruppen unter 10 Personen um organisierte rechtsextremistische Gruppen, um Skinheads oder um informelle Cliquen Jugendlicher handelt, läßt sich hier nicht feststellen. Es gibt jedoch Hinweise darauf, daß sich Ansätze einer Tatorganisation und Tatplanung eher bei Gruppentaten von 10 und mehr Tätern finden lassen, d.h. an kollektiven Krawallen waren öfter auch Gruppen/Personen beteiligt, die versucht haben, die Ereignisse zu steuern und zu instrumentalisieren, während die Taten von kleinen Gruppen häufiger eher spontanen Ursprungs sind und meist so schnell ablaufen, daß besser organisierte und politisch strategisch ausgerichtete Gruppen keine Gelegenheit haben, sich hier als Trittbrettfahrer zu betätigen.

Andererseits sind an den Massenkrawallen eben auch viele Jugendliche beteiligt, die bisher weder durch politisch motivierte

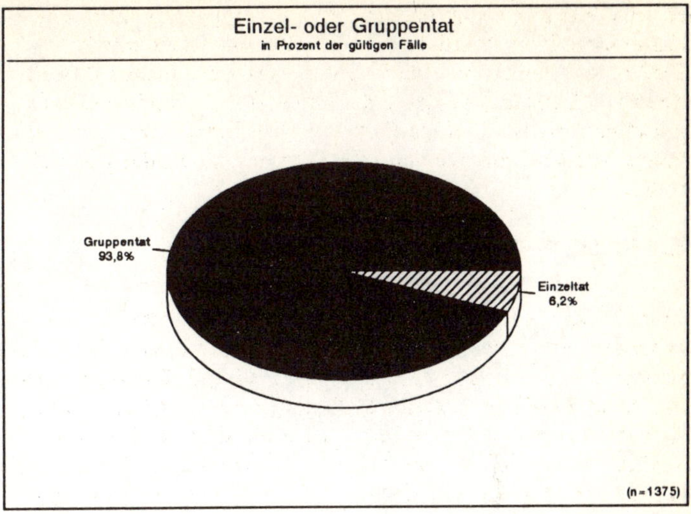

noch durch sonstige Straftaten aufgefallen sind, die also durch die situativen Eskalationsprozesse und Gelegenheitsstrukturen in die gewalttätigen Ereignisse hineingezogen wurden. Einzeltaten werden deutlich häufiger von Personen begangen, die bereits wegen sonstiger Straftaten vorbelastet sind, bei denen also von einer gewissen Erfahrung mit der Gewaltanwendung und generell von einer höheren Devianzbereitschaft ausgegangen werden kann. Insgesamt jedoch muß die These von den 'irregeleiteten Einzeltätern' bei fremdenfeindlichen und rechtsextremistischen Straf- und Gewalttaten aus soziologischer Sicht als nicht zutreffend beurteilt werden.

6.3.3 Organisation, Steuerung oder spontane Entwicklung

Von großer Bedeutung für die politische Interpretation und Einordnung von fremdenfeindlicher Gewalt und auch für die Suche nach geeigneten Gegenmaßnahmen ist die Frage, in welchem Maße die verschiedenen fremdenfeindlichen Aktivitäten als organisierte und geplante oder gar von Dritten gesteuerte Aktionen anzusehen sind.

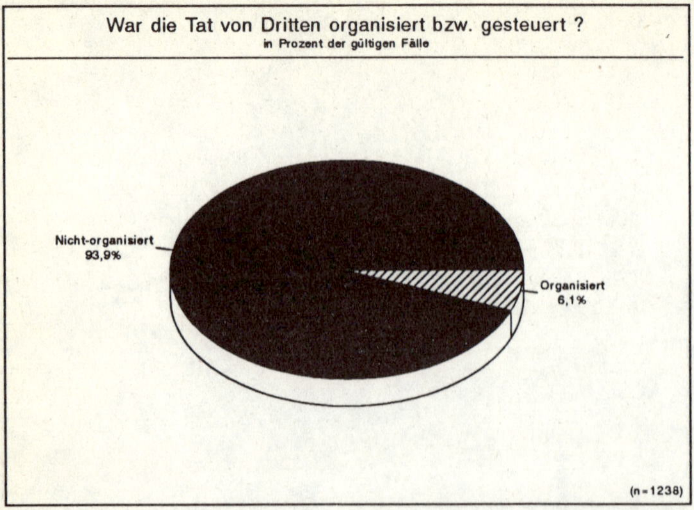

Zumindest für die erste große Eskalationswelle fremdenfeindlicher Gewalt zwischen Anfang 1991 und Mitte 1992 liegen bis auf wenige Ausnahmen in den polizeilichen Akten keine Hinweise auf planmäßig durchgeführte oder gesteuerte Aktionen vor. Dies gilt für 93,9 % der polizeilich ermittelten Straftaten.

Auch wenn es in Einzelfällen durchaus Indikatoren einer Steuerung und Organisation durch Dritte und möglicherweise von organisierten Rechtsradikalen geben mag (was durch Verfassungsschutzorgane besser dokumentiert ist als durch polizeiliche Ermittlungen): die Mehrzahl der fremdenfeindlichen Aktionen sind eher auf spontane Entschlüsse und situative Eskalationen ohne längere Planung und Vorbereitung oder gar Steuerung durch organisierte rechtsextremistische Gruppen zurückzuführen. Dafür spricht sowohl die Art der Tatentwicklung (vgl. Kap. 4.4), als auch die hohe Anzahl von alkoholisierten Tätern. In über 80 % der Fälle waren die von der Polizei ermittelten Tatverdächtigen leicht oder gar stark alkoholisiert: Lehrlinge, Arbeitslose und Wehr-/ oder Zivildienstleistende deutlich mehr und stärker als Erwerbstätige und Schüler.

Auch die Tatsache, daß nur etwa 6,5 % der ermittelten Tatverdächtigen aus einer vom Tatort entfernten Stadt stammen, während ansonsten die Täter ganz überwiegend näher am Tatort wohnen, ist ein Indikator dafür, daß wohl nur eine relativ kleine Gruppe von gut organisierten rechtsradikalen und fremdenfeindlichen Reisetätern hier bisher aktiv gewesen ist (die sich einer polizeilichen Registrierung freilich besser entziehen können), während die überwiegende Mehrzahl der Taten als Milieutaten anzusehen sind, d.h. Taten von Jugendlichen und jungen Erwachsenen, die angesichts lokaler Probleme und Konflikte und einer angewachsenen Ausländerfeindlichkeit (bei Nachbarn, Anwohnern, Eltern) die 'Dinge selbst in die Hand nehmen' und gewalttätig gegen Ausländer in ihrer Umgebung vorgehen.

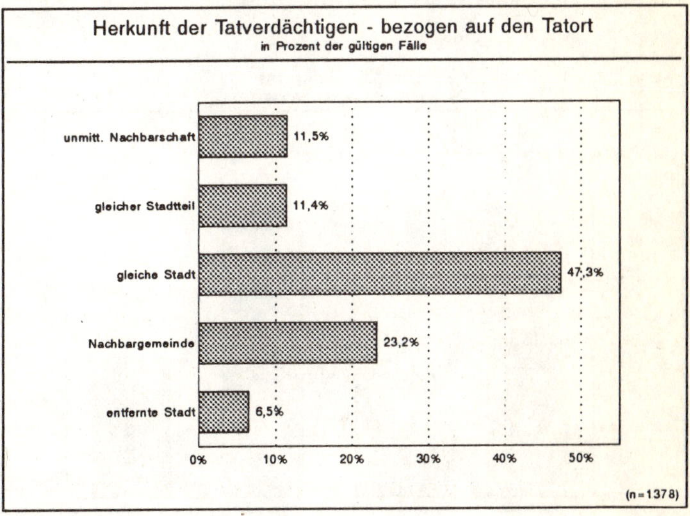

Dies bedeutet jedoch nicht, daß es nicht dennoch Versuche der Agitation und Instrumentalisierung dieser Jugendlichen etwa durch rechtsextremistische Gruppen im Vorfeld und während der verschiedenen Ereignisse gab. Und in den Auswertungen von Gerichtsurteilen und Experteninterviews (Kap. 7) gibt es durchaus Hinweise auf rechtsextremistische Aktivisten die versuchen, als Anführer in konkreten Situationen aufzutreten. Aber es ist ebenso deutlich, daß die Jugendlichen sich wohl einer entsprechenden Parteidisziplin und -strategie nicht so leicht unterordnen lassen, selbst wenn sie bei fremdenfeindlichen Krawallen und Übergriffen durchaus mit 'rechten' Organisationen und Personen zusammenarbeiten.

6.3.4 Gemeindegröße

Anders als die politisch motivierte Gewalt im linken Spektrum ist die rechte/fremdenfeindliche Gewalt keine großstädtisch konzentrierte Gewalt. Die nachfolgende Abbildung verdeutlicht vielmehr, daß sie über die verschiedenen Gemeindegrößen hinweg breit gestreut ist und mit ca. 60 % Kleinstädte von 10.000 bis 50.000 Einwohnern und ländliche Gemeinden von unter 10.000 Einwohnern besonders stark betrifft.

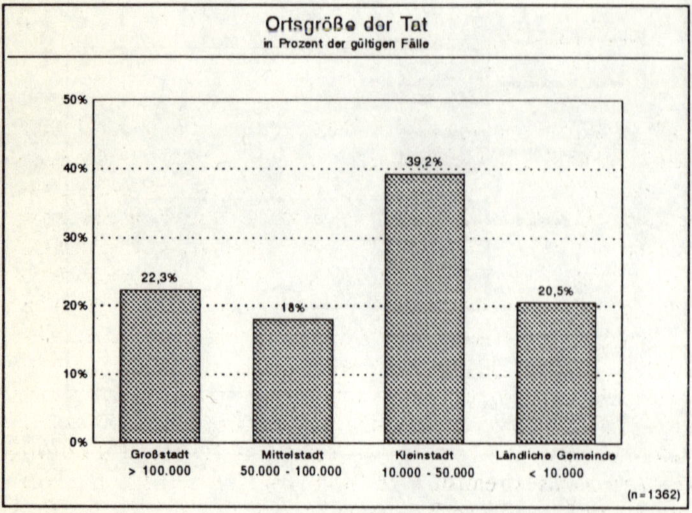

Dies liegt nicht nur daran, daß die Trägergruppen der fremdenfeindlichen und/oder rechtsextremistischen Gewalt (eher 'bildungsferne' Gruppen), anders als die höhergebildeten linken Gewaltgruppen, nicht großstädtisch konzentriert sind (Universitätsstädte); sondern vor allem auch daran, daß die Kristallisationspunkte rechter und fremdenfeindlicher Gewalt mit der flächendeckenden Verbreitung von Aussiedler- und Asylbewerberunterkünften weit gestreut sind und diese gerade auch in Kleinstädten und ländlichen Gemeinden eine auffallende Veränderung darstellen, ohne daß hier entsprechende Lernerfahrungen hinsichtlich der Akzeptanz von 'Fremden' vorausgesetzt werden können. Dies betrifft offensichtlich die ländlichen Gemeinden und Kleinstädte in den neuen Bundesländern noch in stärkerem Maße als diejenigen in den alten Bundesländern. Sie sind stärker noch als im Westen Schauplatz fremdenfeindlicher Straf- und Gewalttaten.

Dabei sind in den ländlichen Gemeinden und Kleinstädten die jüngsten Tatverdächtigen (unter 18 Jahren) deutlich über dem Erwartungswert vertreten, während die Gruppe der über 25jährigen Tatverdächtigen stärker in Groß- und Mittelstädten anzutreffen ist.

6.4 Ost-West-Vergleich

Wir haben bei der Auswahl der Bundesländer für unsere Untersuchung darauf geachtet, daß alte und neue Bundesländer gleichermaßen berücksichtigt werden. Nachdem nicht alle Bundesländer an der Untersuchung teilnehmen wollten, beschränkte sich die Analyse auf sechs alte und drei neue Bundesländer: Sachsen, Sachsen-Anhalt und Brandenburg im Osten, Rheinland-Pfalz, Saarland, Baden-Württemberg, Nordrhein-Westfalen, Bremen und Hamburg im Westen. Obwohl somit keine Vollerhebung realisiert werden konnte und auch einige Bundesländer, die im Kontext der Fremdenfeindlichkeit besondere Bedeutung haben, nicht in die Untersuchung einbezogen werden konnten, gewährt die Stichprobe einen Einblick in die Verteilung der fremdenfeindlichen und rechtsextremistischen Straf- und Gewalttaten über die östlichen und westlichen Bundesländer. Von den 1398 hier analysierten fremdenfeindlichen Straftaten waren 788 = 56,3 % aus den alten Bundesländern und 610 = 43,6 % aus den neuen Bundesländern.

Von daher dürfte unsere Datenbasis geeignet sein, um Hinweise auf Gemeinsamkeiten und Unterschiede zwischen östlichen und westlichen Bundesländern hinsichtlich der quantitativen Verteilung der fremdenfeindlichen Straf- und Gewalttaten und in Bezug auf Gruppenzugehörigkeit und soziodemographische Merkmale der Tatverdächtigen zu geben.

a) Die Altersstruktur der Tatverdächtigen ist in den alten und neuen Bundesländern nahezu identisch. In beiden Fällen dominieren die Altersklassen der unter 18jährigen mit ca. 35 % und der 18 bis 24jährigen mit über 50 % der Tatverdächtigen.

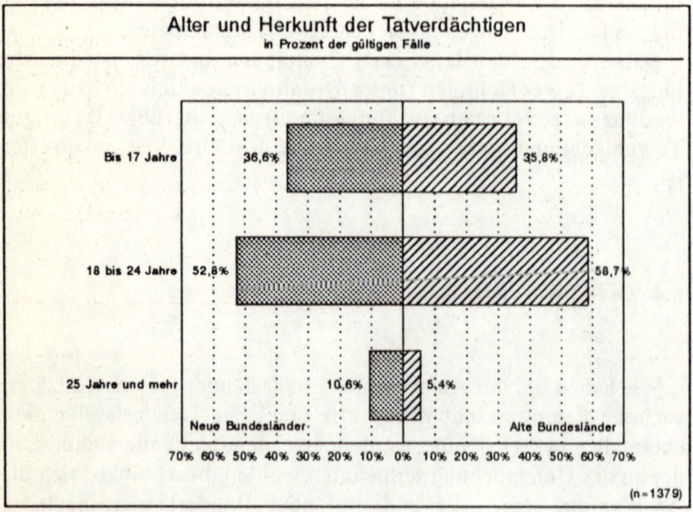

Alter und Herkunft der Tatverdächtigen
in Prozent der gültigen Fälle

Lediglich bei den Gruppen der über 25jährigen fällt auf, daß diese mit 10,6 % in den alten Bundesländern etwa doppelt so stark ausgeprägt ist wie in den neuen Bundesländern (5,4 %). Eine differenzierte Altersgruppenanalyse zeigt gar, daß in den alten Bundesländern 2,2 % der Tatverdächtigen gar 45 Jahre und älter waren, während diese Altersklasse in den neuen Bundesländern bis auf eine Ausnahme überhaupt nicht vertreten war. Diese Altersstruktur und der relativ deutliche Generationenbruch (unter 25/über 25) erklärt sich z.T. wenigstens daraus, daß sich eine rechte, ausländerfeindliche und im Osten auch antisozialistische gewalttätige Jugendszene verstärkt erst Mitte/Ende der 80er Jahre ausgebildet hat, so daß bei einem durchschnittlichen Eintrittsalter von 16-18 Jahren die ältesten Jugendlichen mit einer entsprechenden Szenekarriere höchstens 25 Jahre alt sein können, während heute verstärkt die jungen (14-18-Jährigen) nachströmen.[1]

1 Diesen Hinweis verdanke ich Rainer Erb.

b) Der Anteil der Frauen an den Tatverdächtigen insgesamt liegt im Osten mit 4,5 % gegenüber den westlichen Bundesländern mit 3,1 % nur unwesentlich höher.

c) Der Vergleich der Tatverdächtigen in den alten und neuen Bundesländern nach dem Merkmal Bildung bringt keine relevanten Unterschiede hervor. In Ost wie West haben fremdenfeindliche Straf- und Gewalttäter zu mehr als 60 % Hauptschulabschluß und zu etwa 20 % Realschulabschluß (mittlere Reife); wobei Unterschiede in den Schultypen für den geringfügig höheren Anteil von Haupt- und Realschülern in den neuen Bundesländern verantwortlich sein dürften. Höher gebildete Gruppen (Abiturienten und Studenten) spielen hinsichtlich der fremdenfeindlichen Gewalt im Westen wie im Osten quantitativ keine Rolle.

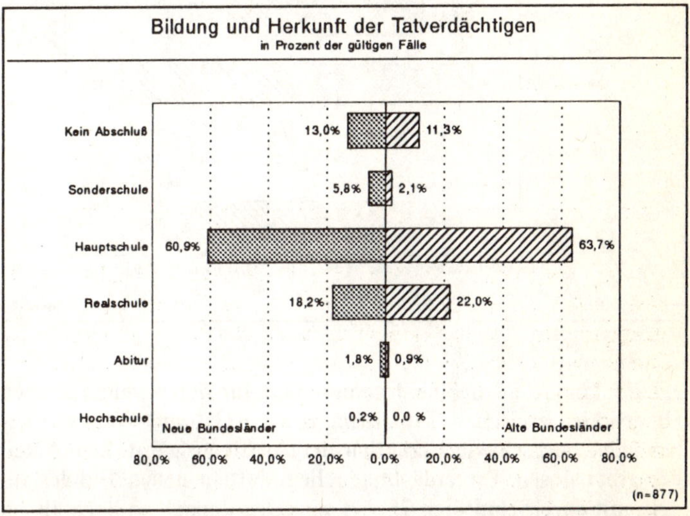

Die Gruppe der Jugendlichen ohne formalen Bildungsabschluß liegt jeweils leicht über 10 %, im Westen etwas höher als im Osten (was jedoch auf den unterschiedlichen Schüleranteil in Ost und West zurückzuführen sein dürfte).

d) Deutliche Unterschiede zwischen den neuen und den alten Bundesländern lassen sich hinsichtlich des Erwerbsstatus nachweisen. Zum einen ist der Anteil der Schüler mit 25,9 % in den alten gegenüber 12,8 % in den neuen Bundesländern deutlich höher. Dies dürfte angesichts der vergleichbaren Altersstruktur mit Unterschieden im Bildungssystem zu tun haben, etwa derart, daß Jugendliche im Westen durchschnittlich länger in das Bildungssystem integriert sind als im Osten; es kann jedoch zudem sein, daß sich hierin auch ein besseres Angebot und eine bessere Nutzung von Fach- und Umschulungsmöglichkeiten ausdrückt.

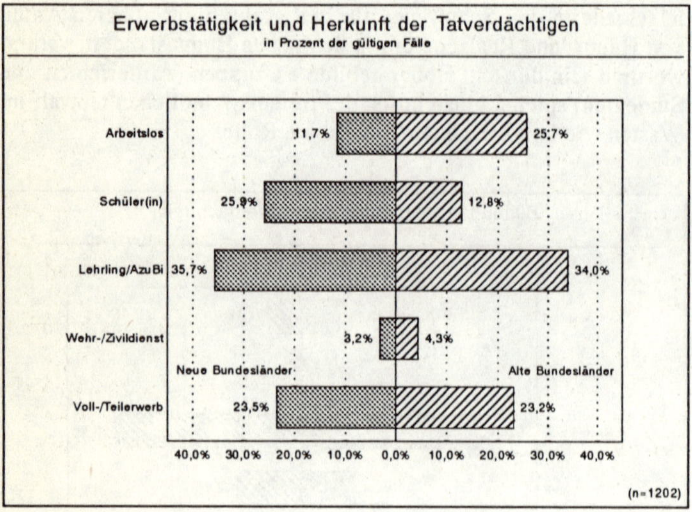

Erwerbstätigkeit und Herkunft der Tatverdächtigen
in Prozent der gültigen Fälle

Dies könnte auch eine Interpretation für den zweiten großen Unterschied zwischen Tatverdächtigen in Ost und West darstellen: die Unterschiede bezüglich der Arbeitslosigkeit. Der Anteil der arbeitslosen Tatverdächtigen liegt in den neuen Bundesländern mit durchschnittlich 25,7 % mehr als doppelt so hoch als im Westen mit durchschnittlich 11,7 %. Darin spiegeln sich spezifische Übergangsprobleme zwischen Schule und Beruf in einer Zeit des Umbruchs und der ökonomischen Krise insbesondere in den neuen Bundesländern, wo ja die Arbeitslosenquote unter Jugendlichen auch insgesamt deutlich höher ist als im Westen. Der Befund deutet darauf hin, daß für eine größere Teilgruppe der Tatverdächtigen im Osten eigene existentielle Verunsicherungen und berufliche Problemlagen eine wichtigere Rolle spielen, als dies in den alten Bundesländern der Fall ist.

Entsprechend gestaltet sich auch die Einkommensstruktur: die unterste Einkommensklasse bis 500 DM ist in den neuen Bundesländern deutlich höher besetzt, als in den alten (54,2 % gegenüber 40,3 %), wogegen alle höheren Einkommensklassen ab 1500 DM aufwärts deutlich stärker in den alten Bundesländern besetzt sind.

e) Die Struktur der Herkunftsfamilie weist lediglich in einem Punkt deutliche Unterschiede zwischen den alten und den neuen Bundesländern auf: der Anteil von Tatverdächtigen, deren Eltern geschieden sind, liegt mit 22,9 % im Osten nahezu doppelt so hoch, wie im Westen (11,9 %). In diesen Zahlen spiegeln sich somit die deutlichen Unterschiede in den Scheidungsquoten zwischen den alten und neuen Bundesländern wider (vgl. Statistisches Jahrbuch 1992, S. 82 ff.).

Die Informationen zum Berufsstatus der Eltern als Hinweis auf die Schichtzugehörigkeit lassen nur insofern Unterschiede erkennen, als die Anzahl der ungelernten Arbeiter in den alten Bundesländern deutlich höher ist, während der Facharbeiteranteil deutlich niedriger liegt. Dies dürfte jedoch größtenteils ein Definitionsartefakt sein, da der Facharbeiterberuf in den neuen Bundesländern wesentlich weiter definiert wird als in den alten Bundesländern. Umgekehrt sind in den neuen Bundesländern Herkunftsfamilien mit Beamten-, Angestellten- oder Selbständigenstatus seltener.

f) Eine wichtige Frage im Vergleich zwischen den alten und neuen Bundesländern betrifft die Gruppenzugehörigkeit der Tatverdächtigen. Hier hatten wir insgesamt für alle Tatverdächtigen bei ca. 25 % eine Zugehörigkeit bei rechtsextremen Gruppierungen herausgearbeitet, und bei ca. 37,9 % zu Skinheadgruppen. Der Vergleich zwischen Ost und West zeigt hier deutliche Unterschiede. Für die neuen Bundesländer kann eine deutlich höhere Zugehörigkeit der Tatverdächtigen zu rechtsextremistischen Gruppen und Organisationen festgestellt werden; statt 19,3 % wie in den alten Bundesländern sind es hier 37,4 % der Tatverdächtigen.

Dagegen spielen im Westen die Skinheadgruppen eine wesentlich stärkere Rolle: mehr als die Hälfte der Tatverdächtigen aus den alten Bundesländern sind als den Skinheads zugehörig identifiziert worden, während es in den neuen Bundesländern nur 36,5 % waren. Die Anteile für sonstige fremdenfeindliche Gruppen (ca. 18 %) und sonstige Gruppen (10 % und weniger) liegen für Ost und West in der gleichen Größenordnung. Die deutlichen Unterschiede hinsichtlich einer Zugehörigkeit bzw. Affinität zu rechtsradikalen Gruppen mag freilich auch darauf zurückzuführen sein, daß - zumindest zum Zeitpunkt unserer Datenerhebung - im Osten die Bekenntnisbereitschaft unter 'rechten Jugendlichen' wesentlich stärker war als im Westen (Vgl. ERB 1993).

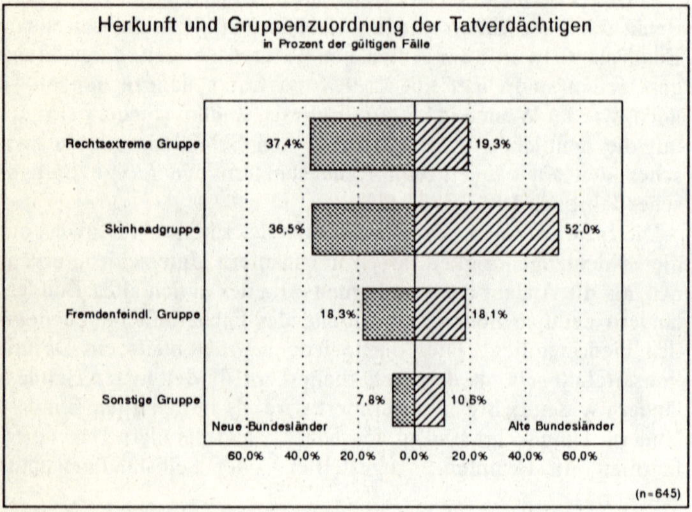

g) Ein Ost-West-Vergleich der polizeilichen Vorerkenntnisse zu den fremdenfeindlichen Tatverdächtigen bezogen auf vorausgegangene politisch motivierte oder sonstige Straftaten ist auf Basis der uns vorliegenden Daten nicht möglich. Aufgrund der unterschiedlichen Rechtssysteme, der Unterschiede in der polizeilichen Erfassung von Straftaten, sowie der unterschiedlichen Verfügbarkeit entsprechender Informationen für die Polizeibeamten vor Ort (telekommunikative Infrastruktur) lassen sich die festgestellten Differenzen hinsichtlich der Vorbelastung (in den neuen Bundesländern deutlich niedriger als in den alten) nicht sinnvoll interpretieren.

h) Die deliktspezifische Verteilung der fremdenfeindlichen Straf- und Gewalttaten weist weder hinsichtlich des Anteils einzelner Delikttypen, noch bezüglich des Verhältnisses zwischen Gewalt- und Nicht-Gewalttaten größere Unterschiede zwischen Ost und West auf. Auch die Verwendung von bzw. Drohung mit Waffen sowie die Bedeutung des Alkohols ist im Osten und im Westen weitgehend ähnlich.

Dagegen wurden die fremdenfeindlichen Straf- und Gewalttaten im Osten (63,7 % Anteil) wesentlich häufiger aus größeren Gruppen und Massensituationen (Rostock, Hoyerswerda, etc.) heraus begangen als im Westen (20,9 %), wo Gruppen unter zehn Personen und auch Einzelpersonen anteilsmäßig häufiger zu finden sind.

6.5 Zwischenergebnis

Die überwiegende Mehrzahl fremdenfeindlicher Straf- und Gewalttäter sind junge Männer unter 20 Jahren, viele davon noch Schüler oder Lehrlinge/Auszubildende. Sie sind nicht in erster Linie Schulabbrecher oder Personen ohne jeden formalen Bildungsabschluß, sondern haben ganz überwiegend einen niedrigen bis mittleren Bildungsabschluß. Der Anteil der arbeitslosen Jugendlichen an den fremdenfeindlichen Straf- und Gewalttätern ist höher als die Arbeitslosenquote unter Jugendlichen insgesamt in unserer Gesellschaft. Selbsterfahrene Arbeitslosigkeit scheint also *ein* Risikofaktor für die Zuordnung zu fremdenfeindlichen Gruppen zu sein.

Für die Mehrzahl der fremdenfeindlichen Straf- und Gewalttäter lassen sich Affinitäten und Zugehörigkeiten zu Skinheadgruppen und sonstigen fremdenfeindlichen Gruppen nachweisen. Die Zugehörigkeit zu rechtsextremistischen Gruppen fällt im Vergleich dazu deutlich geringer aus. Von besonderer Bedeutung sind jedoch vermutlich auch ganz alltägliche Freizeitgruppen und Freundescliquen, die weder als politisch (rechts) ausgerichtet noch als feste Gruppen oder gar Organisationen anzusehen sind. Der strukturelle Hintergrund fremdenfeindlicher Gewalt ist somit in einer Vielzahl von informellen, instabilen und autonomen Gruppen von Jugendlichen (teils politisch ausgerichtet, teils diffus fremdenfeindlich, teils gewaltorientiert oder kriminell) zu sehen. Zwischen ihnen gibt es zum Teil personelle Überlappungen und Beziehungen, jedoch bisher nur in Ansätzen gemeinsame Netzwerke und überlokale Strukturen.

Der größte Teil der fremdenfeindlichen Straf- und Gewalttäter sind unauffällige, 'normale' Jugendliche und Ersttäter. Zugleich jedoch werden hier auch Jugendliche aktiv, die wegen sonstiger Straf- und Gewalttaten bereits vorbelastet sind. Von daher ist anzunehmen, daß eine bereits entwickelte Jugenddevianz und Bandengewalt angesichts allgemeiner Fremdenfeindlichkeit ein neues Betätigungsfeld gefunden hat. Daß diese Gruppen ein ernstzunehmendes Problem darstellen wird einerseits dadurch deutlich, daß hier zum Teil stabile Gewaltbereitschaften und entwickelte kriminelle Karrieren zu finden sind, andererseits dadurch, daß bei diesen Gruppen auch berufliche Negativerfahrungen und private Beziehungsprobleme zusammenkommen.

7. Biographische Merkmale, Tätertypologie und die Genese von Handlungsmustern - eine Analyse von Urteilsschriften

7.1 Methodische Vorbemerkung und Datenmaterial

Die Analyse polizeilich registrierter Daten zu fremdenfeindlichen Straf- und Gewalttätern (Kap. 6) hat es uns ermöglicht, auf relativ breiter Basis Häufigkeitsverteilungen von bestimmten Merkmalen zu fremdenfeindlichen Tätern festzustellen und somit verallgemeinerbare Aussagen über soziodemographische Strukturen dieser Täterguppen treffen zu können. Dieser Blick auf typische Strukturmerkmale ist sowohl für die politisch-praktische als auch für die wissenschaftlich-theoretische Arbeit von Bedeutung: er macht die Zuordnung von fremdenfeindlichen Gewalttaten zu bestimmten gesellschaftlichen Gruppen (hier: Jugendliche mit niedrigem Bildungsstatus) und/oder Problemlagen deutlich und verweist damit zugleich auf allgemeine, d.h. überindividuelle soziale, ökonomische und politische Ursachen und Bedingungen für die fremdenfeindliche Gewalt.

Freilich reicht eine solche quantitative Analyse von Täterstrukturen keineswegs, wenn es darum geht, fremdenfeindliche Gewalttätigkeit zu erklären. Zum einen fehlen schlicht eine Reihe von Informationen, die für eine Ursachenanalyse von Bedeutung sind, die aber in den polizeilich gesammelten Daten nicht enthalten waren: insbesondere zur Tatgenese, zu Tatmotiven und zu Rechtfertigungsmustern. Zum zweiten aber erlaubt es eine quantitative Analyse nicht, individuelle Strukturen, Problemlagen und Besonderheiten wahrzunehmen und die Frage nach der Genese fremdenfeindlicher Gewalttaten vor dem Hintergrund von Persönlichkeitsmerkmalen, biographischen Erfahrungen und subjektiven Einstellungen und Motivlagen erneut zu stellen.

Aus der Sicht der verstehenden Soziologie, die soziales Handeln durch rekonstruktive Erschließung des damit subjektiv verbundenen Sinns zu erklären versucht, bedarf es daher dringend der Ergänzung von Aggregatdaten durch Informationen über den einzelnen Akteur und seine individuellen Merkmale und Einstellungen, Erfahrungen und Sinnkonstruktionen. Entsprechende Daten können in der Regel nur durch qualitative, d.h. offene (narrative) Interviews mit den einzelnen Akteuren gewonnen werden. Eine solche Untersuchung zu fremdenfeindlichen Straf- und Gewalttätern der 90er Jahre steht noch aus. Sie hätte den zeitlichen wie finanziellen Rahmen dieses Forschungsprojektes gesprengt, in dem es vor allem darauf ankam, relativ kurzfristig durch Aufarbeitung bereits verfügbarer Daten Informationen über fremdenfeindliche Gewalttäter zu erlangen. Es handelt sich nicht um eine systematische Inhaltsanalsye.

Aus diesen Gründen haben wir versucht, die in den Urteilsschriften der Gerichte enthaltenen Daten zu den einzelnen Tätern und ihren individuellen Merkmalen und Problemlagen aufzuarbeiten und auszuwerten.

Grundlage dieser Gerichtsaktenanalyse waren 53 anonymisierte Urteilsschriften, die sich auf insgesamt 148 Täter bezogen. Die alten Bundesländer (Nordrhein-Westfalen, Baden-Württemberg, Bremen und Hamburg) sind mit 38 Urteilsschriften zu 119 Tätern vertreten. Aus Sachsen wurden 15 Urteilsschriften analysiert, die sich auf 29 Täter bezogen. Die Akten wurden auf unterschiedliche Art und Weise 'eingeworben', sie stellen keine repräsentative Auswahl dar.

Verteilung der Akten/Täter nach Bundesländern:

	Akten	Täter	
Sachsen	15	29	NBL
NRW	20	63	ABL
Baden-Württ.	15	50	
Bremen	2	4	
Hamburg	1	2	
	53	148	

Die Analyse von Urteilsschriften zu einzelnen Tätern und einzelnen Gewalttaten hat im Kontext dieser Untersuchungen mehrere Funktionen. Zum ersten dient sie der Kontrolle der aufgrund der Analyse polizeilicher Ermittlungsdaten gefundenen strukturellen Merkmale der Gruppen fremdenfeindlicher Gewalttäter; d.h. die Ergebnisse etwa bzgl. eines dominierenden niedrigen Bildungsstatus, der Alters- und Geschlechtsstruktur etc. können hier durch eine Reihe von detaillierteren Beschreibungen einzelner Gewalttäter ergänzt und validiert werden. Zum zweiten liefern die Gerichtsurteile eine Reihe von Informationen über die soziale Herkunft und biographische Entwicklung der einzelnen Täter, die in den polizeilichen Daten nicht erfaßt waren; familiale Strukturen, schulisch-beruflicher Werdegang, biographische Erfahrungen und Persönlichkeitsmerkmale werden für jeden einzelnen Täter beschrieben. Diese Individualdaten ermöglichen es uns, eine Phänomenologie unterschiedlicher Tätertypen zu verfassen, und stellen daher auch eine wichtige Ergänzung zu den Strukturdaten dar.

Zum dritten schließlich sind in den Urteilsschriften in der Regel detaillierte Daten zur Tatentwicklung und zum Tathergang enthalten. Damit können wir zum einen Kenntnis über jene situativen Faktoren erlangen, die eine solche Gewalttat erleichtern oder erschweren, ermöglichen oder verhindern; zum anderen aber auch jene Prozesse rekonstruieren, die der eigentlichen Gewalttat vorausgehen. Gewalt gegen Fremde entwickelt sich nicht als unvermeidliche Konsequenz von Fremdenfeindlichkeit, Fremdenangst oder allgemeinen Frustrationen und ist auch nicht hinreichend als Persönlichkeitsmerkmal erklärbar. Von daher ist für die Gewalterklärung interessant, welche kommunikativen Prozesse der Enthemmung, der Opfersuche, der Entwicklung von handlungsleitenden Emotionen (Wut, Haß, Abscheu) und von Gewaltlegitimationen der Tat vorausgehen. Da mehr als 90 % aller Gewalttaten gegen Fremde von Gruppen bzw. aus Gruppen heraus angewendet wurden, sind hier insbesondere gruppendynamische Prozesse nachzuzeichnen, die innerhalb der jeweiligen Gruppe oder Clique ablaufen. (Auf die Analyse von Interaktionsprozessen *zwischen* fremdenfeindlichen Gruppen und anderen gesellschaftlichen Gruppen oder Institutionen werden wir in Kap. 8 eingehen).

Die Analyse von Urteilsschriften liefert uns somit eine Reihe von Detailinformationen sowohl über den einzelnen Täter als auch über die einzelnen Phasen und Prozesse der Tatgenese, die für eine Erklärung fremdenfeindlicher Gewalttaten von zentraler Bedeutung sind. Besser als reine Strukturdaten können mit diesen Individualdaten und der Mikroanalyse des Tathergangs heterogene Täterpersönlichkeiten und Tatmotivationen erkannt und die situativen Bedingungen von Gewalttaten gegen Fremde thematisiert werden.

Natürlich lassen sich auf der Basis einer Aktenalyse zu 148 Verurteilten keine repräsentativen Schlüsse ziehen. Es läßt sich jedoch hier bereits festhalten, daß die auf wesentlich breiterer Datenbasis (1398 Tatverdächtige) eruierten Täterstrukturen (Kap. 6) durch die Aktenanalyse weitgehend bestätigt werden.

Die Urteilsschriften werden von uns also in erster Linie als eine Quelle von soziologisch interessanten und theoretisch relevanten Daten zu fremdenfeindlichen Straftätern angesehen. Dies ist freilich nicht unproblematisch: so handelt es sich (wie in Kap. 6) auch hier um Sekundärdaten, d.h. um Daten, die nicht mit einem wissenschaftlich-theoretischen Erkenntnisinteresse erhoben worden sind. Es sind vielmehr Daten, die von verschiedenen Gerichten in unterschiedlicher Qualität und Ausführlichkeit und aufgrund unterschiedlicher Primärquellen (Polizeiberichte, Zeugenberichte, Aussagen der Täter, Sachverständigengutachten etc.) zusammengetragen wurden. So wie man auf der Ebene der Primärquellen jeweils perspektivische Verzerrungen und Informationsselektion aufgrund der jeweils unterschiedlichen strategischen Interessen von Tätern, Zeugen, Gutachtern oder Polizeibeamten im Rahmen einer Gerichtsverhandlung veranschlagen muß, so müssen auch die in den Gerichtsakten selbst dargestellten Daten als Ergebnis spezifischer Selektionsleistungen angesehen werden. Wissenschaftstheoretisch gesprochen handelt es sich also bei den von uns ausgewerteten Daten aus den Gerichtsakten um Konstruktionen auf der Basis von Konstruktionen.

Um die Datenqualität zu überprüfen und die Verzerrungen durch mehrfache Selektionen nachvollziehbar zu machen, bedürfte es daher sowohl einer Analyse der spezifischen Bedeutung und Funktion der richterlichen Faktenermittlung im Kontext der Gerichtsverhandlung als auch einer Aufarbeitung der Wahrnehmungsmuster, Täterbilder und kriminologischen Relevanzstrukturen im Bewußtsein der Richter. Eine solche Analyse konnte im Kontext der vorliegenden Untersuchung nicht geleistet werden. Für die wissenschaftliche Arbeit mit den Gerichtsakten war es jedoch wichtig, zumindest grundsätzlich um die Kontextabhängigkeit und Selektivität der Daten zu wissen, um entsprechende Selektionen und Verzerrungen bei der Auswertung und Interpretation einkalkulieren zu können. Daher werden in Kapitel 7.2. einige relevante Aspekte der Perspektive der Justiz dargestellt.

Trotz dieser Probleme hinsichtlich der Systematik, der Vergleichbarkeit und Gültigkeit der in den Gerichtsakten enthaltenen Daten, die repräsentative Aussagen über Häufigkeitsverteilungen nicht zulassen, ist die explorativ-heuristische Bedeutung dieser Informationen für eine qualitative Beschreibung und Phänomenologie der fremdenfeindlichen Gewalt hervorzuheben. Zur Validierung der Ergebnisse und Interpretationen wurden zusätzlich Interviews mit verschiedenen Richtern geführt, die selbst bereits Erfahrung mit rechtsradikalen und/oder fremdenfeindlichen Tätern vor Gericht hatten.

7.2 Die Perspektive der Justiz - Relevanzstrukturen

Im Zentrum der Analyse von Urteilsschriften steht also die Frage, welche soziologisch und kriminologisch bedeutsamen Informationen in den Gerichtsakten über fremdenfeindliche Täter und Taten zu finden sind. Unter Punkt 7.1 wurde bereits darauf hingewiesen, daß man die Gerichtsakten ebensogut als Ergebnis der richterlichen 'Konstruktion' fremdenfeindlicher Straftäter und Straftaten interpretieren kann. Im Zentrum stünden dann nicht die Daten über die Täter selbst als vielmehr die Frage, **welche** täter- und tatbezogene Daten vor Gericht und von den Richtern als relevant angesehen werden und welche nicht und nach welchen Kriterien sich entsprechende Selektionen vollziehen. Eine solche Aufarbeitung der Arbeitsweise, der Perspektive und Relevanzstrukturen der Justiz im Umgang mit fremdenfeindlichen und/oder rechtsextremistischen Straf- und Gewalttätern in den 90er Jahren steht derzeit noch aus.[1] Dies war auch nicht Aufgabe und Ziel der vorliegenden Untersuchung.

Da jedoch einerseits entsprechende Überlegungen für die Beurteilung der Datenqualität und -validität von Bedeutung sind, andererseits im öffentlichen Diskurs z.T. ueutliche Vorwürfe an die Gerichte gingen, sie ignorierten bei diesen Gewalttaten sowohl die spezifisch fremdenfeindliche als auch die politische, (d.h.

---

1 Für die 70/80er Jahre sei auf die Arbeit von Kalinowsky (1990) verwiesen, der den Versuch unternimmt, "das Alltagsgeschäft der Justiz im Umgang mit dem kriminellen Rechtsextremismus" empirisch-deskriptiv auf der Basis von 1382 rechtskräftig abgeschlossenen Strafverfahren darzustellen.

rechtsextreme) Komponente, wollen wir hier die Arbeitsweise der Justiz, so wie sie aus den Urteilsstrukturen erkenntlich ist, kurz rekapitulieren (7.2.1) und dann vor allem auf zwei Fragen antworten: a) Welche Bedeutung spielt die Ermittlung der Täterpersönlichkeit vor Gericht, und welche Erklärungsmodelle von Gewalt sind damit verbunden (7.2.2), und b) wird die individuelle Tat vor Gericht im Kontext einer allgemeinen Entwicklung von rechtsextremistischen Tendenzen in der Gesellschaft mit zunehmender Ausländerfeindlichkeit und entsprechenden Gewalttaten thematisiert, und welche Konsequenzen hat dies für die Urteilsfindung (7.2.3)?

7.2.1 Formale Struktur der Gerichtsurteile: Arbeitsweise und Faktensammlung

Die Urteilsschriften unterscheiden sich zwar z.T. erheblich in ihrem Umfang und ihrer Detailliertheit, weisen aber weitgehend die gleiche formale Struktur auf. Ausgeführt wird zunächst das 'Tatgeschehen', wobei der Tathergang im Detail rekonstruiert wird. 'Tatsächliche und rechtliche Würdigung' geben anschließend Auskunft darüber, aufgrund welcher Informationen die Tat so rekonstruiert werden konnte. Geständnis und Ausführungen der Angeklagten und/oder Zeugenaussagen spielen hier eine entscheidende Rolle. Hier wird auch festgestellt, aufgrund welchen Vergehens sich der Angeklagte in rechtlicher Hinsicht strafbar gemacht hat. Im Anschluß daran wird der 'Persönliche Werdegang' des Angeklagten (familiäre Verhältnisse, Schule, Beruf, Gruppenzugehörigkeit, Politische Einstellungen, Vorstrafen) thematisiert. Zur Rekonstruktion biographischer Erfahrungen werden die Ausführungen der Täter selbst, von Familienangehörigen, Arbeitskollegen, ggfs. frühere Urteilsschriften und insbesondere auch - wenn vorhanden - die Berichte der (Jugend)Gerichtshilfe berücksichtigt. Im Rahmen der 'Strafzumessung' wird abschließend das Tatgeschehen gewürdigt und bewertet. Hier wird zunächst geklärt, ob Jugend- oder Erwachsenenrecht anzuwenden ist. Grundsätzlich wurde in den von uns untersuchten Gerichtsurteilen - wann immer möglich - Jugendrecht angewandt.[2]

Bei der Strafzumessung spielt zum einen die 'Schwere der Schuld' eine wichtige Rolle, d.h. handelt es sich bspw. 'nur' um

2 Jugendlicher ist, wer zum Zeitpunkt der Tat vierzehn, aber noch nicht achtzehn Jahre alt ist (vgl. § 1, Abs. 2, JGG).

kleinere Delikte wie etwa das Einschlagen einer Fensterscheibe, ohne daß weiterer Schaden entstanden ist und Personen zu Schaden kamen, oder entstand größerer (gemeinschädlicher) Sachschaden und wurden etwa Menschenleben gefährdet? Zum anderen ist der Tatbeitrag des Angeklagten von Bedeutung. Nahm der Angeklagte eine führende oder eher untergeordnete Rolle bei der Vorbereitung der Tat oder im Tatgeschehen selbst ein? Dabei spielen sowohl gruppendynamische Einflüsse und Zwänge als auch exzessiver Alkoholgenuß im Zusammenhang mit der Bewertung der Steuerungs- und Einsichtsfähigkeit zum Tatzeitpunkt eine wichtige Rolle. Neben diesen unmittelbar auf den Tathergang bezogenen Aspekte richtet sich der Blick der Justiz auch darauf, inwiefern die Täter bereit sind, Reue zu zeigen und den Schaden bereits wiedergutgemacht haben resp. noch machen wollen.

7.2.2 Berücksichtigung der Täterpersönlichkeit

Es gehört zu der Errungenschaft des modernen Rechtsstaates und der modernen Rechtsprechung, daß bei der rechtlichen Würdigung einer Tat und der Festsetzung des Strafmaßes über die Schwere der Tat sowie die Tatabsicht hinaus die gesamte Persönlichkeit des Täters berücksichtigt wird. Damit wird dem modernen Bild des Menschen Rechnung getragen, der nicht nur als verantwortungsvolles Subjekt seiner Taten, sondern zugleich als Objekt gesellschaftlicher Zwänge und Produkt lebensgeschichtlicher Erfahrungen und Sozialisationsbedingungen angesehen wird. In den Urteilsschriften werden also spezifische psychische Konstellationen und Befindlichkeiten der Täter thematisiert: Identitätsprobleme, psychische Labilität, Verunsicherungen und Orientierungssuche. Zugleich wird versucht, die Ursachen für diese psychischen Probleme durch die Aufarbeitung familialer Hintergründe und biographischer Entwicklungen zu identifizieren. Allerdings konzentriert sich die Aufmerksamkeit der Gerichte bei dieser Erklärungssuche verstärkt auf sogenannte 'auffällige Jugendliche'. Vor allem bei beruflich erfolglosen Jugendlichen mit Mehrfachdelinquenz wird der Täterpersönlichkeit und dem familialen Kontext innerhalb der Urteilsschrift große Aufmerksamkeit geschenkt und diese ausführlich dargelegt. Die biographischen Erfahrungen derjenigen Jugendlichen hingegen, die aus einem stabilen, bürgerlichen Elternhaus kommen, über formale Bildungs- und Berufsabschlüsse verfügen und bislang polizeilich nicht registriert sind, werden nur in wenigen Fällen konkretisiert oder ausführlicher dargestellt. Aus Normalbiographien können - so hat man den Eindruck - keine plausiblen Erklärungen für deviantes Verhalten und Gewalttätigkeit abgeleitet werden. Die Richter beschäftigen sich dagegen bevorzugt mit 'Chaos- und Negativkarrieren', für die eine enge kausale Beziehung zur Tat vermutet wird: Der folgende Auszug aus einer Urteilsschrift zeigt beispielhaft, welche Aspekte hier thematisiert werden:

Nach dem Eindruck der Jugendkammer in der Hauptverhandlung ist (der Angeklagte: d.V) in seiner Entwicklung deutlich retardiert, so daß er, was seine geistige und sittliche Entwicklung angeht, einem Jugendlichen gleichzustellen ist (...). Die erhebliche Reifeverzögerung ist zurückzuführen auf die dargestellten Entwicklungs- und Erziehungsschwierigkeiten, die nicht nur ihren zeitlichen Anfang mit der Trennung und Scheidung seiner Eltern genommen haben. Die folgende Familiensituation führte dazu, daß (der Angeklagte: d.V) ein einigermaßen normales Familienleben mit Nestwärme, Geborgenheit, Zuwendung, Wertevermittlung und Orientierungsmöglichkeiten nach beiden Elternteilen hin nicht mehr hatte. Die vom Vater und der Großmutter sowie späteren Erziehern gebotenen Möglichkeiten waren nur unzureichende Ersatzmöglichkeiten, die dem Heranwachsenden (...) nicht in ausreichendem Maße Entwicklungschancen boten. Dementsprechend befindet sich (der Angeklagte: d.V), der zwar äußerlich den 'coolen Typen' herauskehrt, aber innerlich verunsichert und doch noch ein Suchender ist, im Übergangsstadium zwischen Jugendlichem und Heranwachsendem, wobei seine bisherigen Versuche der Verselbständigung gescheitert sind. (...). Die Schilderung des persönlichen Werdeganges (...), besonders seine Entwicklung während der dauernden Wechsel zwischen Heimaufenthalten und Aufenthalten beim Vater und der Großmutter, sein mangelndes Durchhaltevermögen, sein beginnender Alkoholabusus und die Vielzahl der Straftaten weisen auf eine innere Entwurzelung und Gefährdung hin (Urteilsschrift Nr. 5).[3]

Die strukturellen und sozialisatorischen Ursachen für gewaltaffine psychische Merkmale und Befindlichkeiten sind nach Meinung der Justiz vor allem auf schulische Probleme, defizitäre oder problematische Familienverhältnisse und daraus resultierende Fehlentwicklungen (wie Orientierungslosigkeit, Bindungslosigkeit oder fehlende 'charakterliche' Reife) zurückzuführen. Sie werden häufig als Erklärungsmuster für Gewalt und Aggression im allgemeinen - und für Fremden- und Ausländerfeindlichkeit im speziellen herangezogen oder zumindest bei der Bewertung des

3 Die hier zitierten Textpassagen entstammen den von uns analysierten Urteilsschriften.

Vorfalls berücksichtigt. Dabei spielt freilich nicht nur die Rekonstruktion von Biographien eine Rolle, sondern auch der subjektive Eindruck, den die Angeklagten während der Hauptverhandlung bei Richtern und Schöffen hinterlassen. Dieses Erklärungsmuster findet sich in fast allen Urteilsschriften, die uns vorgelegen haben.

Anders jedoch sieht es in den Fällen aus, wo weder problematische Familienverhältnisse noch Negativkarrieren in Schule und Beruf festgestellt werden können. Hier greifen die einfachen Erklärungen, die Gewalthandeln als Ergebnisse sozialisatorischer Defizite und früher erlittener Frustrationen darstellen, nicht. Häufig wird daher in diesen Fällen auf den Konformitätsdruck in den Gruppen und jugendtypisches Imponiergehabe verwiesen, ohne daß darüber hinaus psychologische Dispositionen oder sozialisatorische Ursachen benannt werden können.

7.2.3 Berücksichtigung der Tat als fremdenfeindlich/politisch motiviert

Die deutsche Justiz ist nach den ersten Urteilen gegen rechtsextremistische und/oder fremdenfeindliche Straf- und Gewalttäter in den Jahren 1991/92 ins Kreuzfeuer der Kritik geraten. Die Kritik konzentriert sich in ihrem Kern auf den Vorwurf, die Justiz reagiere nicht entschlossen genug auf die Gefährdung 'von rechts'; die Urteile gegen jugendliche Gewalttäter ignorierten häufig den Zusammenhang zu allgemeiner Fremdenfeindlichkeit und zu rechtsextremistischen politischen Tendenzen in der Gesellschaft und würden daher ihrer abschreckenden Funktion nicht gerecht. Die Justiz sei - so der Vorwurf - wieder einmal auf dem rechten Auge blind. Eine solche Kritik ist vor allem von jenen zu hören, für die die Gewaltanwendung gegen Asylbewerber und Fremde per se Ausdruck rassistischer und rechtsextremistischer Einstellungen und Ideologien ist.

Die Richter weisen demgegenüber daraufhin, daß immer erst im Einzelfall geprüft werden müsse, welche Motivation vorlag und wie die Tat rechtlich zu beurteilen ist. Zudem seien die Möglichkeiten des Jugendstrafrechts eng begrenzt: So dürfen etwa im Jugendstrafrecht bei der Strafzumessung general-präventive Gesichtspunkte keine Rolle spielen; im Vordergrund habe vielmehr stets die spezial-präventive d.h. die auf jeweilige Einzeltäter bezogene Abschreckung bzw. erzieherische Wirkung zu stehen.

Wir sind nun bei unserer Auswertung der Urteilsschriften der Frage nachgegangen, a) ob die jeweiligen Straf- und Gewalttaten von den Gerichten auf individuelle fremdenfeindliche und/oder rechtsextremistische Motive und Einstellungen zurückgeführt wurden b) ob die individuellen fremdenfeindlichen Einstellungen in einen Zusammenhang mit generellen fremdenfeindlichen und rechtsradikalen Tendenzen in der BRD eingeordnet wurden, und c) ob vor diesem Hintergrund eine spezifische Bewertung vorgenommen wurde. Es geht also nicht um die Frage, ob die einschlägigen Rechtsvorschriften gegen den Rechtsextremismus angewendet werden (z.B. § 86 StGB - Verbreiten von Propagandamitteln verfassungswidriger Organisationen; § 86a StGB - Verwenden und Verbreiten von Kennzeichen verfassungswidriger Organisationen; § 130 StGB - Volksverhetzung, Schutz des öffentlichen Friedens; § 131 StGB - Gewaltdarstellung, Aufstachelung zum Rassenhaß). Bei einer Vielzahl von Urteilen spielen Verstöße gegen diese Gesetze eine zentrale Rolle.

Welche Formen der Thematisierung und Bewertung fremdenfeindlicher Motive und allgemeiner rechtsextremistischer Tendenzen lassen sich in den Urteilsschriften feststellen?

a) *Nichtthematisierung der Fremdenfeindlichkeit:* Weder die individuellen (fremdenfeindlichen oder rechtsradikalen) Motive bzw. Gesinnungen werden thematisiert, noch wird die Tat in einen allgemein politischen bzw. fremdenfeindlichen Kontext eingeordnet.

   In einer ganzen Reihe von Fällen werden die Drohungen, Körperverletzungen und Sachbeschädigungen, über die zu verhandeln ist, überhaupt nicht in einen Zusammenhang mit Ausländer- und Fremdenfeindlichkeit gebracht und lediglich als zu ahndende Straf- und Gewalttat wie jede anders motivierte behandelt. Häufig wird auch nicht ausdrücklich thematisiert, daß die Opfer bzw. Aggressionsobjekte Ausländer sind. Diese Nichtthematisierung fremdenfeindlicher und/oder rechtsradikaler Motive drückt sich in umschreibenden Formulierungen aus, wie:

> Er hat sich an schlimmen gewalttätigen Auseinandersetzungen beteiligt, die ganz konkrete Gefahren für andere Menschen beinhalten. Es war letztlich dem Zufall zu verdanken, daß Menschen an Leib und Leben nicht zu schaden kamen. (...).
> In diesem Zusammenhang bedarf es (...) der Feststellung, daß nicht die politische Grundeinstellung des Angeklagten hier vor Gericht stand. Vielmehr ist festzustellen, daß diese Grundeinstellung des An-

geklagten die Gefahr in sich birgt, daß dieser im Zusammenwirken mit Gleichgesinnten die Grenzen der politischen Betätigung und Auseinandersetzung überschreitet und zu Gewalttätigkeiten neigt. (Urteilsschrift Nr.29)
Zu Lasten der Angeklagten war zu berücksichtigen, daß sie zur Nachtzeit eine konkrete Lebensgefährdung von verschiedenen Menschen hervorgerufen haben und durch die Inbrandsetzung einen hohen Schaden verursacht haben. (Urteilsschrift Nr.34).

Solche Formulierungen beschreiben zwar die Schwere oder Heimtücke der Tat, vermeiden jedoch jede Andeutung hinsichtlich möglicher politischer oder ausländerfeindlicher Motive und Hintergründe. Eine solche Tabuisierung fremdenfeindlicher Motive und rechtsradikaler Zusammenhänge muß in seiner Wirkung auf die Täter als problematisch angesehen werden.

b) *Zuschreibung fremdenfeindlicher Motive:* Aufgrund der Tatumstände (oder der Aussagen von Zeugen) werden fremdenfeindliche Tatmotive von den Richtern angenommen und thematisiert, auch dann, wenn dies nicht unbedingt konkret z.B. durch Aussagen der Täter dokumentiert ist. Die Richter werten dann etwa das Einwerfen einer Fensterscheibe eines Asylbewerberheimes als Beleg für die ausländerfeindliche Motivation. Diese Zuschreibung fremdenfeindlicher Motive drückt sich dann auch z.B. in der Erteilung einer 'speziellen' Weisung aus, etwa Arbeit in einem ehemaligen Konzentrationslager abzuleisten.

c) *Differenzierung zwischen Motiv und Tatopfern:* Häufig wird zwar die Tat als gegen Ausländer gerichtet angesehen, ohne daß jedoch eine individuelle ausländerfeindliche oder rechtsradikale Motivation festgestellt wird. Als eigentliches Motiv für die Tat werden dann äußere Umstände (z.B. Gruppenzwang), private Probleme und Frustrationen angeführt. Die fremdenfeindliche Tat erscheint dann eher als eine zufällige Kristallisierung von allgemeiner Unzufriedenheit oder Delinquenz, die durch die ausländerfeindlichen und rechten Tendenzen in der Gesellschaft bewirkt ist. Die Einordnung solcher Taten in diese allgemeinen fremdenfeindlichen und rechtsextremistischen Tendenzen in der Gesellschaft bei gleichzeitiger Thematisierung eher unpolitischer privater Tatmotive kann dann durchaus zur Entlastung des Einzelnen vom Vorwurf der Fremdenfeindlichkeit und des Rechtsextremismus führen. Einige Beispiele:

(Bei der Tat: d.V.) ist festzustellen, daß sie sich gegen Ausländer richtete. Andererseits wurde in der Hauptverhandlung deutlich, daß beide Angeklagte die Tat nicht aufgrund einer gezielt ausländerfeindlichen Haltung begangen haben. Hintergrund der Tat waren für beide vielmehr ihre persönlichen Schwierigkeiten, die sich bei (dem Angeklagten: d.V) eher im familiären Bereich, bei (einem anderen Angeklagten: d.V) im gesundheitlichen Bereich bewegen. (Urteilsschrift Nr.26)
Das Gericht ist überzeugt, daß der Angeklagte (...) ein, wenn auch einfach strukturierter, aber außerordentlich sensibler Mensch ist, der das Scheitern seiner Ehe, die ihm wohl zum ersten Mal Wärme und Halt gegeben hatte, überhaupt nicht verarbeitet hat und der nunmehr 'blockiert'.
(Der Angeklagte: d.V.) vermittelt den Eindruck eines 'Hardliners'. In Wahrheit ist er gutmütig und will mit dieser Haltung nur verschleiern, daß er verunsichert und seelisch angeschlagen ist. Die Abneigung gegenüber Ausländern ist insoweit auch als 'Ersatzhandlung' auf einem anderen Feld anzusehen, um nicht zuletzt sich selbst von seinen eigenen Problemen abzulenken, die er verdrängt und an deren Verarbeitung er nicht herangehen will. (Urteilsschrift Nr.29).
Der Angeklagte hat nicht einen Menschen aus niedrigen Beweggründen getötet und sich deshalb auch nicht als Mörder strafbar gemacht. Zwar hatte die Kammer keine Zweifel daran, daß es zu der Auseinandersetzung nicht gekommen wäre, wenn (das Opfer: d.V.) keine schwarze Hautfarbe gehabt hätte. Die ganzen Tatumstände sprechen jedoch dafür, daß der Angeklagte die Tötung nicht deshalb begangen hat, weil (das Opfer: d.V.) dunkelhäutig war, sondern deshalb, weil der Angeklagte bemerkte, er werde den Kampf verlieren und er deshalb auch vor seinen Kameraden sein 'Gesicht' wahren wollte. (Vgl. Urteilsschrift Nr.41).

d) *Identifizierung der Tat als Aspekt allgemeiner Fremdenfeindlichkeit:* Der Zusammenhang zwischen der Tat, einer individuellen fremdenfeindlichen Einstellung der Täter und allgemeinen rechtsradikalen und fremdenfeindlichen Tendenzen in der Gesellschaft wird explizit thematisiert. Einige Beispiele:

(...) in ihrem Tun (kommt: d.V) gleichwohl eine menschenverachtende Einstellung zum Ausdruck. Sie zeigt sich deutlich in den Angaben, die (der Angeklagte: d.V) zu den Motiven gemacht hat, die ihn und seine Begleiter bewegten. Diese haben geradezu primitiven Charakter, sind

sie getragen von nichts anderem als der vermeintlichen Gewissheit, die Asylanten wären die Ursache allen Übels. (...) Der Brandanschlag ist Ausdruck der von allen Angeklagten eingeräumten Ausländerfeindlichkeit. Diese greift in der Bevölkerung der Bundesrepublik immer weiter um sich, wenn auch zum Glück die kriminellen Übergriffe gegen Ausländer die Ausnahme sind. (Urteilsschrift Nr.4).
Weiter war die Gesinnung, die in der Tat zum Ausdruck kam, zu berücksichtigen. (...). Daß die Tat sich (...) gerade gegen Ausländer richtete, ist vor allem durch eine allgemeine ausländerfeindliche Tendenz in den letzten Monaten des letzten Jahres zu erklären. (Urteilsschrift Nr.26).
Die Tat der Angeklagten, durch die die 'Zeugen' in Angst und Schrecken versetzt worden sind, ist Ausdruck eines durch rechtsradikales Gedankengut gestörten Verhältnisses, was die Achtung der Existenz und Würde eines jeden Menschen angeht. Sie zeigt in erschreckendem Maße die latente Gewaltbereitschaft der Angeklagten, die nicht zuletzt durch Gruppenzusammengehörigkeitsgefühl und Gruppendynamik erst gefördert und ausgelöst wird. Die unreflektierte Übernahme rechtsradikalen Gedankenguts, das sich bei allen Angeklagten infolge ihrer schon längeren Zugehörigkeit zu der Gruppe verfestigt hat, ist Zeichen einer inneren Verwahrlosung, der mit Erziehungsmaßregeln oder Zuchtmitteln nicht mehr hinreichend begegnet werden kann. (Urteilsschrift Nr.3)

Die Einordnung der Tat in einen allgemein fremdenfeindlichen und gewaltbereiten Kontext wird hier aber nicht als Erklärung für individuelle Einstellungen und als Entlastung von individueller Verantwortlichkeit angeführt, sondern eher als strafverschärfend eingestuft:

Zu Lasten des Angeklagten wurde [auch: d.V.] gewertet, daß (...) diese Tat in einem Zeitraum (erfolgte), als in anderen Orten der Bundesrepublik mehrfach erhebliche ähnliche Straftaten zum Nachteil von Asylbewerbern begangen wurden. (Urteilsschrift Nr.32)
Negativ ist die innere Einstellung des Angeklagten zu ausländischen Bürgern zu werten, die in einer Gruppe entgegen seiner ausdrücklich erklärten Gewaltablehnung eben dann doch zu Aggressionsbereitschaft führt. Diese zumindest latent vorhandene und dann akut zum Tragen kommende innere Haltung gibt zu denken und muß auch mit den Mitteln des Strafrechts, soweit dies möglich ist, bekämpft werden, indem der Angeklagte mit einer empfindlichen Freiheitsstrafe beeindruckt wird. (Urteilsschrift Nr.29)
Dem Angeklagten war aber aufgrund seiner persönlichen, den Ausländern absolut ablehnend gegenüberstehenden Einstellung die Tat und deren Auswirkungen völlig bewußt und auch recht. Diese von Gewalt-

bereitschaft getragene Haltung setzte sich sogleich am Tag darauf fort und ist auch in der Hauptverhandlung von ihm richtig bestätigt worden. (...). Bei einem, wie vorliegend festgestellten, von vornherein auf Gewalt gegen Ausländer ausgerichteten Tatgeschehen und einem auch weiter gewaltbereiten Täter, auch und gerade wenn dieser Hintergrund bleibt, müßte für das allgemeine Rechtsempfinden schlechthin unverständlich erscheinen, wenn eine Aussetzung der Vollstreckung der Freiheitsstrafe angeordnet würde. (Urteilsschrift Nr.29)

Bei der Strafbemessung spielen dann auch eher general-präventive Gesichtspunkte eine wichtige Rolle.

Insoweit muß bei der Bemessung der Strafe auch bedacht werden, daß diejenigen, die in der Gefahr stehen, mit Gewalt gegen Ausländer vorzugehen, gewarnt und (nach Möglichkeit: d.V) abgeschreckt werden. (Urteilsschrift Nr.4)
Angesichts der Schwere des Deliktes und der notwendigen generalpräventiven Wirkung des Urteils auf die Rechtstreue der Bevölkerung, die andernfalls nachhaltig gefährdet wäre, ist eine andere Entscheidung vor dem Hintergrund eskalierender Gewalttaten gegen Ausländer nicht möglich. (Urteilsschrift Nr. 29)

Insgesamt läßt sich feststellen, daß sowohl bei der Aufarbeitung individueller Motive und Einstellungen, wie auch bei der politischen Einordnung der Straftaten auch bei ähnlich gelagerten Fällen große Unterschiede in den Urteilsschriften bestehen. Die Textanalyse von Passagen aus den Urteilsschriften macht deutlich, daß nicht nur grundlegende Unterschiede in der prozessualen Führung der Gerichtsverfahren vorhanden waren, sondern daß sich die Gerichte selber völlig unterschiedlich zum Problem der fremdenfeindlichen Gewalt verhielten. In manchen Urteilsbegründungen wird mehrfach auf die Notwendigkeit verwiesen, angesichts der Zunahme fremdenfeindlicher Gewalttaten und der in diesem Fall deutlich gewordenen Nachahmungsbereitschaft auch den Gedanken der Abschreckung in die Überlegungen zur Strafzumessung einzubeziehen:

Vorliegend wäre für das allgemeine Rechtsempfinden schlechthin unverständlich, wenn einem Täter, der von vornherein zur Gewaltausübung gegen Ausländer bereit ist, Gewalt gegen ein von Kindern bewohntes Gebäude ausübt und schließlich auch noch in dieses Gebäude eindringt, um weiter gegen sie vorzugehen (...) die Rechtswohltat der Bewährung gewährt würde (...). In einem solchen Fall würde das Vertrauen der Bevölkerung in die Unverbrüchlichkeit des Rechts und den

Schutz der Rechtsordnung vor kriminellen Angriffen in einem Maße erschüttert, das nicht hinnehmbar ist. Im übrigen müssen tatgeneigte Personen, die vor Gewalt nicht zurückschrecken, mit einer deutlichen Strafe, die nicht zur Bewährung ausgesetzt wird, vor der Begehung solcher Taten abgeschreckt werden. Im gegenwärtigen Zeitpunkt, in dem Gewaltbereitschaft insbesondere gegen Ausländer nicht selten gezeigt wird, ist daher dem Angeklagten die Bewährung zu versagen. (Urteilsschrift Nr.29)

Für andere Gerichtsurteile gilt, daß die Richter sich nicht veranlasst sahen, die Straftaten überhaupt im Kontext einer zunehmenden fremdenfeindlichen Stimmung in Teilen der Bevölkerung anzusiedeln.
Wo die Ursachen für diese unterschiedlichen justitiellen Vorgehensweisen und Reaktionen liegen, muß hier offen bleiben. Erwähnt werden sollte jedoch das Interesse von Öffentlichkeit und Medien an spezifischen Fällen, dem an dieser Stelle sicher auch eine Bedeutung zukommt. Dieser Zusammenhang wurde auch im Rahmen von Interviews mit Richtern bestätigt, die darauf hingewiesen haben, daß das Bewußtsein um die Öffentlichkeits- und Medienwirksamkeit eines Falles sowohl die Ausführlichkeit der Urteilsschrift als auch die Nuancierung in der Bewertung und rechtlichen Einordnung der Fälle beeinflußt.
Was läßt sich angesichts der Analyse von Urteilsschriften zu den öffentlichen Vorwürfen gegenüber der Justiz sagen, sie verharmlose die Gefahr von Rechts und zeige nicht die gleiche Härte und Entschlossenheit, die ihr Vorgehen gegen 'linke Gewalttäter' gekennzeichnet habe?
Zunächst ist festzuhalten, daß aufgrund der Altersstruktur der fremdenfeindlichen Täter in vielen Fällen die Anwendung des Jugendstrafrechts vorgeschrieben ist. Das aber setzt dem Handeln der Richter deutliche Grenzen, sowohl hinsichtlich des Strafmaßes, als auch hinsichtlich der Möglichkeit über den individuellen Erziehungsgedanken hinaus allgemeine Präventionsgesichtspunkte bezogen auf die 'Gefahr von Rechts' zu berücksichtigen. Insofern zielt die Kritik der Öffentlichkeit weniger auf das individuelle Handeln der einzelnen Richter als auf die Frage, ob angesichts der fremdenfeindlichen Gewalttaten von Jugendlichen der Gesetzgeber das Jugendstrafrecht noch als angemessen ansieht. Dies jedoch ist keine Justizangelegenheit, sondern eine politische Frage.

Darüber hinaus scheint die Justiz durchweg bemüht, sich von den öffentlichen Forderungen, Vorverurteilungen und Etikettierungen der Täter so weit als möglich frei zu machen und in jedem Einzelfall gesondert und differenziert nach Motiven, Absichten und Schuld zu fragen. Dies ist durchaus zu begrüßen, weil so der Gefahr begegnet werden kann, daß die Justiz als 'politisch' wahrgenommen wird und durch die kollektive Stigmatisierung 'neue Märtyrer' für die rechte Szene produziert werden, für deren 'Befreiung' oder 'Rehabilitierung', dann wiederum Gewaltanwendung vielen legitim erscheint.
Als problematisch müssen freilich jene Fälle angesehen werden, in denen weder die allgemeine Ausländerfeindlichkeit, noch individuelle fremdenfeindliche Motive und die besondere Opfergruppe (Fremde, Asylbewerber) thematisiert wurde. Eine solche Nichtthematisierung und Tabuisierung fremdenfeindlicher oder politischer Aspekte der Tat dürfte nicht nur auf den einzelnen Täter bezogen wenig erzieherische oder abschreckende Wirkung haben, sondern auch darüber hinaus ein eher ermutigendes Signal an die Adresse von Rechtsradikalen und Fremdenhassern sein.

7.3 Biographische Merkmale fremdenfeindlicher Straftäter

Zur Beschreibung biographischer Merkmale und sozialisatorischer Erfahrungen der Straftäter werden von den zuständigen Richtern vor allem vier unterschiedliche Bereiche aufgearbeitet und bei der Urteilsfindung berücksichtigt. Im einzelnen handelt es sich dabei a) um die familialen Strukturen und Probleme; b) um schulische Werdegänge, Erfolgs- bzw. Mißerfolgserfahrungen, c) um berufliche Karrieren und Arbeitslosigkeit und d) nicht zuletzt um delinquente Karrieren und Konflikte mit dem Gesetz.

7.3.1 Familialer Kontext

Von besonderem Interesse ist hier die Frage, ob die in erster Linie für kriminelle Jugendliche häufig typischen starken Problemkonstellationen im Elternhaus auch im Bereich fremdenfeindlicher Gewaltkriminalität zu finden sind. In den von uns analysierten Urteilsschriften fanden wir darauf keine eindeutige Antwort. Es konnten vielmehr sehr unterschiedliche familiale Muster und Konstellationen gefunden werden. Zum einen gibt es Täter, deren familialen Verhältnisse als intakt bezeichnet werden: in der Regel leben sie bei Vater und Mutter im elterlichen Haushalt. Schwerwiegende familiäre Konflikte und/oder Probleme sind nicht bekannt, es gibt hier keine Hinweise auf biographische Besonderheiten oder auffällige Brüche in der familialen Sozialisation.

Einige Beispiele:

Die Familie wohnt in einer ordentlichen und sauberen 3-Zimmer-Wohnung (...). (Der Angeklagte: d.V.) hat ein eigenes Zimmer, das entsprechend seinen Vorstellungen eingerichtet ist. Seine Mutter (...) erlernte keinen Beruf. Sie arbeitete 23 Jahre als Hausmeister, später als Köchin (...). Seit 1990 bezieht sie Altersrente. Der Vater (...) nahm mit seiner Ehefrau die Hausmeistertätigkeit wahr. Später arbeitete er bei der Post. Er bezieht Vorruhestandsgeld. Die beiden Geschwister (des Angeklagten: d.V.) sind wirtschaftlich selbständig und haben eine eigene Familie. Zu ihnen bestünde ein gutes Verhältnis. Es entsteht der Eindruck, daß die Eltern ihren Sohn sehr gern haben. Sie begründen ihre besondere Zuwendung damit, daß es ein Nachzügler sei und der Altersunterschied zu den Geschwistern sehr groß sei. (Urteilsschrift Nr.44; ähnlich Urteilsschrift Nr.1, ähnlich Urteilsschrift Nr.2 und Urteilsschrift Nr.35).

Das Verhältnis zwischen (dem Angeklagten: d.V.) und seinem Stiefvater wird von dem Angeklagten als gut eingeschätzt. Die Eltern gaben sich Mühe, (den Angeklagten: d.V.) zu einer eigenständigen und normangepaßten Lebensführung zu erziehen. In der Erziehung gab es - mit Ausnahme einer kurzen Zeit während des Hauptschulbesuches - keine nennenswerten Probleme mit dem Angeklagten, der sehr in sich gekehrt war und sich (...) Mühe gab, den Wünschen und Vorstellungen seiner Mutter zu entsprechen. (Urteilsschrift Nr.41)

Seine Mutter hat eine kontinuierliche Erziehungsarbeit geleistet; (...). Erhebliche Anlage- oder Erziehungsmängel sind bei ihm eher fernliegend. (Urteilsschrift Nr.5).

Zum zweiten gibt es jedoch Hinweise darauf, daß auch in finanziell gesicherten, stabilen und äußerlich geordneten Familienverhältnissen z.T. erhebliche Probleme und Konflikte existieren, die das Verhältnis zwischen Eltern und Kindern belasten und in der Interpretation der Richter häufig zu Distanzierung der Jugendlichen von ihren Eltern und ihrer Hinwendung zu Jugendcliquen führen. Dies ist vor allem dann der Fall, wenn die Erwartungen der Eltern insbesondere in bezug auf schulische/berufliche Leistungserbringung und Erfolgsorientierungen von den Jugendlichen als Überforderung angesehen werden, oder sie sich gar abgelehnt fühlen, weil sie diesen Erwartungen nicht gerecht werden können.

Der jetzt 18 Jahre alte Angeklagte ist das vierte Kind des als Rechtsanwalt, Notar und Steuerberater tätigen (...) und der Lehrerin bzw. Hausfrau (...). Eine 16 Jahre ältere Schwester ist als Sozialpädagogin tätig, die beiden acht und drei Jahre älteren Brüder betreiben das Jurastudium. Der Angeklagte wohnte stets bei seinen Eltern. Ca. 1988 verzog die Familie von ihrer damaligen Wohnung in den benachbarten gutbürgerlichen Stadtteil (...), wo sie heute wohnt. (...). (Aufgrund schulischen Desinteresses: d.V.) kam es im Elternhaus zu Konflikten. Der Angeklagte fühlte sich sowohl von seinen Eltern als auch von seinen älteren Geschwistern unter Druck gesetzt, da von ihm selbstverständlich erwartet wurde, ein gutes Abitur abzuliefern. Im Rahmen des altersgemäßen jugendlichen Abnabelungsprozesses vom Elternhaus trat so in den letzten Jahren eine Entfremdung zwischen dem Angeklagten und seiner Familie ein. (Urteilsschrift Nr.34)
Der Vater des Angeklagten ist von Beruf Jurist, war (...) als politischer Beamter tätig und arbeitet zur Zeit bei einer Konzertagentur (...) als Geschäftsführer. Die Mutter übt den Beruf der Hausfrau aus. Der Angeklagte hat noch einen 23jährigen noch zur Schule gehenden Bruder. (...). Nach der Grundschule und der Orientierungsstufe ging er zum Gymnasium (...). Er wechselte dann wegen schlechter schulischer Leistungen in der 8.Klasse auf die Realschule und erhielt dort 1989 den Realschulabschluß. Das nach Auffassung des Angeklagten prinzipiell gute Verhältnis zu seinen Eltern wurde aufgrund höherer Leistungserwartungen - insbesondere des Vaters - durch die schulische und damit auch berufliche Entwicklung getrübt. (Urteilsschrift Nr.34)

Zum dritten gibt es Täter, die aus 'zerütteten Familienverhältnissen' kommen. Eheprobleme, Scheidung der Eltern, Konflikte innerhalb der Familie, Gewalt als erzieherisches Mittel, Alkoholprobleme in der Familie, häufig Heimaufenthalte, Überlastung der Eltern mit der Kindererziehung sind Merkmale, die Kindheit und Jugend vieler der Straftäter kennzeichnen. Durch solche Problemstrukturen in der Kindheit werden nach Ansicht der Richter die Kontinuität von Erziehung und Sozialisation verhindert, werden psychische Beeinträchtigungen, Orientierungs- und Identitätsprobleme erzeugt. Auch einige Beispiele hierfür:

Der 20-jährige ledige Angeklagte ist der jüngste von vier Söhnen aus der zweiten Ehe seiner Mutter. Die ersten Lebensjahre verbrachte er (der An-

geklagte: d.V) bei seinen Eltern in seinem Geburtsort (...). Sein Vater, der den Angeklagten öfters mißhandelte, arbeitete damals als Maurer, seine Mutter ist inzwischen als Lagerarbeiterin tätig. Als der Angeklagte vier Jahre alt war, trennten sich seine Eltern und ließen sich im Jahr darauf scheiden. Sein Vater nahm sich 1986 während einer Strafverbüßung in der Vollzugsanstalt (...) das Leben. Mit zwei Halbgeschwistern aus der ersten Ehe seiner Mutter hat der Angeklagte keine nähere Beziehung. (...) Im März 1981 kam er mit zwei von seinen Brüdern in das Kinderheim (...). Nachdem seine Mutter zwischenzeitlich ihre dritte Ehe eingegangen war, holte sie die Kinder im Juli 1981 wieder zu sich nach Hause. Mit seinem Stiefvater (...) verstand sich der Angeklagte überhaupt nicht. Im August 1985 brachte man den Angeklagten, wiederum mit zwei von seinen Brüdern in einem Heim (...) unter. Dort blieb er fast zwei Jahre lang (...). (Urteilsschrift Nr.37, ähnlich Urteilsschrift Nr.32).
Der Angeklagte (...) wurde (...) 1971 nichtehelich (...) geboren. Der Name der Mutter ist bekannt, der des leiblichen Vaters konnte nicht festgestellt werden. Der Angeklagte hat die leibliche Mutter niemals kennengelernt. Bereits wenige Tage nach der Geburt wurde der Angeklagte im (...) Kinderheim (...) untergebracht, da die Mutter aufgrund einer Behinderung und ihrer Lebensgestaltung mit der Versorgung des Säuglings überfordert war. Im Alter von drei Jahren wurde der Angeklagte in eine Pflegefamilie gegeben, die ihn aber nach 10 Monaten wieder ins Heim zurückbrachte, da sie sich mit der Erziehung und Betreuung des Kleinkindes überfordert fühlte. Er verblieb zunächst weiter im (...)-Heim, bis er schließlich 1975 in den Haushalt (einer Pflegefamilie: d.V) (...) aufgenommen und im Jahre 1976 von dieser Familie adoptiert wurde. (...). Das Ehepaar (...) hatte im Zeitpunkt der Aufnahme des Angeklagten in ihrem Haushalt einen eigenen siebenjährigen Sohn. (...). Schon bald zeigte sich (...), daß die Mutter mit der Erziehung des Angeklagten, der in seiner Entwicklung erheblich retardiert war, überfordert war. Sie versuchte mit Kontrolle, Strenge und mit Strafen auf das Verhalten des Angeklagten Einfluß zu nehmen, wodurch dieser noch verängstigter wurde. Außerdem bevorzugte sie, auch für den Angeklagten erkennbar, ihren eigenen Sohn. Die Rolle des Angeklagten als Außenseiter in der Familie, der von der Mutter insbesondere ob seiner Herkunft beschimpft, stets kritisiert und geschlagen wurde, verschlechterte sich noch, als wider Erwarten im Jahre 1978 eine Tochter geboren wurde. (Urteilsschrift Nr.32)
Die Entwicklung des Angeklagten verlief sehr ungünstig. Bereits mit 11 Jahren lief der Angeklagte erstmals von zu Hause fort. Mit Einwilligung seiner Eltern wurde er im März 1983 in einem Kinderheim untergebracht. Ab Juli 1983 hielt sich (der Angeklagte: d.V.) wieder im elterlichen Haushalt auf. Es kam zu neuerlichen Schwierigkeiten. Der Angeklagte riss häufiger von zuhause aus, ging nicht zur Schule. Im Juni 1984 wurde den Eltern die Personensorge entzogen. In der Folge kam (der Angeklagte: d.V.) in ein Kinder- und Jugendheim. Hier verblieb er bis Juli 1986. Probeweise wurde er nach Hause entlassen. Es kam zu weiteren Entwei-

chungen aus dem Elternhaus. Der Angeklagte sammelte erste Erfahrungen mit dem Schnüffeln von Klebstoffen. (...) . Im März 1987 unternahm (der Angeklagte: d.V.) einen Selbstmordversuch. Daraufhin wurde er (vorübergehend: d.V.) in einer geschlossenen Abteilung eines Landeskrankenhauses untergebracht. (Urteilsschrift Nr.5)

Die Textauszüge zeigen, daß in einer Reihe von Fällen familiale Strukturen beschrieben werden, die eine ungestörte Entwicklung zu einer selbstbewußten und gefestigten Persönlichkeit erlauben sollten und keine Hinweise auf Belastungen, Probleme und Erziehungsdefizite geben, die als potentielle Ursachen für Gewalttätigkeit angesehen werden können. Daneben sind jedoch auch solche Familienkontexte zu finden, die erhebliche negative Einflüsse auf die Persönlichkeitsentwicklung der Jugendlichen haben können, weil das Elternhaus als besonders konfliktreich erfahren wird. Andere Familien sind gekennzeichnet durch relativ normale Problemlagen, von denen die Richter kaum annehmen, daß sie zu Gewalt (bzw. Gewaltbeteiligung) führen. So gibt es viele Jugendliche mit vergleichbaren altersbedingten und familienbedingten Schwierigkeiten, die sich aber nicht gewaltaffin zeigen. Es ergibt sich also kein eindeutiges oder typisches biographisches Muster und keinerlei Hinweise auf eine Dominanz problematischer Familienkonstellationen ('Vaterverlust') oder einseitige Erziehungsstile (autoritär vs. antiautoritär) für die in unserer Analyse erfassten Täter fremdenfeindlicher Gewalt. Es ist zu vermuten, daß sowohl die psychische Konstitution der Täter, als auch die verschiedenen Gelegenheitsstrukturen und Gruppenzugehörigkeiten einen starken Einfluß darauf haben, wie letztendlich Problembewältigungen aussehen.

7.3.2 Schulische Ausbildung

Ebenso wie im familiären Umfeld finden sich sehr unterschiedliche Erfahrungen und Muster hinsichtlich des schulischen Werdegangs.

a) Zum einen gibt es auch im Bereich der schulischen Ausbildung die normalen, unauffälligen Lebensläufe, ohne nennenswerte Schwierigkeiten in der Schule, denen sich dann ein erfolgreicher Schulabschluß anschließt:

Die Einschulung erfolgte altersentsprechend im Jahre 1977 in die Grundschule (...). Von 1981 bis 1987 besuchte er die Realschule (...), die er erfolgreich abschloß. Anschließend absolvierte der Angeklagte erfolgreich eine Ausbildung als Landwirt. Im Schuljahr 1990/91 konnte er das Fachabitur (...) erreichen. (Urteilsschrift Nr.31)
Der Angeklagte wurde altersgemäß eingeschult. (...). In der Grundschule erbrachte er durchschnittliche Leistungen. Er entsprach immer den Anforderungen der Klasse. Danach besuchte der Angeklagte die Hauptschule (...). Auch hier zeigte er sich wieder als mittelmäßiger Schüler. Er brauchte keine Klasse zu wiederholen. In Unterrichtsfächern, die ihn interessierten, erbrachte er gute Leistungen. In anderen Fächern erledigte er nur das Notwendige. Im Sommer 1989 erlangte der Angeklagte den Hauptschulabschluß mit einem gut durchschnittlichen Ergebnis (Urteilsschrift Nr.1, ähnlich Urteilsschrift Nr.2 und Urteilsschrift Nr.3).

b) Daneben gibt es eine Reihe von Fällen, in denen zwar schulische Schwierigkeiten und Probleme vorhanden sind, die aber zumeist wieder behoben werden und keine längerfristigen Konsequenzen haben.

Von August 1980 bis zum Sommer 1984 besuchte der Angeklagte (...) die Grundschule (...). Daran schloß sich bis zum Sommer 1986 der Besuch der Orientierungsstufe und sodann bis zum Sommer 1990 des gymnasialen Zweiges (...) an. Aufgrund schulischer Schwierigkeiten wechselte der Angeklagte (zu einem anderen gymnasialen Zweig: d.V), wo er bis zum Sommer 1991 die zehnte Klasse wiederholte. Seit dem August 1991 besucht er die elfte Klasse des Gymnasiums (...). (Urteilsschrift Nr. 34, ähnlich Urteilsschrift Nr.35)
Nach der Grundschule und der Orientierungsstufe ging er zum Gymnasium (...). Er wechselte dann wegen schlechter schulischer Leistungen in der 8.Klasse auf die Realschule und erhielt dort 1989 den Realschulabschluß. Das nach Auffassung des Angeklagten prinzipiell gute Verhältnis zu seinen Eltern wurde aufgrund höherer Leistungserwartungen - insbesondere des Vaters - durch die schulische und damit auch berufliche Entwicklung getrübt. Im Anschluß an die Schule begann der Angeklagte eine Ausbildung bei einem großen (...) Kaufhaus zum Einzelhandelskaufmann. Dort befindet er sich zur Zeit noch im 3. Lehrjahr. (...). Der Angeklagte wohnte bislang bei seinen Eltern. (Urteilsschrift Nr.34).

c) Drittens schließlich existieren jene schulischen Lebensläufe, die gekennzeichnet sind durch persönliche Mißerfolge und Leistungsschwächen. Sie sind verursacht durch mangelnde Motivation, oftmals bedingt durch mehrmalige Schulwechsel infolge häufiger Wohnortwechsel der Familie, oder auch durch geringe Leistungsfähigkeit der Jugendlichen. Typisch sind hier das teilweise mehrmalige Wiederholen eines Schuljahres und auch das völlige Fehlen eines schulischen Abschlusses. Diese Mißerfolgserfahrungen setzen sich schließlich im beruflichen Werdegang fort und sind oft der Auftakt zu klassischen Negativkarrieren.

(Der Angeklagte: d.V) wurde 1978 in die Grundschule eingeschult. Durch die mit den häufigen Umzügen seines Vaters verbundenen Schulwechsel hatte er bald den Anschluß verloren und mußte die 4. Klasse der Grundschule wiederholen. Während der berufsbedingten Abwesenheit des Vaters wurde er zeitweise in einer Tagespflegestelle oder im Schülerhort betreut. Nachdem in der Folge erhebliche Erziehungsschwierigkeiten aufgetreten waren, wurde im Rahmen einer Freiwilligen Erziehungshilfe (...) veranlaßt, daß er in einem Heim (...) untergebracht wurde (...). In der Heimschule war er aus der 8.Klasse der Hauptschule entlassen worden mit der Maßgabe, (...) den Hauptschulabschluß zu absolvieren, was jedoch am Desinteresse des Angeklagten scheiterte (Vgl. Urteilsschrift Nr.22).
Er hat die Grund- und Sonderschule besucht und diese 1985 ohne Abschluß verlassen. Insgesamt 3 Klassen mußte er wiederholen. Nach eigenen Angaben kann er weder lesen noch schreiben. Auf die Dauer eines Jahres war er im Rahmen einer Arbeitsbeschaffungsmaßnahme (...) eingesetzt, ferner nahm er an dem Projekt 'Arbeiten und Lernen' teil, einer Kombination von schulischem Unterricht und arbeitsmäßigem Einsatz auf städtischen Grünflächen und Friedhöfen (Vgl. Urteilsschrift Nr.4).
Nach dem Kindergartenbesuch ging (der Angeklagte: d.V.) in die Grundschule, wechselte 1983 in die Hauptschule über und wiederholte hier die 6. Klasse wegen mangelnder Leistungsmotivation. (Der Angeklagte: d.V.) war damals in der Hauptschule auffällig. Zum Teil verweigerte er die Leistung. Erst nach einem Schulwechsel festigten sich seine schulischen Leistungen. Im Jahr 1989 hat er den Hauptschulabschluß mit der Note 3,0 erreicht. Im Anschluß an die Hauptschule besuchte der Angeklagte (...) die Wirtschaftsschule (kaufmännischer Zweig) mit dem Ziel, die Mittlere Reife zu erlangen. Nach einem Jahr brach er diese Ausbildung jedoch ab und fand keine weitere Beschäftigung. Erst seit Oktober 1990 nahm der Angeklagte an einer Berufsorientierungsmaßnahme bei einem Berufsfortbildungszentrum (...) teil. (Urteilsschrift Nr.41).

Die quantitative Analyse polizeilich registrierter Daten zu fremdenfeindlichen Straf- und Gewalttaten hatte bereits gezeigt, daß die Tatverdächtigen in der Mehrzahl über niedrige Bildungsabschlüsse (Hauptschulabschlüsse) verfügen. Dieses Muster wird durch die Gerichtsaktenanalyse bestätigt. Zwar gibt es auch Jugendliche mit Realschulabschluß, Abitur, Fachhochschulabschluß. Sie sind jedoch im Vergleich mit der Bildungsstruktur der Jugendlichen insgesamt deutlich geringer vertreten, ebenso wie diejenigen, die überhaupt keinen Abschluß haben.

In der gerichtlichen Ermittlung schulischer Werdegänge spielt jedoch neben den formalen Abschlüssen vor allem auch die Frage nach schulischen Leistungen, Problemen und Mißerfolgen eine wichtige Rolle. Zwar sind unter den fremdenfeindlichen Gewalt-/Straftätern auch Jugendliche ohne schulische Probleme, Mißerfolge oder gar Schulabbrüche zu finden; doch konzentrierten sich die Urteilsschriften insbesondere auf Problemtypen. Dies sind nicht nur leistungsschwache Jugendliche mit mehrfachem Schulwechsel und ohne Schulabschluß, sondern verstärkt auch Jugendliche, die aufgrund schulischer Probleme oder fehlender Motivation Konflikte mit ihren Eltern haben, und in der Folge sich von den Eltern abgelehnt oder alleingelassen fühlen. Die durch solche Mißerfolgs- und Konflikterfahrungen produzierten Frustrationen, Selbstwertzerstörungen und Selbststigmatisierungen von Jugendlichen als Versager und 'Nieten' werden von den Richtern als zentrale Ursachen für die Orientierungen an aggressiven Jugendbanden und Jugendcliquen angesehen.

7.3.3 Berufstätigkeit und beruflicher Werdegang

Die beruflichen Qualifikationen und tatsächlichen beruflichen Tätigkeiten der fremdenfeindlichen Straftäter sind - entsprechend des dominanten niedrigen allgemeinen Bildungsabschlusses - eher einfache Facharbeiter- und Handwerkerberufe. Auch hier wird das Bild aus der quantitativen Analyse bestätigt. Die Mehrzahl der fremdenfeindlichen Straf- und Gewalttäter hat nach Abschluß der Hauptschule eine Lehre begonnen. Viele haben diese Lehre auch erfolgreich durchgestanden und beendet, haben sich in ihrem Beruf als leistungsbereit und leistungsfähig, als zuverlässig und diszipliniert erwiesen und können auf eine relativ geradlinige und stabile berufliche Entwicklung verweisen, ohne Abbrüche, Mißerfolge, häufige Lehrstellen- und Arbeitsplatzwechsel. So gibt es in den Gerichtsakten eine Reihe von Darstellungen wie die folgende:

Am 1. August 1989 begann der Angeklagte eine Ausbildung als Kraftfahrzeugmechaniker (...). Zur Zeit der Verhaftung stand er im dritten Lehrjahr und verdiente netto ca. 470,--DM. Kostgeld brauchte er zu Hause nicht abzugeben, er wurde jedoch angehalten, einen Teil seiner Ausbildungsvergütung zu sparen, was er auch tat. Die Firma war mit seinen Leistungen zufrieden. Er war fleißig, höflich im Umgang und zuvorkommend. Trotz seines stillen und zurückhaltenden Wesens kam er mit den Arbeitskollegen gut zurecht und war in der Belegschaft beliebt (Urteilsschrift Nr.1; ähnlich Urteilsschrift Nr.2).

Andere verfügen zwar über eine feste Ausbildungs- und/oder Arbeitsstelle, berichten jedoch zugleich über erhebliche Probleme, Konflikte und Unzufriedenheit mit der Arbeit, oder sonstige Probleme, die sich in der Arbeit niederschlagen.

Im Anschluß an die Schulzeit fand er (...) eine Lehrstelle als Metzger, was er als einen Wunschberuf ansah. Im September 1988 gab er jedoch die Lehrstelle auf, da er Schwierigkeiten mit dem Arbeitgeber hatte und sich 'wie ein Hund behandelt' vorkam; (...). Nach seiner Kündigung arbeitete er (...) als Möbelpacker, mußte diese Tätigkeit aber aufgeben, als die Firma aufgelöst wurde. Von Frühjahr bis Ende Juli 1989 war er daraufhin arbeitslos. Am 01.08. des Jahres fand er eine Lehrstelle zum Berufskraftfahrer (...). Dort glaubte er, eine berufliche Perspektive gefunden zu haben und hoffte, dort bis zum Ausbildungsziel bleiben zu können. (Urteilsschrift Nr.22).

Daneben jedoch gibt es ebenfalls eine relativ große Gruppe von Jugendlichen, deren beruflicher Werdegang sich durch eher chaotische Verläufe infolge häufiger Lehrstellen- oder Arbeitsplatzwechsel kennzeichnen läßt. Oft zeichnen sich hier Negativkarrieren ab, die z.T. schon in der Schule begannen, z.T. jedoch erst durch Probleme in der Lehre ausgelöst wurden. Zur allgemeinen beruflichen Orientierungslosigkeit gesellt sich dann häufig fehlendes Selbstbewußtsein und Durchhaltevermögen und die damit verbundenen Konsequenzen für die weitere Stellensuche.

(Der Angeklagte besuchte: d.V.) eine Hauswirtschaftsschule (...), die er mit dem Hauptschulabschluß verließ. Da er noch keine genaue Berufsvorstellung hatte, besuchte er anschließend das Bildungszentrum für Einzelhandel (...). Diesen einjährigen Lehrgang schloß er erfolgreich ab. Sein Wunsch, eine Lehre als Einzelhandelskaufmann oder auch als Friseur zu beginnen, konnte nicht realisiert werden, da er aufgrund seines äußeren Erscheinungsbildes - der Angeklagte trug (...) eine sogenannte Flat-Frisur

(...), um sich von der Gesellschaft abzuheben - keine Lehrstelle finden konnte. (...) 1990 erhielt er eine Lehrstelle als Maurer (...), die er jedoch nach zwei Tagen aufgab, da ihm die Arbeit überhaupt nicht zusagte. (...) Ab 1991 fand der Angeklagte aufgrund eigener Initiative Arbeit bei (einer) Möbelspedition (...). (Urteilsschrift Nr.32)
1988 erreichte er (der Angeklagte: d.V) den Hauptschulabschluß, begann eine Ausbildung als Bäcker, die er nach einem Jahr in einer anderen Bäckerei fortsetzte. Nach einem weiteren Jahr mußte er sie wegen einer Mehlallergie abbrechen. Drei bis vier Monate war er darauf als Küchenhilfe in einem Hotel beschäftigt, dann als Autopfleger (...). Anschließend war er Wehrpflichtiger. (Urteilsschrift Nr.38).

Es bestätigt sich also keineswegs das Bild der Öffentlichkeit vom Prototyp eines fremdenfeindlichen Gewalttäters, der weder schulisch noch beruflich integriert ist. Die Einbindung der Jugendlichen in Schule, Lehre oder Beruf ist vielmehr überaus häufig zu finden. Was sich in vielen Fällen jedoch ebenfalls zeigt, sind berufsbedingte Unzufriedenheit, Überforderungen, mangelndes Durchhaltevermögen und fehlendes Selbstbewußtsein oder schlicht Desinteresse, die mit instabilen beruflichen Werdegängen einhergehen.

7.3.4 Vorstrafen und kriminelle Karrieren

Nach dem vorliegenden Aktenmaterial sind folgende Unterschiede hinsichtlich der Vorstrafen und kriminellen Vorbelastungen fremdenfeindlicher Straftäter zu finden.

Die Mehrzahl der fremdenfeindlichen Straf- und Gewalttäter hatte bisher noch keine Vorstrafen. Vor diesem Hintergrund wird die Tat aus der Perspektive der Justiz meist als Ausdruck von Gruppenzwängen und einem damit einhergehenden Konformitätsdruck angesehen.

Daneben gibt es Jugendliche mit leichten und wenigen Vorstrafen. Dominant sind hier einmalige, nicht sehr schwerwiegende Delikte, etwa 'Fahren ohne Fahrerlaubnis' oder 'Diebstahl geringwertiger Sachen'. Es handelt sich um eher jugendtypische 'Kleindelikte', die im Kontext der Jugendphase zu sehen, und als Abenteuer und jugendliche Grenzerfahrung einzustufen sind.

Drittens gibt es jene Gruppe von Jugendlichen, die bereits durch gravierende Delikte und Mehrfachdelinquenz aufgefallen sind, etwa wiederholter schwerer Diebstahl oder mehrfache schwere Körperverletzung.

Dazu folgende Beispiele:

(Der Angeklagte: d.V.) wurde 1984 wegen vorsätzlicher Körperverletzung ermahnt und hatte eine Weisung zu erfüllen. 1988 wurde er durch das Jugendschöffengericht (...) wegen Diebstahls in zwei Fällen verwarnt und hatte eine Geldbuße zu zahlen. 1989 wurde er durch das Jugendschöffengericht (...) wegen Diebstahl zu sechs Monaten Jugendstrafe, auf die Dauer von zwei Jahren zur Bewährung ausgesetzt, verurteilt. 1991 folgte ein Strafbefehl wegen Beförderungserschleichung mit einer Geldstrafe. 1992 wurde er durch das Amtsgericht (...) wegen Beleidigung zu 30 Tagessätzen Geldstrafe verurteilt. Vorausgegangen war eine Schlägerei, in deren Verlauf die Polizei gerufen wurde. Der Angeklagte beleidigte verschiedene Polizeibeamte. Durch weiteres Urteil des Amtsgerichts (...) vom 05.02.1992 wurde er wegen vorsätzlichen Verstoßes gegen das Waffengesetz und wegen Sachbeschädigung zu einer Gesamtgeldstrafe von 50 Tagessätzen verurteilt. Der Angeklagte war im Besitz eines Schlagrings und hatte gegen einen Pkw geschlagen, so daß hieran Sachschaden entstand. (Urteilsschrift Nr.38)

1987 wurde er durch das Amtsgericht (...) wegen Diebstahls in drei Fällen, Urkundenfälschung in Tateinheit mit Betrug und Vergehen gegen das Waffengesetz zu sechs Monaten Jugendstrafe verurteilt, ausgesetzt auf die Dauer von zwei Jahren zur Bewährung. Durch Urteil des Jugendschöffengerichts (...) vom Februar 1988 wurde er wegen Diebstahls in zwei Fällen und wegen vorsätzlicher Körperverletzung unter Einbeziehung der vorerwähnten Jugendstrafe zur Jugendstrafe von neun Monaten verurteilt. 1991 erging ein Strafbefehl wegen fahrlässiger Gefährdung des Straßenverkehrs mit einer Geldstrafe und ebenfalls 1991 durch das Amtsgericht (...) wegen Widerstands gegen Vollstreckungsbeamte in Tateinheit mit Beleidigung erneut eine Geldstrafe. Vor ca. drei Jahren wurde er durch das Amtsgericht (...) wegen Raubes zu neun Monaten Jugendstrafe verurteilt. Nach Verbüßung einer Untersuchungshaft läuft jetzt noch eine Bewährungszeit. (Urteilsschrift Nr.31).

Schließlich gibt es jene jugendlichen Mehrfachtäter, die zusätzlich bereits wegen der 'Verwendung von Kennzeichen verfassungswidriger Organisationen' und anderer politischer Straftaten vorbestraft oder verurteilt worden sind.

Strafrechtlich bisher wie folgt in Erscheinung getreten:

(...) wegen vorsätzlicher Körperverletzung (...).
(...) wegen Verwendens von Kennzeichen verfassungswidriger Organisationen in zwei Fällen. (...). Das Amtsgericht hat folgende Taten festgestellt:

1. Am Freitag, dem 19.05.1989 fand (...) eine öffentliche Veranstaltung der Partei 'Die Republikaner' statt. Der Angeklagte hatte im Verlaufe des Abends einige Biere zu sich genommen und war angetrunken. Am Ende der Veranstaltung wurde (...) die dritte Strophe des Deutschlandliedes gesungen. Der Angeklagte erhob sich zusammen mit seinen Freunden (...). Als (der Angeklagte: d.V) die rechte Hand zum Führergruß ausstreckte, erhoben auch (andere: d.V) den gestreckten rechten Arm zum sog. 'Hitlergruß'. Der Angeklagte verharrte in dieser Position.
2. Am 19.08.1989 fand (...) eine Demonstration 'Trauerfeier für Rudolf Hess' statt. Zu dieser Trauerfeier fuhr der Angeklagte (...) mit seinem Pkw (...), wobei er Bekannte mitnahm. Um 13.15 Uhr wurde sein Pkw (...) kontrolliert. Im Handschuhfach des Fahrzeugs wurden folgende Gegenstände gefunden: 1 Aufnäher mit Hakenkreuz, 11 Zettel mit schwarzem Hakenkreuz auf weißem Grund, rot umrandet mit der Aufschrift: 'Wir sind wieder da! NSDAP-AO Box 6414 Licoln, NE 68d506 USA' sowie zwei Hitlerbilder. Der Angeklagte hielt diese Kennzeichen verfassungswidriger Organisationen vorrätig, um sie zu verbreiten oder öffentlich zu verwenden. (Urteilsschrift Nr.22).

Ein Zusammenhang zwischen Vorstrafen und dem Verhalten fremdenfeindlicher Straf- und Gewalttäter ist erkennbar. So zeigen sich die Jugendlichen ohne Vorstrafen bzw. mit leichten, einmaligen Vorstrafen bei fremdenfeindlichen Straf- und Gewalttaten oft passiv, treten eher zurückhaltend auf und verhalten sich weniger aggressiv, es sei denn, sie lassen sich unter Gruppendruck zu 'Mutproben' und 'Heldentaten' hinreisen: dann können sie auch Taten begehen, deren Konsequenzen von ihnen oftmals nicht bedacht werden. Die unter c) und d) beschriebenen Jugendlichen, jedoch die Mehrfachtäter und die politisch Vorbestraften, übernehmen dagegen in der Tatsituation häufig die Initiative, und erhalten zuweilen eine Führerfunktion.

7.4 Genese von gewalttätigen Handlungsmustern - Fremdenfeindliche Gewalt als Gruppentat

Nachdem nun anhand des empirischen Materials biographische Merkmale der zumeist jugendlichen Täter dargelegt wurden, sollen im folgenden die fremdenfeindlichen Gewalttaten und ihre situativen Kontexte und Bedingungen konkretisiert werden.

7.4.1 Träger fremdenfeindlicher Gewalt: Gewaltaffine jugendliche Subkulturen und Freizeitcliquen

Sowohl aus den Daten der Polizei als auch aus der Analyse von Urteilsschriften läßt sich entnehmen, daß die fremdenfeindlichen Straf- und Gewalttaten typischerweise als eine kollektive Form des Handelns in Gruppen oder aus Gruppenkontexten heraus zu kennzeichnen ist. Aus diesem Grunde ist es notwendig, diejenigen jugendlichen Gruppen und Subkulturen in den Blick zu nehmen, die in den Urteilsschriften besonders häufig als Tätergruppen thematisiert werden: die Subkulturen der Skinheads einerseits sowie unterschiedliche jugendliche Freundes- und Freizeitcliquen andererseits. Zusätzlich müssen die gruppendynamischen Prozesse der Generierung von Gewaltbereitschaften sowie die spezifischen Gelegenheitsstrukturen berücksichtigt werden.

A. Die Subkultur der Skinheads

Viele der von uns analysierten Urteilsschriften verweisen auf eine z.T. über mehrere Jahre bestehende Zugehörigkeit der jugendlichen Täter zur Skinhead-Szene. Dabei wird in der Regel sowohl der Binnendifferenzierung der Skinhead-Szene nach politischen oder unpolitischen, rechten oder linken Skinheads Rechnung getragen, als auch zwischen der Gruppenzugehörigkeit und der Identifikation mit politisch/ausländerfeindlichen Ideologien unterschieden.

Mit der Zugehörigkeit zu der Skinheadszene kann zwar auch ein politisches Interesse und eine ideologische Identifikation verbunden sein. Oft aber wird von den Tätern selbst eine politische Zielsetzung und diesbezügliches Engagement eher abgelehnt.

(Der Angeklagte: d.V) ist seit etwa 3 Jahren Mitglied der (...) Gruppe der Skinheads, (...). Er selbst bezeichnet sich als 'unpolitischen Skin', der ei-

gentlich handgreifliche Auseinandersetzungen und ausländerfeindliche Parolen ablehne. Früher habe er sich einmal mit den Wurzeln der Skinheadbewegung in den Arbeitervierteln Englands beschäftigt, auch diese Ur-Skins seien keiner politischen Richtung nahegestanden. (Urteilsschrift Nr.22).
Etwa ab 1989/1990 gab der Angeklagte nach seiner Einlassung seine politischen Aktivitäten auf, zählte sich jedoch weiterhin zu den Skinheads, mit denen er im wesentlichen seine Freizeit verbrachte. So war er zusammen mit anderen Skinheads sehr häufig in einer Gaststätte (...). Der Angeklagte hatte - (...) - eine Glatze, trug Bomberjacke und Springerstiefel. (Urteilsschrift Nr.41).

Selbst Jugendliche, die sich zur rechtsradikalen Skinszene zählen, haben oft eher ausgeprägte fremdenfeindliche Feindbilder und Vorurteile, als dezidiert politische Vorstellungen, Motive und Strategien.

Der Angeklagte (...) interessierte sich daneben für politische Fragen. Dabei entwickelte er im Laufe der Zeit nach seiner eigenen Einschätzung eine rechtsgerichtete Einstellung. So vertrat er in der Schule u.a. die Parole 'Deutschland den Deutschen'. Im Alter von 13 bzw. 14 Jahren war es zwischen ihm und türkischen Jugendgruppen zu Konfrontationen gekommen, die zu einer unfreundlichen Gesinnung gegen ausländische Jugendgruppen führte. In der Folge fühlte sich der Angeklagte eher zu den (...) Skinheads hingezogen. Zeitweise bestimmte sich seine äußere Erscheinung entsprechend dieser Tendenz. Eine explizit rechtsextreme Einstellung hatte sich bei dem Angeklagten jedoch nicht verfestigt. (Urteilsschrift Nr. 34).

Daneben gibt es jedoch auch jene Skins, die sich über die eigene (fremdenfeindliche und rechtsorientierte) Gruppe hinaus auch für rechtsextremistische Parteien und Ideologien interessieren und hier auch aktiv werden.

Der Angeklagte interessierte sich zudem für die derzeit bestehenden rechtsradikalen Gruppierungen. So hatte er Kontakte zur 'Nationalistischen Front' ('NF') (...). Der Angeklagte war zudem bei einer Wahlveranstaltung der DVU (...) tätig. Auch hatte er zur NPD persönlichen Kontakt (Urteilsschrift Nr.41).
Der Angeklagte war in der Vergangenheit politisch aktiv und kandidierte bei der Bürgerschaftswahl (...) für die Nationale Front. Sich selbst bezeichnet der Angeklagte allerdings nicht als Rechtsradikalen, sondern als sogenannten 'Nationalrevolutionär'. (Urteilsschrift Nr.35).

Nach Auffassung der Richter handelt es sich bei der Mehrzahl der Gruppen im Bereich der Subkultur der Skinheads nicht um solche, die sich durch eine verfestigte rechtsextremistische Haltung und Zielsetzung auszeichnen. Fremden- und ausländerfeindliche, auch rechtsradikale Parolen werden für sich allein von den Richtern noch nicht als verfestigtes politisches Gedankengut gewertet. Die Aussagen der einzelnen Täter bestätigen diesen Eindruck, wenngleich Opportunitätsgesichtspunkte im Hinblick auf das Urteil eine Rolle gespielt haben dürften. Die Differenzierung zwischen Gruppenzugehörigkeit und individuellen Überzeugungen macht jedoch auf etwas entscheidendes aufmerksam: die Einbindung der Täter in die Skinhead-Szene findet meist weniger über politisch-ideologische Überzeugungen als vielmehr über soziale Mechanismen statt. In den Urteilsschriften werden auch eine Vielzahl spezifischer Funktionen und Bedeutungen der Gruppenzugehörigkeit hervorgehoben:

a) *Solidaritätsangebote und -leistungen:* Eine zentrale Rolle kommt dem starken Gruppenzusammenhalt und den Solidaritätserfahrungen/-erwartungen innerhalb der Gruppe zu. So wird bei vielen Tätern die besondere Bedeutung der gegenseitigen Kooperation, des unbedingten Zusammenhalts, des Zueinanderstehens in allen Situationen hervorgehoben. Kollektive Aktionen wie z.B. die Angriffe auf Asylbewerberheime, aber auch die Situation vor Gericht werden als Prüfstein für die Solidarität innerhalb der Gruppe gesehen, dem sich niemand ohne Strafe entziehen kann. Solidaritätserwartungen der Gruppe und unbedingter Konformitätsdruck spielen daher zur Erklärung des Verhaltens für die Richter eine entscheidende Rolle.

> Er wollte sich nicht gegen die überwiegende Meinung in der Gruppe stellen, um weiterhin das Wohlwollen der Gruppenmitglieder genießen zu können. Offensichtlich bedeutete ihm die Gruppe und das Zusammengehörigkeitsgefühl so viel, daß er es nicht wagte, seine Gruppenmitgliedschaft aufs Spiel zu setzen. Hierin kommt zweifellos ein unausgereiftes und ungefestigtes Persönlichkeitsbild zum Ausdruck. Gleichwohl mußte sich der Angeklagte sagen lassen, daß gerade Gruppendelikte wie das vorliegende oft nur durch das Mitläufertum anderer begangen werden können, da sich die Haupttäter in der Gruppe sicher und geborgen fühlen können und bei auftretenden Komplikationen auf die Mithilfe der anderen Gruppenmitglieder rechnen können. Positiv erscheint, daß der Angeklagte das Unrecht seines Han-

delns eingesehen hat und heute sein Bedauern darüber zum Ausdruck bringt. (Urteilsschrift Nr.24).
Der Angeklagte war (...) beeindruckt durch das Leitbild, das in den Skinheadgruppen herrscht, die Kameradschaft und die Art der Freizeitgestaltung (Musikkonzerte besuchen, Besäufnisse bis zur Bewußtlosigkeit, Schlammschlachten), die in diesen Gruppen gepflegt wird. Vor allem der Umstand, daß der Angeklagte bei den Skinheads sein Leitbild fand, war für ihn wichtig. (Urteilsschrift Nr.41)
Einmal hätten zwei Kumpels Schwierigkeiten mit Ausländern gehabt, da sei er dazwischen gegangen und habe aufgrund seiner Körpergröße und Kraft auch Erfolg gehabt. Für die Anwendung von Gewalt sei er nur, wenn Kumpels in der Klemme seien. (...) wichtig seien für ihn vor allem die 'Kumpels'. (Urteilsschrift Nr.29)

b) *Kommunikationsangebote und -leistungen:* Die Gruppe agiert als 'Kompensationsagentur' für die unterschiedlichsten Bedürfnisse und Wünsche, die in anderen Bereichen, etwa in der Familie, nicht abgedeckt werden. In dieser Form erfüllt die Subkultur der Skinheads eine 'sozial-integrierende' und identitätsbildende Funktion, durchaus vergleichbar mit andersgearteten Freizeitcliquen, die sich beispielsweise über Musik, Filme oder sonstige Interessenskongruenzen finden und definieren.

(Der Angeklagte: d.V) ist über Freunde zu der Gruppe der Skinheads (...) gekommen, (...). Kontakt in der Gruppierung hat er zumeist zu älteren Heranwachsenden, mit denen er sprechen kann. Er hat hier das Gefühl, als Person angenommen zu sein und Gespräche führen zu können, wie er sie zu Hause seltener führen kann. (Urteilsschrift Nr.22).
(Der Angeklagte: d.V) hört in seiner Freizeit Musik und trifft sich oft mit gleichgesinnten Freunden. Mit ihnen debattiert er auch über Politik und Ausländerfragen, (...). (Urteilsschrift Nr.29)

c) *Schutzfunktionen:* Die Gruppe verspricht Akzeptanz und Geborgenheit, Loyalität und Sicherheit. Sie übernimmt Schutzfunktionen bei Auseinandersetzungen mit gegnerischen Jugendgruppen oder Jugendgangs. Oft wird die Stärke und Kraft der Gruppe als Solidargemeinschaft von den Tätern als Garant für die eigene Sicherheit angesehen.

Außerdem schloß er sich der Gruppe der 'Skinheads' (...) an, denen er sich 2 Jahre lang zugehörig fühlte. Ihn zog an, daß innerhalb der Gruppe eine starke Bindung der Mitglieder untereinander bestand, außerdem der gemeinsame Wunsch, eine Gruppe zu bilden, die ein

Gegengewicht zu 'Türkengruppen' darstellen sollte, mit denen man 'schlechte Erfahrungen' gemacht habe und vor denen man sich nur dadurch schützen könne, daß man, (...), als Gruppe auf der Hut sei und auch einmal angreife (Urteilsschrift Nr.22).

(Der Angeklagte: d.V) hat sich bereits früh den sogenannten 'Psyks' bzw. 'Psycho-Billies' angeschlossen, angeblich deshalb, weil er als 10- bis 12-jähriger Junge 'öfters eine von Türken aufs Maul bekommen' habe. Da diese Gruppe 'zu lasch' gewesen sei und er immer noch von Türken und Rockern angerempelt oder sonst mißliebig behandelt worden sei (...), sei er zu den 'Skins' (...) gewechselt. Wenn er mit Leuten aus dieser Gruppierung unterwegs gewesen sei, sei ihm dann nichts mehr passiert. (Urteilsschrift Nr.22).

d) *Abgrenzungsfunktion:* Abgrenzungsversuche der jugendlichen Gruppen dienen ihrer Identitätsbildung. Durch die Abgrenzung nach außen stabilisiert sich die Gruppe in ihrem Innern. Insbesondere Gemeinschaftserlebnisse oder eine Übereinstimmung in der politischen Orientierung und im Fremdenhass können für die Identitätsgewinnung der Gruppe relevant werden.

In Abgrenzung gegenüber anderen Jugendlichen bezeichnete man sich als 'vaterlandstreu'. (...). Ihr Gemeinschaftserlebnis fanden sie unter anderem im Anhören 'deutscher Musik', was immer sie darunter verstanden (Urteilsschrift Nr.1).

B. Freundesgruppen und Freizeitcliquen

Angriffe auf Asylbewerberunterkünfte oder gegen einzelne Ausländer werden - vor allem auch in den Medien - häufig im Zusammenhang mit der Skinhead-Szene oder rechtsextremistischen Gruppierungen thematisiert. So entsteht häufig der Eindruck allein rechtsradikale und neonazistische Gruppierungen wären für die Gewalt gegen Ausländer verantwortlich. Das unserer Analyse zugrundeliegende Material zeigt jedoch sehr wohl, wie häufig gerade informelle Gruppen, vor allem ganz alltägliche Freundesgruppen und Freizeitcliquen, Gewalt gegen Fremde praktizieren, ohne einer nationalistischen Ideologie verpflichtet zu sein. Auffallend ist bei diesen Freizeitcliquen die 'Normalität' und Unauffälligkeit der Jugendlichen. Es handelt sich um junge Menschen, die jugendtypischen Aktivitäten und Interessen nachgehen, die einfach die Freizeit gemeinsam verbringen. Verfestigte politische Einstellungen und auch Fremdenfeindlichkeit spielen hier eine untergeordnete Rolle.

Der Angeklagte war bzw. ist Mitglied einer Clique von Gleichaltrigen, die sich regelmäßig an einem bestimmten Platz (...) treffen, um die Freizeit gemeinsam zu gestalten. Man sprach auch in erheblichem Maße dem Alkoholkonsum zu. Am Abend des 12.11.1991 begab sich der Angeklagte wiederum zu dem Gruppentreffpunkt, wo die anderen Gruppenmitglieder (...), bereits anwesend waren. Der Schwerpunkt der Gruppe bestand darin, die Freizeit 'totzuschlagen'. Es ging darum, Alkohol zu trinken, Musik zu hören und auf den Spielplätzen 'herumzuhängen'. (Urteilsschrift Nr. 23).
Anfang 1990 bildete sich langsam eine Jugendgruppe (...), die sich regelmäßig auf verschiedenen Spielplätzen und in der Nähe eines Supermarktes (...) traf. (...). Die Gruppe zeichnete sich im wesentlichen dadurch aus, daß ihre Mitglieder in unterschiedlicher Zusammensetzung sich auf den Spielplätzen trafen, dort Alkohol tranken, miteinander diskutierten, Musik hörten, auf den angrenzenden Spielplätzen Fußball spielten und sonstige Unternehmungen starteten. (...). Seit Existenz der Gruppe bildete die dichte Beziehung zu den Freunden aus dieser Gruppe bei den einzelnen Mitgliedern das sozial tragende Element des Freizeit-Lebenszusammenhanges. (Urteilsschrift Nr.34).

Solidaritäts- und Loyalitätsnormen, Zusammengehörigkeitsgefühle und eine starke Identifikation des Einzelnen mit der Gruppe sind auch hier - wie bei den Skins - für den Gruppenzusammenhalt verantwortlich. Anhand des Aktenmaterials wird deutlich, daß sowohl Skingruppen als auch 'normale' Freundesgruppen und Freizeitcliquen insbesondere über Gefühle, Identifikationen mit der Gruppe und partikularistische Loyalitäten als zentrale Steuerungsmechanismen funktionieren.

Hier deutet sich bereits an, daß Aktionen gegen Ausländer oder Asylbewerberheime z.T. auch aus Action- und diffusen Gewaltbedürfnissen heraus begangen werden, für deren Legitimation sich fremdenfeindliche Slogans und Vorurteile und nationalistische Parolen dann bestens anbieten und eignen.

7.4.2 Kristallisationspunkte fremdenfeindlicher Gewalt

Hier stellt sich nun die Frage, wie die von diesen Gruppen ausgeübten Gewaltaktionen gegen Ausländer zustande kommen, insbesondere wenn davon ausgegangen werden kann, daß bei ihnen nur z.T. verfestigte politische Motivationen und entsprechend instrumentelle Orientierungen eine Rolle spielen. Dies öffnet die Perspektive für die Frage nach Kristallisationspunkten und Anlässen, Gelegenheitsstrukturen und Eskalationsprozessen fremdenfeindlicher Gewalttaten.

7.4.2.1 Anlässe, Gelegenheitsstrukturen und Tattypen

Langfristige Planungen, ein organisiertes Vorgehen und politisch-strategische Ausrichtung der fremdenfeindlichen Aktionen spielten bei den fremdenfeindlichen Gewalttaten bisher eine untergeordnete Rolle. Nach Ansicht der Richter wußten die Jugendlichen in vielen Fällen meist noch nicht, wenn sie zusammen kamen, was sie später tun würden. Daher verdienen spezifische Situationszusammenhänge und Kontexte, aus denen heraus fremdenfeindliche Gewalt entsteht, besondere Aufmerksamkeit. Aus den Gerichtsakten lassen sich Ausgangspunkte (Entstehungsorte), Anlässe und Kontexte fremdenfeindlicher Gewaltkriminalität herauslesen.

a) Häufig entwickelt sich die fremdenfeindliche Handlung aus spontanen, informellen Treffen in den Freizeitcliquen oder anderen Gruppen. Solche Treffen finden etwa im Verlauf von Feiern (z.B. Wiedervereinigungsfeier), Festen oder privaten Parties statt, oder sind Ergebnis zufälliger Begegnungen, spontaner Aktionen oder einfach von Alltagsroutinen. Auch die Orte entsprechen der informellen Qualität der Treffen: es handelt sich häufig um Treffpunkte in Parkanlagen, oder auch um Marktplätze in kleineren Städten, Gaststätten, Diskotheken oder private Wohnungen. Folgende Auszüge aus den Urteilsschriften beschreiben derartige Treffpunkte und Anlässe.

> Am Abend des 16.08.1991 fand in einer Diskothek (...) eine Disco-Tanzveranstaltung statt. Daran nahmen auch 20 bis 30 Jugendliche und Heranwachsende (...) teil, (...). Ohne besonderen Anlaß kam (...) im Verlaufe des Abends der Gedanke auf, 'noch etwas loszumachen' und 'zu den Ausländern hoch zu gehen'. (Urteilsschrift Nr.42).
> Am 2. Oktober 1991 trafen sich die Angeklagten mit Gesinnungsfreunden (...) in der Wohnung des Gruppenmitglieds (...), um in den 3. Oktober hineinzufeiern. Das Fest wurde kein großer Erfolg. Die meisten verließen es vorzeitig. Schließlich entfernten sich auch die Angeklagten. Sie brachen im Pkw (eines der Angeklagten: d.V) auf, der von diesem gesteuert wurde. Spätestens auf dieser Fahrt kamen sie auf den Gedanken, eine - wie sie sich ausdrückten - 'Aktion' gegen das im Ort befindliche Asylantenheim zu starten. Sie einigten sich darauf,

von außen her Molotow-Cocktails gegen das Asylantenheim zu werfen. (Urteilsschrift Nr.1).
Am Abend (...) trafen sich mehrere Mitglieder der Gruppe an einem ihrer üblichen Treffpunkte (...). Zugegen waren an diesem Abend die meisten Mitglieder der Jugendgruppe, (...). In der gesamten Gruppe wurde im Verlauf des Abends über die aktuellen Ereignisse, insbesondere diejenigen in Hoyerswerda diskutiert. Das Gespräch verdichtete sich dahingehend, daß mehrere Gruppenmitglieder der Auffassung waren, daß (...) etwas unternommen werden müßte. (Urteilsschrift Nr.34).

Die Tat wird im Vorfeld der Treffen nicht geplant, was sich auch daran zeigt, daß die Täter (zunächst) nicht bewaffnet sind. Am Anfang steht meist schlicht das Bedürfnis 'etwas loszumachen', bzw. 'etwas unternehmen zu müssen'. Erst im Verlauf dieser Treffen ergeben sich oft die Ideen und konkreten Anlässe für fremdenfeindliche Gewalttaten. Häufig entwickeln sich die Straftaten relativ kurzfristig und spontan als Ergebnis kollektiver Stimulierung und Enthemmung in der Gruppe: wer Opfer und Objekt der Aggression wird, hängt dann oft von zufälligen Begegnungen ab. Freilich verweist gerade die Unorganisiertheit und Diffusität von Gewaltbereitschaft und ihre spontane, situations- und anlaßabhängige Ausrichtung gegen Fremde darauf, daß 1) die Jugendlichen selbst durch ein hohes Maß an Fremdenfurcht und Fremdenhass gekennzeichnet sind und 2) daß sie wie selbstverständlich von einem ausländerfeindlichen Konsens in ihrem Umfeld ausgehen, ohne den sie vielfach die Kraft, die 'kriminellen' Energien für ihre Taten (bis hin zu Mord) nicht aufbringen würden.

b) Neben dieser eher 'spontanen' Genese von Gewaltereignissen konnten wir in den von uns untersuchten Urteilsschriften auch Gewalttaten ausmachen, die im Vorfeld geplant und organisiert wurden. Sowohl die Auswahl der Aggressionsobjekte und potentiellen Opfer, als auch die Vereinbarung über die Tat liegen zeitlich vor der eigentlichen Gewalttat. Die folgenden Beispiele beziehen sich auf ein gezieltes Vorgehen gegen Asylbewerberheime insbesondere durch Brandanschläge und Sachbeschädigungen oder 'bloße Randale' davor. Hier wird nunmehr auch die Bewaffnung der Täter relevant.

Am Abend des 8. Februar 1991 hatten die Angeklagten und eine Vielzahl ihrer Freunde ein Treffen in einer Gaststätte. (...). Zu diesem Zweck war unter dem Vorwand eines Klassentreffens ein Raum in dieser Gaststätte angemietet worden. An diesem Treffen (...) nahmen die Angeklagten und mindestens sieben weitere Personen teil. Man trank ausschließlich Bier. Die Angeklagten und ihre Freunde waren teilweise mit Messern, Schlagstöcken, Gaspistolen und Gassprühgeräten ausgerüstet. Der Angeklagte (...) hatte einen Rucksack bei sich, in dem sich Zutaten für Molotowcocktails befanden. Vermutlich wollte man sich treffen, um später gemeinsam loszuziehen und gegen Ausländer gerichtete Aktionen zu starten, was sich daraus ergibt, daß der Angeklagte (...) später bei seiner ersten polizeilichen Vernehmung angab, man habe sich getroffen, um 'Türken klatschen zu gehen'. (Urteilsschrift Nr.3).
Am 3.10.1991 traf sich in der Innenstadt (...) eine größere Gruppe von Jugendlichen und Heranwachsenden (...), darunter auch die Angeklagten, (...). Von einigen der Gruppe, (...), war bereits zuvor vereinbart worden, an diesem Tag gemeinsam zu dem Asylantenwohnheim (...) zu ziehen und dort 'Randale' zu machen. (Urteilsschrift Nr.15).

c) Die Mehrzahl von fremdenfeindlichen Gewalttaten stellen jedoch eine Mischform aus Spontaneität und Planung dar. So lassen sich bei dem folgenden Beispiel einzelne Phasen der Tatentwicklung und des Tatablaufs unterscheiden. Ausgangspunkt der Tat war entsprechend der zitierten Urteilsschrift ein Treffen der jugendlichen Täter in der Wohnung eines der Gruppenmitglieder bei dem es darum ging, in den 3.Oktober hinein zu feiern und sich zu amüsieren. Eine vorausgegangene Planung und Organisation der Tat gab es nicht. Erst im Laufe des Abends entwickelte sich dann die Idee, einen Anschlag auf ein Asylbewerberheim durchzuführen. Dieses Vorhaben wurde dann jedoch sowohl bezüglich der Art der Tat, des Objektes der Gewaltanwendung und auch des Vorgehens und der Bewaffnung ausführlich thematisiert und abgesprochen. Auch am Tatort handelten die jugendlichen Täter keineswegs unüberlegt. Dafür sprechen das Parken des Fluchtfahrzeugs etwa 100m vom Asylantenheim entfernt, auch die Art, wie sie das Fahrzeug dort abstellen, 'mit der Spitze in der beabsichtigten Fluchtrichtung'.

Zur Ausführung der Tat fuhren die Angeklagten zunächst zur Wohnung des Angeklagten (...). Dort begaben sie sich in die Garage (...), um Molotow-Cocktails herzustellen. (...). Inzwischen war man sich darüber klar geworden, daß man bei der Tat ein Fluchtfahrzeug benötigte, mit dem man andererseits wegen Entdeckungsgefahr nicht bis an das Asylantenheim heranfahren konnte. Man bestieg erneut den Pkw (eines der Angeklagten: d.V), der von diesem gesteuert wurde, während die beiden anderen die Molotow-Cocktails in den Händen hielten. Man fuhr bis zu der vom Asylantenheim reichlich 100 Meter entfernten Ecke (...) und parkte das Fahrzeug dort so, daß es mit der Spitze in der beabsichtigten Fluchtrichtung stand. Dann gingen die Angeklagten zu Fuß (...) zur (...)-Straße, wo sich (...) das Asylantenheim befindet. (...). Jeder Angeklagte hatte einen Molotow-Cocktail in der Hand. (...). (Einer der Angeklagten: d.V) sah (...) davon ab, seinen Molotow-Cocktail gegen das Asylantenheim zu werfen. Er setzte zwar die Lunte des Molotow-Cocktails in Brand, schleuderte ihn aber nicht in Richtung auf das Heim, sondern in fast entgegengesetzter Richtung auf einen auf dem Parkplatz stehenden VW-Golf, von dem er zutreffend annahm, daß er einem Heimbewohner gehörte. (...). Der Molotow-Cocktail landete in der Nähe des Pkws und funktionierte nicht, weil er während des Fluges die Lunte verloren hatte. Inzwischen hatten (die beiden anderen Angeklagten: d.V.) ebenfalls die Lunten ihrer Molotow-Cocktails in Brand gesetzt. (...). Sie schleuderten ihre Mo-lotow-Cocktails gegen die Giebelwand des Heimes. (Urteilsschrift Nr.1).

In einem zweiten Textbeispiel werden parallel strukturierte Einzelphasen im Tatablauf erkennbar. Zunächst als Ausgangspunkt das informelle Treffen, dann ein fast einem Ritual gleichendes Verhalten des gegenseitigen 'Haareschneidens', dem sich die Herstellung der Waffe unmittelbar anschließt. Daraufhin die Fahrt zum Tatort, wo das Vorhaben schließlich realisiert wird.

Am 05.10.1991 gegen 0.20 Uhr verließen die Angeklagten die Wohnung des Angeklagten (...). Sie begaben sich mit dem PKW (...) - auf der Motorhaube des Wagens sind großformatig in einem runden Kreis die Buchstaben OI, versehen mit einem Ausrufezeichen, aufgebracht - (...) zur Wohnung (eines weiteren Angeklagten: d.V). (Hier schnitten die Angeklagten sich gegenseitig die Haare ab: d.V). (Einer der Angeklagten: d.V) holte sodann 6 leere Bierflaschen (...) aus seinem Keller, in denen die Molotowcocktails präpariert werden sollten. Nach Verlassen der Wohnung fuhren die Angeklagten (...) zur (...) Tankstelle (...). Sie fuhren nunmehr zu dem in unmittelbarer Nähe des Aussiedlerwohnheimes gelegenen Parkplatz. (...). Nachdem die Molotowcocktails gegen 0.40 Uhr fertiggestellt worden waren, ging der Angeklagte (...) alleine zum Wohnheim, um die den Angeklagten bis dahin nicht näher bekannten Örtlichkeiten auszukundschaften. (...). Als (dieser: d.V) zurückkehrte, teilte er den übrigen mit: 'Scheiße, die haben Rolladen!'. Dieses hatten die Angeklagten nicht erwartet. (...). Sie verständigten sich dahin, ihren ursprünglichen Plan soweit wie eben möglich zu realisieren, und das Gebäude in Brand zu setzen, indem sie die Molotowcocktails von außen gegen die Wände und Rolladen schleuderten. (...). (Ein Angeklagter: d.V) verblieb im Einvernehmen mit den anderen am Auto, um nach der Ausführung der Tat eine schnelle Flucht sicherzustellen. (Urteilsschrift Nr.5).

Zusammenfassend ist festzuhalten: Eine Vielzahl von fremdenfeindlichen Straf- und Gewalttaten, insbesondere Brandanschläge auf Asylbewerberheime und Häuser ausländischer Mitbürger, sind durch eine solche Kombination von zufälligen und spontanen Aspekten einerseits und strategischem Vorgehen und Organisation andererseits gekennzeichnet. Der Aspekt der Spontaneität bezieht sich auf die Tatsache, daß es in aller Regel keine Vorab-Planung oder Absprache (über einen längeren Zeitraum hinweg) gibt, sondern eher alltägliche Situationen wie informelle Treffen, Feste oder schlicht Saufgelage die Ausgangssituation darstellen. In diesen Situationen können dann ausländerfeindliche Stimmungen und spontane Handlungsbedürfnisse erzeugt, aktualisiert und produziert werden. Auslöser für entsprechende Handlungsbereitschaften können z.B. aktuelle Medienberichte über 'die Asylproblematik' oder über fremdenfeindliche Gewalttaten andernorts sein, aber auch Gerüchte über 'Ausländerkriminalität' oder eigene unmittelbare Erfahrungen mit 'Ausländern'.

Der Aspekt der Planung und Organisation bezieht sich auf das unmittelbare Vorgehen gegen das Objekt und den Tatablauf. In der Regel müssen Brandsätze besorgt, Fluchtfahrzeuge und -wege organisiert, Vorgehensweisen abgesprochen und Objekte ausgewählt werden. Dies alles braucht seine Zeit. Insofern handelt es sich nicht nur um spontane, affektgesteuerte Verhaltensweisen, sondern durchaus auch um Handlungen, die von schädlicher 'krimineller' Energie zeugen: d.h. von starken Vorurteilen und fremdenfeindlichen Einstellungen, von stabilen, aversiven Emotionen und von tragfähigen Legitimationen und Überzeugungen von der Richtigkeit und Angemessenheit des eigenen Handelns.

7.4.2.2 Die Eigendynamik von Gruppenprozessen

Nachdem wir einige typische Situationen und Tatformen beschrieben haben und deutlich geworden ist, daß die langfristig geplante und organisierte Tat (bislang jedenfalls) eher die Ausnahme ist, sollen nun mögliche gruppendynamische Faktoren thematisiert werden, um die Genese von Handlungsbereitschaften und die Bedingungen ihrer Realisierungen näher zu bestimmen. Hierbei spielen nach Analyse der Gerichtsakten unterschiedliche Faktoren eine Rolle.

a) *Enthemmung durch Alkohol*: In den weitaus meisten der uns vorliegenden Fälle ging den jeweiligen Taten ein hoher Alkoholkonsum voraus. Ein erhöhter Alkoholkonsum führt in der Regel zu einer Reduzierung der Urteilskraft, einer Entdifferenzierung der Wahrnehmungs- und Denkweisen (Schwarz-Weiß Denken), sowie zu einer handlungsaktivierenden Dominanz spontaner Affekte und Stimmungen. Durch Alkoholgenuß können so bereits vorhandene ausländerfeindliche Einstellungen und Vorurteile und damit verbundene Affekte der Wut, des Hasses, der Furcht oder des Ekels drastisch intensiviert und unter Ausschaltung aller moralischen Überlegungen freigesetzt werden, die Hemmschwelle zur Gewaltbereitschaft kann deutlich reduziert werden. Die Gewalthandlungen sind daher z.T. eher diffus-emotional, denn instrumentell-rational gesteuert. Eine solche enthemmende und stimulierende Wirkung des Alkoholgenusses wird in den Gerichtsurteilen häufig eingeräumt, wenngleich es nicht durchgängig zur Anerkennung einer verminderten Schuldfähigkeit der Täter aus diesem Grunde kommt. Es ist nicht auszuschließen, daß die enthemmende und stimulierende Wirkung des Alkohols z.T. auch von den Jugendlichen gezielt eingesetzt wird.

Beide Angeklagte waren aufgrund des vorangegangenen Alkoholgenusses enthemmt, ihnen war aber bewußt, was sie taten und sie konnten ihr Verhalten steuern. (...). (Urteilsschrift Nr.26).
Daß (die Angeklagten: d.V.) geringfügig alkoholisch enthemmt waren, vermag sie nicht zu entlasten, denn alle wissen, daß sie nach Alkoholgenuß, zu dem es in ihren Kreisen wiederholt in exzessiver Weise gekommen ist, auffällig geworden waren. (Urteilsschrift Nr.7).
Der Alkohol mag bei beiden (Angeklagten: d.V.) eine Rolle gespielt haben, dennoch kann nicht toleriert werden, daß in dieser Weise gegen ausländische Mitbürger vorgegangen wird. (Urteilsschrift Nr.13)

b) *Stimulierung über Musik mit rechtsradikalen bzw. ausländerfeindlichen Inhalten*: In einer Reihe von Fällen spielt die Stimulierung über Musik, konkreter über Musik mit rechtsradika-

len, rassistischen und gewaltaffinen Inhalten, eine zentrale Rolle für die situative Entwicklung von Gewaltbereitschaften. Dies trifft nicht nur für politisch orientierte rechtsextreme Gruppierungen zu, sondern auch für die Skinheadszene sowie für Freundes- und Freizeitcliquen.
In den Texten werden einerseits entsprechende Feindbilder präsentiert und bestimmte Opfergruppen zur Aggression freigegeben. Dabei spielen dehumanisierende Äußerungen eine wichtige Rolle. Andererseits werden Tötungs-, Vertreibungs- und Vernichtungsparolen ausgegeben, die aggressive Handlungsbereitschaften weiter verstärken und konkretisieren.

Es wurde gefeiert. (Die Angeklagten: d.V) tranken Bier, (...) zusätzlich eine Flasche Whisky. (...). Die Angeklagten hörten - (...) - sogenannte Oi-Musik. Es handelt sich dabei um Musik, deren Texte einen rechtsradikalen Inhalt haben und sich in haßerfüllter Weise gegen alles 'Nicht-Deutsche' wenden. Über die Liedertexte redeten die Angeklagten. Irgendwann im Verlaufe des Abends - die Stimmung wurde infolge Alkoholgenusses und des Hörens der Oi-Musik zunehmend aggressiver - kam das Gespräch auch auf die Asylantenwohnheimanschläge von Hoyerswerda und vor allem Hünxe. (...). Sie unterhielten sich nunmehr über die Einzelheiten dieser Tat. In dieser ausländerfeindlich aufgeputschten Atmosphäre wurde die Idee geboren, es den Hünxer Attentätern gleichzutun (...). (Urteilsschrift Nr.5).

c) *Thematisierung von Medienereignissen und Nachahmungseffekte*: Die in der Öffentlichkeit zunehmende Aufmerksamkeit für fremdenfeindliche und gewaltbereite Gruppen, die Darstellung von Brandanschlägen auf Asylbewerberheime in den Medien, und die zum Teil öffentliche Sympathiebekundung für die Täter und ihre Taten haben in der Regel deutliche Nachahmungseffekte: die 'Rezeption' solcher Ereignisse und Berichte in gewaltaffinen 'rechten' Jugendgruppen führt zu einer Verstärkung eigener aggressiver Motive und reduziert zugleich die Unsicherheit und das Risiko bezüglich der Begehung von Gewalttaten. Anders als von den Medien intendiert werden die Berichte (u.v.a. die Bilder) über Ausländerfeindlichkeit und entsprechend motivierte Gewalttaten von den fremdenfeindlichen Jugendlichen als Hinweis gesehen, daß sie mit ihren Einstellungen nicht alleine sind. Die Jugendlichen orientieren sich darüberhinaus an spektakulären Medienereignissen, die sowohl als Auslöser, als auch als Handlungsvorlage dienen. Angriffe auf Asylbewerberheime werden z.T. so, wie sie in den Medien gezeigt wurden, kopiert. Aufgrund deutlicher Parallelen in der Tatplanung und in dem Tatvorgehen stufen die Gerichte daher auch viele Fälle als Nachfolgetaten oder Nachahmungstaten ein.

Die drei Angeklagten kamen (...) auf die Idee, in Nachahmung von Berichten über Ausländerfeindlichkeit, die sie in den Nachrichtensendungen gehört hatten ein Aussiedlerwohnheim (...) heimzusuchen und mit Ziegelsteinen Fensterscheiben einzuwerfen. (Urteilsschrift Nr. 19).
Der Anschlag auf das (...) Ausländerwohnheim in Hünxe war am 02.10.1991, also zwei Tage vor der (hier vorliegenden Tat: d.V.), verübt worden. In Hünxe waren Molotowcocktails durch die Fenster der Unterkunft in diese hineingeworfen worden. (...). Über diesen Anschlag wurde direkt nach seinem Bekanntwerden sowohl in der Presse als auch im Rundfunk und Fernsehen breit und ausführlich berichtet. Die Kammer ist überzeugt, daß die Angeklagten diese Berichterstattungen mitbekommen, verfolgt und auch darüber miteinander gesprochen haben. Dies ergibt sich zum einen daraus, daß die Medien besonders umfassend über den Anschlag informiert haben. (...). Schließlich ist nicht zu verkennen, daß die Tat der Angeklagten und der Hünxer Anschlag unübersehbare Parallelen im äußeren Ablauf aufweisen. Die genannten Umstände lassen die Kammer die Überzeugung gewinnen, daß die Angeklagten vor dem Anschlag zumindest über Hünxe gesprochen haben und übereingekommen sind, es den dortigen Attentätern gleichzutun. Im übrigen haben (die Angeklagten: d.V.) eingeräumt, von Hünxe gewußt und mit den anderen vorher darüber gesprochen zu haben. (Urteilsschrift Nr.5).

d) *Die Rolle von Gerüchten und eigenen konflikthaften Erfahrungen*: Die Enthemmung von Gewaltbereitschaften durch Alkoholgenuß und dehumanisierende Feindbilder, die Stimulierung von Handlungsbedürfnissen durch Musik, die wechselseitige Bestärkung aggressionsaffiner Affekte in Gruppen, und die durch die Thematisierung 'erfolgreicher' Modelle erzeugte Vorstellung der Machbarkeit entsprechender Gewaltaktionen stellen bereits wichtige Schritte zur Erzeugung von Gewalthandlungen dar. Häufig jedoch spielt noch ein weiterer Aspekt eine wichtige Rolle, der deshalb von Bedeutung ist, weil er den für viele (gerade auch gewaltaffine) Jugendgruppen zentralen Wert partikularistischer Loyalitätspflichten anspricht. Enthemmte Aggressionsbereitschaften und abstrakte Feindbild- und Opferdefinitionen fordern noch nicht unbedingt zum eigenen Handeln heraus. Wenn jedoch die abstrakten Feinde als konkrete Bedrohung identifiziert werden können, vor der das 'Eigene' geschützt werden muß, wird die Verpflichtung zum persönlichen Handeln für viele unabweisbar. Diese Konkretisierung und Personalisierung allgemeiner Fremdenfurcht wird insbesondere durch Gerüchte über Bedrohungen, Beeinträchtigungen und Übergriffe von Ausländern, auf Freunde oder Bekannte sowie durch eigene negative Erfahrungen in Gang gesetzt, weil diese unmittelbar zur Gegenwehr bzw. zur Vergeltung auffordern. Häufig sind dies Gerüchte über die höhere Kriminalität der Ausländer, über Angriffe und Überfälle auf Personen, sowie insbesondere über sexuelle Belästigungen und Bedrohungen von Frauen. Sie legitimieren die Gewaltanwendung nicht nur abstrakt, sondern geben ihr einen eigenen positiven Sinn, der in der Bewahrung und Beschützung der Eigengruppe, wie auch immer diese definiert ist, liegt. So verweisen die meisten der fremdenfeindlichen Straftäter darauf, daß sie selbst bereits einmal Opfer der Aggression von Ausländern geworden sind. Doch gelang es den Gerichten nur in wenigen Fällen, dies zu verifizieren; oft mußten die Täter letztlich zugeben, daß sie von solchen Angriffen nur gehört hatten. Folgende Beispiele können die Bedeutung von Gerüchten und Erfahrungen verdeutlichen:

(Nach Angaben des Angeklagten: d.V.) hat er bereits zweimal mit Ausländern negative Erfahrungen gemacht in dem Sinne, daß sie Gewalt gegen ihn ausübten bzw. ausüben wollten. Einmal hätten ihn in einer Disco 'zwei Schwarze aufmischen' wollen, ein anderes mal seien 15 Ausländer über ihn und seine Begleiter hergefallen. Er sei gegen die Ausländer, insbesondere gegen 'Wirtschaftsasylanten'. Er habe bereits zu DDR-Zeiten eine solche Haltung gegenüber Ausländern eingenommen, da diese immer über Devisen verfügt, bessere Kleidung gehabt und Zugang zu Intershops, außerdem eine große 'Klappe' gehabt hätten. (Urteilsschrift Nr.29).
Mit Ausländern hat (der Angeklagte: d.V.) angeblich die Erfahrung gemacht, daß es einmal zu einem Handgemenge gekommen sei, weil zwei Ausländer seine Freundin 'anmachen wollten'. Er sehe im übrigen nicht ein, was die Ausländer hier in Deutschland zu suchen hätten, auch die Asylanten nicht. Eine Problemlösung habe er aber nicht, er könne sie sich auch nicht vorstellen. (Urteilsschrift Nr.29).
Der Angeklagte macht aus seiner Ausländerfeindlichkeit keinen Hehl. Zwar habe er gegen Ausländer als Touristen nichts einzuwenden, sehr wohl aber etwas gegen solche, die als Hütchenspieler Leute ausneh-

men oder für Prostitution und Rauschgift verantwortlich seien. Besonders sei er gegen 'Scheinasylanten'. Diese nähmen, wie bereits früher die aus den befreundeteten sozialistischen Staaten gekommenen Ausländer, eine bessere soziale Stellung ein als viele Deutsche. Überdies habe er bereits zweimal mitbekommen, wie Ausländer Gewalt gegen Deutsche ausübten. Einmal sei er selbst betroffen gewesen, als (...) ihm 'ein Neger die Nase aufgeschnitten' habe, da er nicht habe zulassen wollen, daß der Ausländer ihm die Freundin wegnehme; (...). Bei dem anderen, erst kürzlich geschehenen Vorfall habe es sich darum gehandelt, daß 'drei Neger einen Kumpel angegangen' hätten (...). (Urteilsschrift Nr.29).

Insbesondere aber die tatsächlichen Probleme, Belastungen und Verunsicherungen der ansässigen Bevölkerung z.B. in unmittelbarer Nachbarschaft von Asylbewerberunterkünften, auf die sich die Täter oft beziehen, haben eine wichtige kristallisierende und legitimierende Funktion für fremdenfeindliche Gewalt. Hier können gewaltaffine Gruppen stellvertretend für andere Bevölkerungsgruppen handeln und sich gleichsam als Vorkämpfer für die 'deutsche Sache' zu bewähren suchen. Nachfolgendes Beispiel verdeutlicht diese Zusammenhänge.

Im Rahmen der gesamtgesellschaftlichen Situation spitzte sich ab Mitte 1991 die Diskussion um die sog. 'Asylantenflut' und deren Bekämpfung zu. Bei vielen Bürgern (in der Stadt: d.V) entstand in der Folge der Eindruck, daß die Anzahl der asylsuchenden Ausländer zu hoch und nicht mehr erträglich sei. (...). Daneben kam es in dem gesamten Bundesgebiet im Laufe des Jahres zunehmend zu Gewalttaten seitens rechtsgerichteter Gruppen, die sich zumeist gegen Ausländerwohnheime richteten. Besonders augenscheinlich und in den Medien bekanntgegeben wurden tagelange massive Angriffe deutscher Bürger auf Ausländer und ihre Unterkünfte in Hoyerswerda (...). Parallel dazu war im Jahre 1991 (in der Stadt, in einem bestimmten Stadtteil: d.V) eine Villa so eingerichtet worden, daß sie als Unterkunft für Asylbewerber dienen konnte. (...). Dieses Haus geriet alsbald in den Ruf einer 'Drogenvilla'. Zutreffend war, daß aus dem Haus heraus Straftaten im Betäubungsmittelbereich begangen worden waren. Es bildete sich in der Folgezeit eine Initiative (...) gegen das 'Drogenquartier'. (...). (Auch in der Gruppe Jugendlicher, die später die Tat begeht: d.V) war die allgemein politische Lage und die Situation um die Villa (...) diskutiert worden. Bereits im Frühsommer 1991 kam erstmals der Gedanke auf, daß man 'etwas unternehmen müsse'. Konkrete Handlungen folgten zu diesem Zeitpunkt jedoch noch nicht. (...). Am Abend des 27. bzw. 28.09.1991 (...) trafen sich mehrere Mitglieder der (Gruppe:

d.V) an einem ihrer üblichen Treffpunkte (...). Zugegen waren an diesem Abend die meisten Mitglieder der Jugendgruppe, (...). In der gesamten Gruppe wurde im Verlauf des Abends über die aktuellen Ereignisse, insbesondere diejenigen in Hoyerswerda diskutiert. Das Gespräch verdichtete sich dahingehend, daß mehrere Gruppenmitglieder der Auffassung waren, daß auch in (der eigenen Stadt: d.V) etwas unternommen werden müßte. Es reifte zunehmend der Plan heran, einen Anschlag auf das Haus (die 'Drogenvilla': d.V) zu unternehmen. (...). (Die Angeklagten: d.V) wollten (...) ein Zeichen setzen. (...) (Einige der Angeklagten: d.V) hatten im Laufe des Abends (...) mehrere Flaschen Bier und (...) etwas Weinbrand getrunken. (Urteilsschrift Nr.34).

Gruppendynamische Prozesse und die durch sie erzeugten Handlungsbedürfnisse spielen also sowohl bei der Entwicklung von Tatabsichten als auch bei der Tatbegehung eine ganz entscheidende Rolle. Häufig wird dies in den Urteilsschriften berücksichtigt, wenn von einem 'Hochschaukeln' der Stimmung gesprochen wird, aus der heraus die Gewalt dann 'hervorbricht' und sich verselbständigt. Die Mehrzahl der Angeklagten können im nachhinein nicht erklären, wie es zur Tat kommen konnte. Sie stehen der Tat merkwürdig distanziert gegenüber und können Ursachen und Motive nur unzulänglich darlegen. Was jedoch häufig in den Gerichtsakten nicht thematisiert wird, ist, daß die Eskalation der Gewalt ohne den vermuteten gesellschaftlichen Rückhalt und die Überzeugung von der Richtigkeit dieses Handelns sich nicht so unproblematisch und schnell gestalten könnte.

7.4.3 Motivationen der Gewalttäter

Bisher wurden die Gruppenkontexte, Gelegenheitsstrukturen und Kristallisationspunkte fremdenfeindlicher Gewalttaten, sowie entsprechende Eskalationsdynamiken beschrieben und rekonstruiert. An dieser Stelle nun gilt die Aufmerksamkeit den Motivationen der Täter. Aus den Aussagen der Angeklagten und aus den Kommentierungen und Bewertungen der Justiz lassen sich sehr unterschiedliche Handlungsmotive und Handlungsantriebe herauslesen. Sie spielen vor Gericht in erster Linie zur Bewertung der Tat und für die Bestimmung des Strafmaßes eine wichtige Rolle. Hier geht es freilich nicht darum, die verschiedenen Handlungsmotive zu bewerten, sondern in erster Linie um eine differenzierte Beschreibung der unterschiedlichen Motivlagen, die im

Kontext fremdenfeindlicher Gewalt von Bedeutung sind. Sie treten nicht unabhängig voneinander auf, sondern stellen in der Regel einen 'Motivmix' dar, aus dem lediglich zu analytischen Zwecken einzelne Motivstränge herausgearbeitet werden können.

a) *Action-Motive (expressiv-hedonistische Gewaltmotive)*: In einer Reihe von Fällen hatte die fremdenfeindliche Gewalttat den Charakter jugendtypischer Verhaltensmuster: die Suche nach Action, nach Abwechslung, nach Konfrontation und Auseinandersetzung steht - jenseits aller Ideologien und Einstellungen - im Vordergrund.

Gemeinsam tranken (die Angeklagten: d.V.) Bier, sowie andere alkoholische Getränke (...). Dabei unterhielten sie sich über alles mögliche, unter anderem über ihre 'Schandtaten' und über die Musik der 70er Jahre. Auch 'grölten' sie Fußballschlachtenlieder. (...). In alkoholisierter Stimmung kamen die Angeklagten (...) überein, noch 'Mist zu bauen' (...) und gingen (...) zur (...) Tankstelle, um dort (...) weiteres Bier zu kaufen. Auf dem Weg dorthin schlug der Angeklagte vor, Benzin zu kaufen, und irgendetwas anzuzünden (...). (Urteilsschrift Nr.36).
Die Angeklagten waren in aggressiver Stimmung. Sie fühlten sich stark und suchten 'Randale' und wollten Passanten verprügeln. Ein unmittelbarer Anlaß zu einer Tat war nicht vorhanden. (Urteilsschrift Nr.5).

Dahinter steht oft die Erfahrung, daß der Alltag eher monoton und wenig abwechslungsreich ist. Die Lust an der Gewalt, die Freude am Zoff und die Suche nach Action, die hier zum Ausdruck kommen, sind z.T. Ersatz für fehlende Freizeitangebote und Möglichkeiten sich auszuprobieren, z.T. aber auch schlicht ein Aspekt selbstgewählter Lebens- und Freizeitstile in der erlebnisorientierten Gesellschaft. Die Planung und Ausführung des Brandanschlags wird zum gemeinsamen Abenteuer, das Gelingen zum heldenhaften Sieg, zur Selbstbestätigung und zum Fest. Konsequenzen werden dabei nur selten in ihrer ganzen Tragweite bis zu Ende gedacht.

b) *Geltung in der Gruppe*: Es wurde bereits darauf hingewiesen, daß das Handeln des Einzelnen entscheidend durch die Gruppe beeinflusst wird. Berücksichtigt man die prinzipielle Identitätsrelevanz jugendlicher Gleichaltrigengruppen und auch die spezifische Schutz- und Stabilisierungsfunktionen, die diese Gruppen vor allem für Jugendliche mit negativen Selbstwertgefühlen und geringem Selbstbewußtsein haben, so wird offensichtlich, daß die Geltung in der Gruppe, das 'Akzeptiertseinwollen' als vollwertiger Teil der Gruppe zentrale Handlungsmotivationen einzelner Jugendlicher darstellen können. Darauf verweisen die folgenden Textausschnitte.

Motiviert war er (...) von seiner Angst, in der Gruppe als Außenseiter dazustehen. (Urteilsschrift Nr.25).
(Der Angeklagte: d.V) muß zu sich selbst finden als selbstverantwortliche Persönlichkeit, die sich nicht nach dem richtet, was 'die Kumpels' von ihm erwarten, sondern was er für sein Leben erwartet. (Urteilsschrift Nr.22).
Die Umstände der Tat deuten (...) auf noch vorhandene jugendliche Züge hin, dergestalt, daß der in einem Umbruch befindliche Heranwachsende (...) der Gruppe der Skinheads außerordentlich verhaftet ist, und zwar so eng, daß er zu einer distanziert-kritischen Kontrolle seiner Handlung nicht mehr in der Lage war, sondern von der Gruppe 'mitgezogen' wurde. (Urteilsschrift Nr.22).
Auch ihre Einstellung zur Gruppe der Skinheads ist oberflächlich, äußerlich und gedanklich wenig hinterfragt. Die Hauptverhandlung hat dabei gezeigt, daß (die Angeklagte: d.V) außerordentlich leicht beeinflußbar und abhängig von der Gruppe ist. (Urteilsschrift Nr.22).

Die Tat entspricht sehr oft einer Mutprobe, die über Zugehörigkeit und Akzeptanz in der Gruppe entscheidet.

Bei der Tat spielten ferner gruppendynamische Prozesse und auch das jugendliche Alter eine Rolle; so wäre die Tat sicher von einem einzelnen aus der Gruppe nicht begangen worden. Als aber die Idee aufgekommen war, man könne etwas gegen das Asylbewerberheim unternehmen, wollte keiner als 'Feigling' dastehen. (Urteilsschrift Nr.26)
Der Angeklagte (...) hat zugegeben, einen Molotow-Cocktail geworfen zu haben; bei der Tat habe er sich aber nichts gedacht und habe vor allem nicht in der Gruppe als Feigling erscheinen wollen (Urteilsschrift Nr.26; ähnlich Urteilsschrift Nr.1).
Die Tatbeteiligung (des Angeklagten: d.V.) war in hohem Maße davon mitbestimmt, daß er gegenüber den anderen in der Gruppe nicht als Außenseiter und Feigling dastehen wollte. (Urteilsschrift Nr.24).

Dem Zwang, sich als stark und zuverlässig zu beweisen oder sich gar als besonders draufgängerisch und risikobereit darzustellen, können sich insbesondere labile und identitätsschwache Jugendliche oft nicht verweigern. Sie reagieren konformistisch bezüglich der gruppenbezogenen Normen (Verlässlichkeit,

Treue, Standfestigkeit, Mut, Härte), die häufig auf Männlichkeitsideale wie die des Kämpfers, Kriegers, des 'ganzen Kerls' ausgerichtet sind. Die Angst davor, in der Gruppe als Außenseiter dazustehen, weil man die Loyalitäts- und Konformitätserwartungen der Gruppe nicht erfüllt, kennzeichnen daher in hohem Maße die Handlungen des Einzelnen. Die individuelle Risikobereitschaft und Gewaltbereitschaft wird so durch den Gruppenzusammenhang erhöht, was auch die Wahrscheinlichkeit für gewalttätige Aktionen heraufsetzt.

c) *Fremdenfeindliche Gewalt als Resultat allgemeiner Frustrationen und Orientierungslosigkeit*: In einer Reihe von Fällen gingen die fremdenfeindlichen Handlungen und Gewalttaten auf individuelle Aggressionen zurück, die durch Probleme und Frustrationen in anderen Bereichen erzeugt wurden. Hier werden spezifische Problemkonstellationen der Täter etwa in Familie, Schule oder Beruf relevant. Zuweilen ergeben sich auch konkrete persönliche Defizite, gesundheitliche Probleme oder eine jugendtypische Orientierungslosigkeit hinsichtlich der Lebensbewältigung als eigentliche Ursachen für die Gewalt, die dann aber gegen Fremde gerichtet wird. Durch Aggression gegen noch Schwächere können Ohnmachtserfahrungen ausgelebt und kompensiert werden. Hintergrund für eine solche Übertragung bzw. Verschiebung von frustrationsbedingten Aggressionen auf andere (Opfer)gruppen sind in erster Linie kollektive Vorstellungen von legitimer Gewaltanwendung und legitimen Opfergruppen, wie sie im sozialen Umfeld der Täter verbreitet sind. Es handelt sich um den aus der Vorurteilsforschung bekannten Vorgang der Projektion von Schuld auf Sündenböcke. Gewaltausübung hat dann für die Täter oft psychische Funktionen etwa eines inneren 'Krisenmanagements' oder der Entlastung von problemaffinen Affekten.

Beide Angeklagte haben die Angriffe auf das Asylbewerberheim nicht aufgrund einer ausländerfeindlichen Gesinnung vorgenommen. Hintergrund der Tat sind vielmehr beim Angeklagten (...) seine persönlichen und familiären Schwierigkeiten, bei (dem zweiten Angeklagten: d.V.) seine schwierige gesundheitliche Situation und seine ungewisse Zukunft (Urteilsschrift Nr.26).

Mitursächlich für die Tat waren insbesondere sozial- und entwicklungspsychologische Hintergründe. Die Schwierigkeiten aller drei Angeklagten in ihren Elternhäusern im Rahmen des Abnabelungs- und

Selbstfindungsprozesses führten zur Anbindung an die Gruppe und deren teilweise abweichendem Verhalten. (Urteilsschrift Nr.34).

d) *Ausländer- und Fremdenfeindlichkeit*: Eine zentrale Motivation ergibt sich aus einer ablehnenden Haltung gegenüber Ausländern bzw. Fremden. Dominant ist die diffuse emotionale Abneigung und die Fremdenfurcht, nicht aber die politisch verhärtete, ideologisch eingebundene Ausländerfeindlichkeit. Vorurteile gegen Fremde, ethnische Feindbilder und Gefühle der Bedrohung durch Ausländer werden dabei häufig von der Erwachsenenbevölkerung abgeschaut und gelernt. Zuweilen steht die ausländer- und fremdenfeindliche Haltung aber auch mit eigenen Negativerfahrungen der Gruppen bzw. der einzelnen Angeklagten, also mit konkreten Personen und Erlebnissen, in Zusammenhang.

Die Arbeitsstelle des Angeklagten (...) liegt (...) in unmittelbarer Nähe eines Gebäudes, in dem Asylbewerber untergebracht sind. Da diese hin und wieder Gegenstände aus den Zimmern auf den Lagerplatz der Firma (...) geworfen hatten, durch die der öfters dort spielende kleine Sohn des Firmeninhabers gefährdet schien, hatte der Arbeitgeber des Angeklagten sich an die Polizei gewandt. Als die Polizei die Asylbewerber auf die Gefährlichkeit ihres Tuns hingewiesen hatte, hatten diese dies auch sogleich eingestellt. (...). Hin und wieder wurden die auf dem Lagerplatz der Firma abgestellen Lkw beschädigt. Ein Tatverdacht gegen die Asylbewerber bestand insoweit aber nicht. Der Angeklagte (...), der sowohl von den Beschädigungen der Fahrzeuge (...) als auch von der Gefährdung des Sohnes Kenntnis erhalten hatte, ging aber davon aus, daß die Asylbewerber auch für die Beschädigung der Fahrzeuge verantwortlich seien. (...). Am Montag, den 07.10.1991 (...) erhielt der Angeklagte (...) für ihn völlig überraschend von hinten einen Schlag auf den Kopf. Er bemerkte sodann, daß zwei dunkelhäutige Männer ihm gefolgt waren, die er als Afrikaner einschätzte. Er ließ sich sogleich fallen und erhielt weitere Schläge und Tritte von den beiden, die dann aber aus nicht mehr zu klärenden Gründen plötzlich von ihm abließen und davonrannten. Der Angeklagte glaubte gesehen zu haben, daß diese zwei Leute in das Heim der Asylbewerber (...) rannten. (...). Durch diesen Vorfall hatte sich seine Abneigung gegen die in dem Heim wohnenden Leute nocht verstärkt. (...). Sein Groll und sein Zorn insbesondere auf die zwei Afrikaner, die nach seiner Auffassung ebenfalls Bewohner dieses Heimes waren, wurde so groß, daß er sich entschloß, noch in dieser Nacht diesen einen Schrecken einzujagen (Urteilsschrift Nr.32, ähnlich Nr.42).

Die Alltagserfahrungen des Angeklagten waren bestimmt durch konkrete Auseinandersetzungen, u.a. mit ausländischen Jugendlichen auf der Straße und in der Freizeit. Nach den Angaben des Angeklagten war insoweit ein einprägendes Erlebnis der Umstand, daß seine Freundin seinerzeit von einem Griechen vergewaltigt worden war (Urteilsschrift Nr.34).
Der Angeklagte hat allein deshalb mit (dem Opfer: d.V) den Streit gesucht, weil dieser eine dunkle Hautfarbe hat (Urteilsschrift Nr.41).
Offensichtlich bestand in der Gruppe unterschwellig oder ausgesprochen eine Aversion gegen 'die Asylanten', weshalb der Vorschlag der Haupttäter (...) gegen diese unbeliebten Mitbürger etwas zu unternehmen, bei allen Gruppenmitgliedern sogleich Anklang fand (Urteilsschrift Nr.23).
Nach außen trat die Gruppe aggressiv auf. Unabhängig von ihrer Nationalität wurden fremde Personen und Passanten angerempelt und angepöbelt. (...). In ihrer äußeren Erscheinung wie auch in ihrer politischen Einstellung handelte es sich nicht um eine eindeutig zuzuordnende Gruppe. Jedoch überwog ein diffuses, konservativ-nationalistisches Selbstbild mit ausländerfeindlichen Tendenzen. (...). Organisatorisch ließ sich die Gruppe von anderen politischen Vereinigungen nicht einnehmen. (Urteilsschrift Nr.34)

Ausländer übernehmen häufig eine 'Sündenbockfunktion', wenn sie nach der Überzeugung der Angeklagten für das eigene Versagen, etwa das vergebliche Bemühen um einen Arbeitsplatz, oder längerfristige Arbeitslosigkeit, verantwortlich gemacht werden. Dabei spielen Konkurrenzängste und Gefühle der Benachteiligung durch den Staat, durch die politischen Entscheidungsträger eine nicht unwesentliche Rolle.

e) *Die politisch-rechtsradikale Motivation*: Fünftens muß auf eine dezidiert ideologische Motivation fremdenfeindlicher Gewalttaten hingewiesen werden. Sie ist meist Folge eines politisch verfestigten rechtsradikalen Gedankengutes, in dem der Rassismus und die Vorstellung gesellschaftlicher Bedrohung und Gefährdung durch Ausländer ihren festen Platz haben.

Trotz der restriktiven Äußerungen der Angeklagten steht die politische Motivation ihrer Tat außer Zweifel. Vor dem Hintergrund zunehmender Feindlichkeit gegenüber Asylbewerbern haben im Jahre 1991 in Deutschland zahlreiche Anschläge auf Asylantenheime stattgefunden. Träger solcher Aktionen waren vorwiegend Leute mit einem Gedankengut, wie es in den Kreisen der Angeklagten und ihrer Freunde gepflegt worden ist. Die Tat (...) fügt sich so reibungslos in dieses Sche-

ma ein, daß auch an ihrem Charakter als einer politischen Aktion nicht gezweifelt werden kann. Schon die politische Motivation rechtfertigt die Annahme, daß es sich um eine spektakuläre Aktion handeln sollte. Nur so konnte die Sache die gewünschten politischen Wellen schlagen (Urteilsschrift Nr.1).
Ihrer politischen Einstellung nach neigen sie zum Rechtsradikalismus, und sind sich insbesondere in der Ablehnung von Asylanten einig. Angeblich kassieren diese zu Unrecht eine wesentlich höhere Sozialhilfe als Einheimische und sind zum Beispiel die Ursache dafür, daß nicht weitere Jugendtreffs (am Ort: d.V) eingerichtet werden; vielmehr besteht nach Einschätzung der Angeklagten sogar die Gefahr, daß ihretwegen bestehende geschlossen werden müssen. (Urteilsschrift Nr.4).
Der Angeklagte ist politisch engagiert. Er war Kreisvorsitzender einer (rechten Partei: d.V.), wurde aber aufgrund des vorliegend zu beurteilenden Vorfalls von dieser Position abgelöst und aus der Partei ausgeschlossen. Mit Ausländern hat der Angeklagte selbst keine persönlichen Erfahrungen gemacht, ist aber der Auffassung, daß zuviel Ausländer in der Bundesrepublik, speziell in Berlin leben. Ganze Straßenzüge dort seien türkisch, man sei 'nicht mehr daheim'. Bereits in der DDR seien die Ausländer für ihn ein Problem gewesen, es habe ihn gewurmt, daß diese in Intershop-Läden hätten gehen können. (Urteilsschrift Nr.29)

Eine politisch verfestigte rechtsradikale Haltung wird aber nur selten in den unserer Analyse zugrundeliegenden Urteilsschriften angenommen. Die Richter schließen oft aufgrund des Auftretens und der Argumentationen der jeweiligen Angeklagten auf eine Verfestigung eines solchen Gedankengutes. Auf eine solche Motivation wird geschlossen, wenn eine Tätigkeit bzw. ein Engagement in entsprechend ausgerichteten Parteien und Organisationen vorliegt. Bekenntnisse im Sinne einer rechtsextremen bzw. rechtsradikalen Organisation oder einer entsprechend gerichteten Partei gehandelt zu haben, sind eher die Ausnahme. Der in dem ersten Textpassus angesprochene Fall, in dem die Justiz eine politische Motivation zugrundelegt, erfuhr eine ausführliche Präsentation und Thematisierung in den Medien. Es handelt sich durchaus um einen der spektakulären Fälle fremdenfeindlicher Gewaltanwendung, nicht zuletzt, weil die Opfer der Gewalt schwere Verletzungen bei dem Brandanschlag davontrugen. Auch der zweite Textauszug verweist auf eine politisch rechtsradikale und ausländerfeindliche Gesinnung innerhalb einer Tätergruppe.

Die Taten resultieren insgesamt aus einem Gemisch von Emotionen und mehr oder minder diffusen Orientierungen und Vorurteilen. Verfestigte rassistische Ideologien und rechtsradikale Denkmuster sind gegenwärtig noch in der Minderheit. Gleichwohl könnte der Rechtsradikalismus grundsätzlich die Chance haben, diese diffusen Motivationen zu organisieren und zu instrumentalisieren. Entgegen der vor allem in der öffentlichen Diskussion häufig vorgebrachten Interpretation fremdenfeindlicher Gewalt als einer rechtsextremistischen Form der Gewalt sind nach der Einschätzung der Richter nur die wenigsten Täter ideologisch im rechtsradikalen oder rechtsextremistischen Bereich verankert oder, was ihre Gruppenzugehörigkeit angeht, diesem Spektrum zuzuordnen. Dies ist keine Entwarnung, sondern verleiht dem Phänomen der fremdenfeindlichen Gewalt eine besondere Bedrohlichkeit, da sie einen wesentlich breiteren 'Einzugsbereich' hat als der explizite, organisierte Rechtsradikalismus.

7.4.4 Neutralisierungstechniken und Entschuldigungsversuche der Täter

Vor Gericht werden die Täter in der Regel ausführlich zu ihrer Tatmotivation und Intention befragt und darüber hinaus gebeten, den Tathergang zu erläutern und aus ihrer eigenen Perspektive zu erklären.

Dies ist für die Angeklagten eine Gelegenheit, durch geschickte Selbstdarstellungs-, Rechtfertigungs- und Erklärungsstrategien einerseits die individuelle Schuld und den individuellen Tatbeitrag als möglichst gering darzustellen, andererseits durch glaubhafte Bekenntnisse der Reue und der Einsicht in das begangene Unrecht das Gericht zu beeindrucken und von der eigenen Veränderungsbereitschaft und dem Willen zur Besserung zu überzeugen.

Von daher finden sich in den Gerichtsakten eine Vielzahl von Schuldabweisungs- und Schuldminimierungsversuchen. Solche 'Neutralisierungstechniken' können darauf ausgerichtet sein,

- die eigenen Handlungsanteile als geringfügig darzustellen
- eine eigene spezifische Handlungsmotivation (etwa Fremdenfeindlichkeit bzw. Fremdenhass) zu negieren
- oder das eigene Handeln als Resultat äußerer Zwänge und Einflüsse darzustellen. Dabei spielt vor allem der Verweis auf den hohen Alkoholkonsum und die dadurch bedingte Veränderung

der Wahrnehmungs- und Beurteilungsfähigkeit eine große Rolle. So ist in den Gerichtsakten immer wieder zu lesen:

Alle drei Angeklagten machten geltend, auf dem Fest in der Wohnung (...) erheblich dem Alkohol zugesprochen zu haben. Sie schoben alles auf diesen Alkoholgenuß, ohne den die Tat nicht stattgefunden hätte (Urteilsschrift Nr.1).
Die Angeklagten haben sich bemüht, das ganze Tatgeschehen als eine 'besoffene Angelegenheit' darzustellen (Urteilsschrift Nr.19).

Andere Täter versuchen ihr Handeln als Ergebnis gruppendynamischer Zwänge und von Konformitätserwartungen darzustellen. Sie erklären ihr eigenes Tun durch die starke Einbindung in das Handeln der Gesamtgruppe. Der Verweis auf die Gruppe hat individuelle Entlastungsfunktion für den Angeklagten und dient ebenfalls zur Externalisierung von Schuld:

Für den Angeklagten war die Beteiligung an der Tat (...) Folge der Ein- und Unterordnung in eine Gruppe, (...) (Urteilsschrift Nr.41).

Neben solchen Neutralisierungs- und Schuldabweisungsstrategien sind jedoch auch Strategien auszumachen, die stärker auf Rechtfertigungen und die Darstellung 'guter Gründe' für die fremdenfeindliche Tat und die dahinterstehende Motivation ausgerichtet sind. Von daher findet man in den Gerichtsakten eine Vielzahl von Beispielen, in denen die Täter auf gesamtgesellschaftliche Verhältnisse, Konkurrenz- und Bedrohungssituationen als Rechtfertigungen und Erklärungen verweisen. Gefühle der Benachteiligung, ein Vertrauensverlust in die Politik und die Politiker, das Gefühl im Stich gelassen worden zu sein angesichts der Bedrohung und Konkurrenz durch Fremde, kennzeichnen solche Versuche, die Tat und die eigene Tatbeteiligung zu legitimieren.

Es müsse etwas getan werden, 'die Politiker quatschen nur' (Urteilsschrift Nr.29).
(...) es kam erstmals der Gedanke auf, daß man 'etwas unternehmen müsse'. (...) sie wollten ein Zeichen setzen (Urteilsschrift Nr.34).
Im Laufe der Zeit kam ihre Unterhaltung auch auf die 'Ausländer'. Dabei war die allgemeine Ansicht, daß die 'einem die Arbeit wegnehmen' (Urteilsschrift Nr.36).

Manche Täter versuchen auch die Tat als Reaktion auf vorangegangene Provokationen, Belästigungen oder gar Gewalttaten von Ausländern hinzustellen, als ein Akt der Rache, der Vergeltung, oder als bloße 'Gegengewalt' zu rechtfertigen.

Die Angeklagten haben angegeben, die Tat deshalb begangen zu haben, weil sie zuvor von Bewohnern des Wohnheims belästigt worden seien (Urteilsschrift Nr.2).
Der Angeklagte erzählte den übrigen Angeklagten von einem Vorfall wenige Tage zuvor. Er hatte damals in einer öffentlichen Telefonzelle mit seiner Freundin telefoniert. Er wäre bei diesem Telefongespräch durch Aussiedler russischer Herkunft erheblich gestört worden. Als Vergeltung schlug der Angeklagte den übrigen vor, nach diesen russischen Aussiedlern (...) zu fahnden und diesen einen Denkzettel zu verpassen (Urteilsschrift Nr.31).

Es ist für Dritte aus dem Aktenmaterial nicht ersichtlich, inwieweit diese Bemühungen alle strategisch ausgerichtet sind, also aus taktischen Kalkülen heraus zustandekommen und damit schlicht Ergebnis individueller Verteidigungsstrategien sind. Natürlich wissen die Täter, zumindest jedoch ihre Anwälte, welche allgemeinen Erklärungsmuster öffentlich diskutiert werden und somit auch vor Gericht akzeptiert werden dürften. Die Richter äußern in den Akten teilweise ausdrücklich Zweifel an der Glaubwürdigkeit der Aussagen der jugendlichen Täter, insbesondere dann, wenn der 'Gesamteindruck', den die Täter für die Richter vermitteln, nicht konsistent und überzeugend ist.

Insbesondere die ausdrückliche Distanzierung von der Tat und die glaubhafte Darstellung von Reue und Mitleid mit den Opfern spielen als Ausdruck von Glaubwürdigkeit eine für die Richter wichtige Rolle.

(...) er hat sich von seiner Tatbeteiligung (...) distanziert und insbesondere auch in der Untersuchungshaft über sein Fehlverhalten nachgedacht (Urteilsschrift Nr.24).
Am Tatort selbst ist (die Angeklagte: d.V.) nicht aktiv gewesen, hat im Gegenteil einer verletzten Person eine Hilfestellung geleistet. Auch bereut sie die Tat, die sie heute selbst nicht mehr ganz versteht (Urteilsschrift Nr.22).
Der Angeklagte war geständig. Er zeigte Reue. Es war spürbar, daß ihn die Tat sehr stark belastet. Er ist bereit, die Tat aufzuarbeiten und hat die Bitte der Ehefrau des Getöteten (...) mit dem Angeklagten unter vier Augen ein Gespräch zu führen, angenommen (Urteilsschrift Nr.41).

Für die Glaubwürdigkeit solcher Bekenntnisse vor Gericht ist dann oft auch ein volles Geständnis der Täter und die Einsicht in die eigene Schuld Voraussetzung.

In erster Linie ist hier zu nennen, daß (der Angeklagte: d.V) (...) in allen Belangen ein volles Geständnis abgelegt und glaubhafte Einsicht und Reue vermittelt hat - in seinem Schlußwort erklärt er, er stehe zur Tat, finde es aber 'scheiße', was er gemacht habe - , und daß er nicht versucht habe, die Tat einem übermäßigen Alkoholgenuß zuzuschreiben und damit zu entschuldigen (Urteilsschrift Nr.22)

7.5 Tätertypen

Anhand der Analyse der verschiedenen Aspekte fremdenfeindlicher Gewalttäter und ihrer Handlungen haben wir vier Tätertypen identifiziert, die sich sowohl hinsichtlich der politisch-ideologischen Orientierung, als auch hinsichtlich der grundsätzlichen Gewaltbereitschaft und der Fremdenfeindlichkeit unterscheiden.

7.5.1 Der Mitläufer

Bei diesem Typus von jugendlichem Gewalttäter finden wir weder ein ausgeprägt rechtes oder rechtsradikales Weltbild, noch eine entsprechend verfestigte Ausländer- oder Fremdenfeindlichkeit. Die Jugendlichen kommen meist aus einem intakten, häufig auch bürgerlichen Elternhaus, und haben keine größeren privaten oder beruflichen Probleme. Sie haben sowohl eine abgeschlossene Schulausbildung (Hauptschul- oder Realschulabschluß), als auch eine entsprechende Berufsausbildung (Facharbeiter, Handwerker etc.) und verfügen in der Regel auch über eine feste Arbeitsstelle. Vorstrafen sind bei diesem Typus nicht oder nur äußerst selten aufzufinden. Der Mitläufer ist sowohl in jugendlichen Skinhead- und Faschogruppen zu finden, häufiger jedoch noch in entsprechenden jugendlichen Musik- oder Freizeitcliquen, in denen vor allem die Gemeinschaftsorientierung und die Solidarität in der Gruppe eine entscheidende Rolle spielen. Was die Entwicklung von Gewaltbereitschaft und die Teilnahme an entsprechenden fremdenfeindlichen Straf- und Gewalttaten angeht, so werden bei diesem Typus in der Regel vor allem gruppendynamische Aspekte

(Konformitätsdruck, Solidaritätszwang, Imponiergehabe etc.) in den Vordergrund gerückt. Die nachstehenden Textpassagen verweisen auf diesen Zusammenhang.

Die Umstände der Tat deuten (...) auf noch vorhandene jugendliche Züge hin, dergestalt, daß der in einem Umbruch befindliche heranwachsende (Angeklagte: d.V) der Gruppe (...) außerordentlich verhaftet ist, und zwar so eng, daß er zu einer distanziert-kritischen Kontrolle seiner Handlung nicht mehr in der Lage war, sondern von der Gruppe 'mitgezogen' wurde. Die Kammer hat den Eindruck gewonnen, daß (der Angeklagte: d.V) sich aus falsch verstandenen Kameradschaftsgefühlen solidarisch verhalten und an der Tat beteiligt hat, daß dies aber ein einmaliger Vorfall ist, (...). Im Tatgeschehen selbst ist er (...) als Randfigur und 'Mitläufer' einzustufen, nicht als Haupttäter (Urteilsschrift Nr.22).
Es kam bei ihm im Rahmen seiner Handlungsunsicherheit zu einer eher zufälligen neuen sozialen Einbindung in eine Skinhead-Clique, die seinem subjektiven Bewußtsein, etwas unternehmen zu müssen, entsprach. Dabei stellte sich der Angeklagte eher als Jugendlicher dar, der mitmachte, nicht aber die Rolle des Organisators übernahm (Urteilschrift Nr.34)

Eine grundsätzlich verfestigte Gewaltbereitschaft ist hier ebensowenig zu finden wie eine generelle Ausländerfeindlichkeit. Vielmehr scheint ein wichtiges Motiv für die jeweilige Tat gewesen zu sein, sich in den Augen der Freunde zu beweisen und diese nicht im Stich zu lassen. Diese Jugendlichen treten daher häufig auch nicht als Haupttäter oder Initiatoren auf, sondern eher als Mitläufer und Unterstützer, die sich zwar vom Tatort nicht entfernen und die Aktionen ihrer Freunde nicht unterbinden, häufig jedoch selbst nur wenig eigene Gewalttätigkeiten zeigen.

7.5.2 Der kriminelle Jugendliche (Schlägertyp)

Hier handelt es sich in der Regel um zumeist schon etwas ältere Jugendliche mit ausgesprochenen (privaten und beruflichen) Negativkarrieren, und in der Regel bereits relativ ausgeprägten kriminellen Karrieren. Die Jugendlichen verfügen zum Teil über ein langes Vorstrafenregister (vom Eigentumsdelikt bis zur schweren Körperverletzung), haben oft vor Gericht gestanden und sind z.T. auch schon zu Gefängnisaufenthalten verurteilt worden. Bei diesem Typ findet man in der Regel einen hohen Anteil von Schulabbrechern, von Jugendlichen mit unvollständiger oder abgebrochener Berufsausbildung, die dann auch häufig die Arbeitsplätze wechseln und in viel stärkerem Maße als alle anderen Tätertypen von Arbeitslosigkeit betroffen sind. Was den familialen Hintergrund angeht, so haben wir hier in besonders hohem Maße Problemfamilien: auf der einen Seite ist die Zahl der unvollständigen, der Ein-Eltern-Familien und Scheidungsfamilien hier besonders hoch, zugleich jedoch werden auch die familialen Kommunikationsstrukturen und Erziehungsstile als besonders problematisch dargestellt. So wird öfters über Alkoholmißbrauch der Eltern berichtet sowie über Gewalt als Mittel der Erziehung und der Kommunikation in der Familie. Die Vernachlässigung durch die Eltern, das Alleinlassen der Kinder schon in sehr frühem Alter sowie das Hin- und Herschieben der Kinder zwischen verschiedenen Betreuungsinstanzen ist hier häufig festzustellen. Auch wenn wir es hier nicht mit einem Typus zu tun haben, bei dem (wie bei Typ 4: dem rechtsradikalen oder rechtsextremistischen Täter; vgl. 7.5.4) eine ausgesprochen rechtsextremistische politische Ideologie im Hintergrund stünde, so sind dennoch ausländerfeindliche Slogans und Einstellungen weit verbreitet. Sie scheinen insbesondere hinsichtlich der Verarbeitung eigener Mißerfolgserfahrungen und schlechter Zukunftsperspektiven eine wichtige psychische Funktion zu haben. Was die Gewaltbereitschaft angeht, so haben wir es mit einem ausgesprochen actionorientierten, aggressiven und gewaltbereiten Typus zu tun. Gewalt ist hier aber nicht als Mittel des politischen Kampfes, sondern eher als ein Element der alltäglichen Auseinandersetzung und der alltäglichen Konfliktlösung zu finden und entsprechend legitimiert und normal. Insofern gibt es hier ein relativ festes und hohes, aber durchaus diffuses Gewaltpotential, (was die Wahl der Opfer) betrifft, das auch eng mit dem Selbstverständnis und der Selbsterfahrung dieser Jugendlichen verknüpft ist. Die Gewaltbereitschaft richtet sich hier also nicht ausschließlich gegen Fremde, sondern wird in einer Vielfalt von alltäglichen Situationen eingesetzt und benutzt, z.T. auch innerhalb der Gruppen selbst. Dementsprechend charakterisieren sich die Lebensläufe der Jugendlichen oftmals durch bereits häufige und teilweise erhebliche Vorstrafen.

Gegen (den Angeklagten: d.V) liegen folgende jugendgerichtliche Erkenntnisse vor:

a) Urteil (...) wegen Diebstahls in zwei Fällen, Beihilfe zum Diebstahl, vorsätzlichem Fahren ohne Fahrerlaubnis und Leistungserschleichung in drei Fällen.
b) Urteil (...) wegen Diebstahls (...).
c) Urteil (...) wegen gemeinschädlicher Sachbeschädigung.

d) Urteil (...) wegen gefährlicher Körperverletzung in 4 Fällen, davon in 2 Fällen in Tateinheit mit Beleidigung (...): 1 Jahr 6 Monate Jugendstrafe.
Dieser Verurteilung lagen folgende Taten zugrunde:
1. Die beiden Angeklagten (...) fuhren mit der Straßenbahn (...). Noch in der Straßenbahn fiel dem Angeklagten (...) der Zeuge O. (...) auf. (Der Angeklagte: d.V) glaubte, diesen von einer früheren Auseinandersetzung mit 'Rockern' her zu kennen. Als (der Zeuge: d.V.) dann (...) ausstieg, stiegen die beiden Angeklagten (...) ebenfalls aus. Sie folgten dem Zeugen (...) ein Stück und sprachen ihn kurz an. Dann schlugen sie entsprechend ihrem gemeinsamen Entschluß beide auf ihn ein.
2. Am 23. Oktober 1984 kamen die beiden Angeklagten (...) mit der Straßenbahn (...). An der Haltestelle (...) stiegen sie aus. Dort sahen sie dann den Zeugen G. auf einer Bank sitzen. ... . Die beiden Angeklagten blieben bei dem Zeugen (...) stehen. Sie fingen gemeinsam an, wegen seiner angeblich zu langen Haare über ihn herzuziehen. Sie beschimpften (den Zeugen: d.V) er sei kein 'rechter Deutscher' und (...) mit 'Du linkes Schwein'. Völlig zusammenhanglos schlug dann der Angeklagte (...) den Zeugen (...) mit der flachen Hand gegen die Stirn, (...). Wiederum völlig unvermittelt stieß (der Angeklagte: d.V.) dem Zeugen mit dem Knie gegen den Hals. (...). Dann fing er erst richtig an, auf den Zeugen einzuschlagen, so daß dieser zu Boden ging (...).
3. Am Montag den 24. Oktober 1984 liefen die Angeklagten (...) (auf einer Straße: d.V.) (...). Der Zeuge R. kam ihnen (...) in einer Entfernung von ca. 50 Metern entgegen. (Der Angeklagte: d.V) wurde auf den Zeugen aufmerksam, da dieser ein Punk war. Deshalb beobachteten die beiden Angeklagten auch, wie der Zeuge (...) (in eine Kneipe: d.V) ging. Sie warteten, (...), um ihn dann entsprechend ihres gemeinsamen Entschlusses zu provozieren. (Der Angeklagte: d.V) rief (...): 'he Scheiß-Punk, komm mal her' (...). Der Zeuge (...) wurde (...) anschließend von dem Angeklagten (...) an den Haaren gepackt und zu Boden gerissen. Als er schon völlig wehrlos war, da (der Angeklagte: d.V) auf ihm saß, nahm dieser grundlos den Zeugen (...) erneut an den Haaren und schlug ihm den Kopf mehrmals - mehr als 3x - auf den Boden.
4. Am Nachmittag des 11. Januar 1985 stieg der Angeklagte (...) zufällig gleichzeitig mit dem ihm damals unbekannten Zeugen L. (...) aus der Straßenbahn aus. Da er gerade 'Frust hatte', nahm er sich vor, diesen zu schlagen.

e) Urteil (...) wegen räuberischer Erpressung, gefährlicher Körperverletzung in 4 Fällen, davon in einem Fall in Tateinheit mit Nötigung, in einem Falle in Tateinheit mit Beleidigung und Verstoß gegen das Waffengesetz, fahrlässiger Trunkenheit am Steuer in Tateinheit mit Fahren ohne Fahrerlaubnis sowie fortgesetzter Sachbeschädigung (...).

(Urteilsschrift Nr.22; ähnlich auch in den Urteilsschriften 31, 34, 36, 37, 38 und 41).

Die Zahl der Vorstrafen ist Indiz einer bereits ausgeprägten kriminellen Karriere. Sehr deutlich wird in dieser Auflistung die Zufälligkeit und die Diffusität in der Opferwahl. Eine grundsätzlich vorhandene Gewaltbereitschaft ist zumeist tatentscheidend. Die kriminelle Karriere resultiert bei diesem Tätertypus zumeist aus sowohl familialen als auch schulischen und beruflichen Negativkarrieren. Aufgrund der erhöhten Gewaltbereitschaft und eigener Erfahrungen mit Gewaltanwendung und auch infolge eines höheren Risikopotentials lassen sich diese Jugendliche häufig in konkreten Situationen und im Vorfeld von Aktionen als Initiatoren und als kämpfende 'Vorreiter' einspannen.

7.5.3 Der Ausländerfeind oder Ethnozentrist

Der hier als ausländerfeindliche oder fremdenfeindliche Jugendliche bezeichnete Tätertyp vertritt - anders als der rechtsradikale oder rechtsextremistische politisch motivierte Täter (Typ 4 unter 7.5.4) - keine festen rechtsextremistischen Vorstellungen und Ideologien. Er ist weder in rechtsextremistischen Gruppierungen und Parteien als Mitglied zu finden, noch entsprechend aktiv in diesem Spektrum. Eine Vielzahl dieser Jugendlichen mit ausländerfeindlichen Vorurteilen sind in den Subkulturen der Skins, der Hooligans, der Faschos, aber auch in verschiedenen Freizeitcliquen von Jugendlichen zu finden. Selbst wenn hier deutlich fremdenfeindliche Vorurteile und auch nationale Parolen vertreten werden, so grenzen sich diese Jugendlichen doch von den im engeren Sinne rechtsextremistischen Parteien und ihren Zielsetzungen ab. Gewalt gegenüber Fremden wird hier weniger über rechtsextremistische Ideologien legitimiert als über diffuse Gefühle der Benachteiligung, der Ungleichbehandlung 'der Deutschen' gegenüber 'den Ausländern' und insbesondere gegenüber Asylbewerbern, sowie der eigenen Bedrohung. Die unmittelbare oder für die Zukunft erwartete Konkurrenz um Arbeitsplätze, Wohnungen und materielle Zuwendungen und Transferzahlungen sowie Vorstellungen einer ungerechten Privilegierung 'der Ausländer' scheint hier das dominante Thema und die zentrale Legitimationsfigur für Gewaltanwendung zu sein.

(Der Angeklagte: d.V) hat eine ausgesprochene Ablehnung gegen Ausländer. Er begründet sie damit, daß die in der DDR lebenden, aus befreundeten sozialistischen Staaten kommenden 'Ausländer alles hatten, wir nichts'. Nach seinen Angaben sei er allerdings auch schon einmal von 'vier Schwarzen überfallen worden', als er mit einer Klassenkameradin und deren Eltern unterwegs gewesen sei und sich die Ausländer nach seinem Eindruck an die Frauen herangemacht hätten. Einer der Ausländer habe ihn (den Angeklagten: d.V) 'geklatscht', worauf er zurückgeschlagen habe. Er differenziere allerdings schon, nicht alle Ausländer seien gleich. Es gebe aber sehr wohl Wirtschaftsflüchtlinge, gegen die vorgegangen werden müsse. Gewalt sei 'die letzte Stelle, allerdings hätten die Ausländer, die ihn verprügelt hätten, auch nicht differenziert und gefragt'. Schließlich gebe es auch noch die Ausländer, die sich immer in der Schlange vordrängten, sein Motorrad attackierten und ihn dauernd anbettelten. Mit diesen Ausländern wolle er nichts zu tun haben (Urteilsschrift Nr.29).

Die Gewaltbereitschaft dieses Tätertyps ist diffus in dem Sinne, daß sie weder politisch diszipliniert, noch strategisch eingebunden ist; gleichwohl wird über die Existenz fremdenfeindlicher Einstellungen und Feindbilder die Gewaltbereitschaft in konkreten Situationen durchaus auf einzelne Opfergruppen und hier insbesondere auf Fremde gezielt ausgerichtet. Das Verhältnis zur Gewalt stellt eine Mischung zwischen instrumenteller und expressiver Orientierung dar. Einerseits wird versucht, durch solche Gewaltanwendung gegenüber Fremden auf Ängste, Mißstände und auf real erfahrene Konflikte und Ungerechtigkeiten aufmerksam zu machen und diese gegebenenfalls durch Verbreitung von Angst und Schrecken bei den Opfern zu lösen; insofern ist die fremdenfeindlich motivierte Gewalt durchaus als politisch gemeinte Gewalt einzustufen. Andererseits jedoch läßt sich bei diesen Gruppen keineswegs erkennen, daß die Gewalt als politisches Mittel parteiförmig organisiert und zur Durchsetzung allgemeiner politischer Ziele strategisch eingesetzt würde. Hinsichtlich sozial-struktureller und biographischer Merkmale unterscheiden sich diese Jugendlichen geringfügig vom vierten Typ, dem rechtsextremistischen oder rechtsradikalen Täter, der nachstehend beschrieben wird: Der niedrigste Bildungsabschluß (Hauptschulabschluß) ist öfters vertreten, die Arbeitslosigkeit ist insgesamt etwas höher. Zudem werden häufiger schulische und familiale Probleme und Defizite berichtet.

7.5.4 Der ideologisch-motivierte, rechtsextremistische oder rechtsradikale Täter

Ein vierter Tätertyp ist der ideologisch motivierte, rechtsradikale oder rechtsextremistische Täter.[4] Hier haben wir es mit einem Tätertypus zu tun, der in der Regel Kontakte zu rechtsextremistischen und rechtsradikalen Parteien und Gruppierungen hat oder gar Mitglied in diesen ist oder gewesen ist. Er ist in der Regel auch bereits in diesem Spektrum politisch aktiv geworden, sei es in der Vorbereitung und Organisation von Veranstaltungen oder in der Verbreitung von rechtsextremistischen Magazinen, Filmen etc.

Von 1987 bis 1989/Anfang 1990 zählte er sich zu den rechtsradikalen Skins. Der Angeklagte war von dieser Gruppe beeindruckt, weil es sich bei ihnen nach seiner Meinung um korrekte Leute, Arbeiter, gehandelt habe, die stolz auf das Vaterland und die deutsche Kultur seien. Interesse für andere Kulturen hatte man dort nicht. Vielmehr war man gegen Ausländer und 'Scheinasylanten'. Diese innere Einstellung hatte der Angeklagte noch in der Hauptverhandlung, ohne seine Meinung jedoch begründen oder differenziert darstellen zu können. Der Angeklagte war auch beeindruckt durch das Leitbild, das in den Skinhead-Guppen herrscht (...). Vor allem der Umstand, daß der Angeklagte bei den Skinheads sein Leitbild fand, war für ihn wichtig. Der Angeklagte interessierte sich zudem für die derzeit bestehenden rechtsradikalen Gruppierungen. So hatte er Kontakte zur 'Nationalistischen Front' ('NF') (...) einem nach Einlassung des Angeklagten autonomen Gewalttrupp, der im Untergrund tätig ist und der im Bundesgebiet einen Putsch anstrebt. Der Angeklagte war zudem bei einer Wahlveranstaltung der DVU (...) als Saalordner tätig. Auch hatte er zur NPD persönlichen Kontakt (Urteilsschrift Nr.41).

Auch in anderen Zusammenhängen und Cliquen tritt der rechtsextremistische oder rechtsradikale Täter mit entsprechenden Argumentationen und Parolen auf. So bekennt er sich vor Gericht z.T. demonstrativ zu rechtsextremistischen und neonazistischen Gedanken.

Der rechtsextremistische Tätertyp versucht in konkreten Situationen sowie im Vorfeld von einzelnen Gewaltereignissen und

---

4 Auf die explizite Differenzierung zwischen rechtsextremem und rechtsradikalem Gedankengut wird in unserem Kontext verzichtet, da hier biographische Aspekte der jeweiligen Täter zählen, weniger verfassungsrechtliche Abgrenzungen politischer Einstellungen.

Straftaten häufig als Agitator aufzutreten und jeweilige Gruppen und Personen zu beeinflussen sowie den Gang der Dinge zu steuern. Freilich gelingt es ihm bislang nur selten, in den nicht-parteilich gebundenen Gruppierungen und Subkulturen von Jugendlichen tatsächlich die Initiative zu übernehmen oder gar als Führungsfigur akzeptiert zu werden, da die Bereitschaft, sich Parteiideologien und deren strategischen Zielvorstellungen unterzuordnen und sich entsprechend zu disziplinieren, in diesen Gruppen in der Regel wenig ausgeprägt ist. Grundsätzlich ist bei diesem Typus davon auszugehen, daß eine ideologisch legitimierte, strategisch ausgerichtete und gefestigte Gewaltbereitschaft gegen konkrete Opfergruppen vorhanden ist. Der hier identifizierte rechtsradikale Täter scheint stärker noch als die anderen Tätertypen über erfolgreiche Schulabschlüsse (häufiger sogar Realschulabschluß) und eine erfolgreiche Berufsausbildung zu verfügen sowie im Besitz einer festen Arbeitsstelle zu sein.

Die hier unterschiedenen Tätertypen differieren sowohl hinsichtlich ihrer politischen Einstellungen, als auch insbesondere in ihrer Bereitschaft zur Gewalt und dem Maß an Fremden- und Ausländerfeindlichkeit. In der Mehrzahl der Fälle spielt zwar eine unreflektierte Ausländerfeindlichkeit eine Rolle, nur vereinzelt liegt jedoch eine verfestigte rechtsradikale und rassistische Gesinnung bei den Tätern vor. Dominant sind bei vielen Tätern eher 'jugendtypische Charakterzüge' und Gesinnungsmuster, so daß man nicht den Eindruck gewinnt, es handle sich hier von vorneherein um Eintritte in kriminelle und/oder politisch-rechtsradikale Karrieren. Die fremdenfeindlichen Stimmungen der Jugendlichen - insbesondere gegen Asylbewerber - erschrecken jedoch gerade auch in ihrer unreflektierten Selbstverständlichkeit.

7.6 Zwischenergebnis

Die hier vorgenommene Analyse von 53 Urteilsschriften zu insgesamt 148 Tätern aus fünf Bundesländern hatte vier Schwerpunkte. Zum ersten die Perspektive der Justiz, zum zweiten die Rekonstruktion biographischer Merkmale zu den Tätern, zum dritten die Genese von gewalttätigen Handlungsmustern und zum vierten die Rekonstruktion unterschiedlicher Tätertypen.

1) Zur *Perspektive der Justiz*:

a) Bei der Beurteilung der Täter spielt die Berücksichtigung der Täterpersönlichkeit eine zentrale Rolle. Um auf mögliche 'Retardierungen in der Entwicklung' (Reifeverzögerungen, Lernbehinderungen etc.) schließen zu können, werden z.T. 'Persönlichkeitsprofile' über psychologische Tests erstellt, oft aber reicht den Richtern auch ihre eigene 'Menschenkenntnis'. Es fällt in diesem Bereich auf, daß vor allem die problematischen Konstellationen (weniger die Normalentwicklungen) explizit in den Urteilsschriften dargestellt werden.
b) Infolge eines zunehmenden öffentlichen und politischen Drucks vor allem bei Prozessen, die mit spektakulären Fällen der Gewalt gegen Fremde in Zusammenhang stehen (oder in der zeitlichen Folge spektakulärer Fälle der Gewalt gegen Fremde anstehen), ist in einigen Urteilen eine sehr deutliche Akzentuierung der fremdenfeindlichen Motive und eine explizite Einordnung der individuellen Tat in allgemeine fremdenfeindliche und vor allem rechtsextremistische Tendenzen erfolgt. Als besonders problematisch muß auffallen, daß in einer Reihe von Fällen weder individuelle fremdenfeindliche Motive, noch allgemeine fremdenfeindliche Entwicklungen überhaupt thematisiert wurden.

2) Ein zweiter Schwerpunkt der Aktenanalyse liegt im Bereich der *biographischen Daten* zu den Angeklagten (familialer Kontext; schulischer und beruflicher Werdegang; Vorstrafen).

a) Im Bereich der familialen Strukturen und Hintergründe der jugendlichen Angeklagten läßt sich kein dominantes Muster erkennen. Vielmehr ergeben sich sehr unterschiedliche Schichtzugehörigkeiten und familiale Konstellationen. Es gibt zum einen die normal integrierten Jugendlichen, die in 'geordneten Verhältnissen' im elterlichen Haushalt aufwachsen. Weder werden biographische Brüche oder familiale Diskontinuitäten berichtet, noch besonders problematische Eltern-Kind-Beziehungen oder Erziehungspraktiken. Antiautoritäre Erziehungsmilieus und liberale Erziehungsstile scheinen nur eine geringe Rolle zu spielen; autoritäre Strukturen sind wesentlich häufiger zu finden. Freilich fällt auf, daß manche Jugendliche, die als normal integriert beschrieben werden, dennoch starke Belastungen und Probleme im Elternhaus (z.B. hoher Leistungsdruck oder fehlende Kommunikation) berichten. Daneben jedoch gibt es auch eine starke Gruppe von Jugendlichen, die aus zerrütteten, instabilen und unvollständigen Familien kommen mit häufig wechselnden Bezugs- und Betreuungspersonen und deutlichen Merkmalen der Vernachlässigung, der Verwahrlosung, des Mißbrauchs (Gewalt) und der psychisch-seelischen Schädigung.

b) Unterschiedliche Muster zeigen sich auch im Bereich schulischer und beruflicher Entwicklungsverläufe. Es gibt völlig unauffällige Biographien und Lebensläufe mit einer festen Integration in Schule und/oder Beruf. Bei anderen Jugendlichen sind deutliche Probleme im schulischen und/oder beruflichen Alltag zu erkennen, jedoch ohne größere Konsequenzen für die berufliche Integration. Zum dritten aber gibt es klassische Negativkarrieren mit Schulabbruch, häufigem Berufswechsel und hoher Arbeitslosigkeit, oft gekoppelt mit psychischen Problemkonstellationen, wie Überforderung, Leistungsschwäche, Mißerfolge, Identifikationsschwächen, Motivationsschwächen.

c) Beim fremdenfeindlichen Straf- und Gewalttäter dominiert in dem von uns ausgewerteten Aktenmaterial der nicht-vorbestrafte Täter. Besonders auffällig jedoch ist die Gruppe der Jugendlichen, die als Mehrfachtäter bezeichnet werden müssen, und z.T. bereits mit schwerwiegenden Delikten (z.B. schwere Körperverletzung) straffällig wurden. Hier haben sich z.T. bereits kriminelle Karrieren entwickelt.

3) Ein dritter Schwerpunkt liegt im Bereich der Genese von gewalttätigen Handlungsmustern.

a) Die fremdenfeindliche Straf- und Gewalttat, so zeigt sich im analysierten Aktenmaterial, verläuft in der Mehrzahl der Fälle als eine kollektive Form des Handelns in Gruppen.

b) Als Trägergruppen fremdenfeindlicher Straftaten ergeben sich aus den Gerichtsakten zum ersten jugendliche Täter, die sich der Subkultur der Skinheads zuordnen und dementsprechend in ihrem Outfit auftreten. Zum zweiten sind jugendliche Freundesgruppen und Freizeitcliquen zu nennen, die im Gruppenverband bei bestimmten Anlässen und Gelegenheitsstrukturen Gewalt gegen Fremde anwenden. Zum dritten gibt es rechte und rechtsextremistische Jugendliche, die Mitglieder in entsprechend ideologisch ausgerichteten Parteien und Gruppierungen sind und über verfestigte politische Einstellungen verfügen.

c) Die Analyse des Aktenmaterials zeigt insbesondere die zentrale Bedeutung von Kristallisationspunkten, Anlässen, Gelegenheitsstrukturen und Eskalationsprozessen fremdenfeindlicher Gewalttaten. Nur die wenigsten Taten verweisen auf langfristig geplante Vorhaben der jugendlichen Täter. In den weitaus meisten Fällen sind es Taten, die aus Gruppentreffen oder zufälligen Begegnungen hervorgehen. Die Taten sind in der Mehrzahl als Mischformen aus Spontaneität und Planung zu charakterisieren.

d) Die Gruppendynamik spielt im Kontext der Entstehung fremdenfeindlicher Straf- und Gewalttaten eine ganz entscheidende Rolle. Es entwickeln sich gruppendynamische Prozesse der Enthemmung durch Alkohol, der Stimulierung über Musik mit rechtsradikalen bzw. ausländerfeindlichen Inhalten, der Thematisierung von Medienereignissen und Nachahmungseffekten, der Empörung und Emotionalisierung durch Gerüchte und eigene Negativerfahrungen mit Ausländern.

4) Ein vierter Schwerpunkt der durchgeführten Analyse von Urteilsschriften ist die Konstruktion einzelner Tätertypen. Es ergeben sich vier unterschiedliche Typen fremdenfeindlicher Straf- und Gewalttäter: a) der Mitläufer - b) der kriminelle Jugendliche - c) der Ausländerfeind (Ethnozentrist) - d) der ideologisch motivierte (rechtsextreme oder rechtsradikale) Täter. Sie lassen sich hinsichtlich ihrer Gewaltbereitschaft und ihrer Fremdenfeindlichkeit differenzieren.

Fremdenfeindliche Gruppen sind offensichtlich hinsichtlich der biographischen Merkmale (familiale Strukturen und Brüche, schulische Entwicklung, berufliche Integration) ihrer Mitglieder durchaus heterogen zusammengesetzt. Das macht für die Analyse und Prävention Schwierigkeiten, gibt aber durchaus Sinn. Gerade heterogene Biographien ermöglichen es, unterschiedliche Rollen in den Gruppen zu besetzen: den Schläger, den Ideologen, den Mitläufer.

8. Interaktions- und Eskalationsprozesse

8.1 Vorbemerkung

Wir haben bisher in erster Linie eine individualistische, d.h. eine täterorientierte Perspektive verfolgt und versucht, nicht nur verschiedene Tätertypen und Tatmotive zu identifizieren, sondern über die Beschreibung spezifischer Merkmale, Motive und Einstellungen auch schon Hinweise auf allgemeine Ursachen der Gewalt zu geben. Wir haben darüber hinaus versucht, auf den sozialgeschichtlichen und biographischen Entstehungszusammenhang und die Situationen zu verweisen, in denen Gewalt erfahren und gelernt bzw. als 'Lösungsmöglichkeit' von Konflikten begriffen wurde. Gewalt erweist sich dabei weniger als psychische Disposition oder Kompetenz einzelner Personen, vielmehr als Charakteristikum sozialer Situationen, d.h. als eine spezifische Form von Interaktion zwischen Menschen und zwischen sozialen Gruppen (Mummendey u.a. 1984, 72-75). Gewalt in der Familie z.B. entspringt dementsprechend nicht einfach den Persönlichkeitsmerkmalen eines oder einiger Familienmitglieder, sondern ist Bestandteil einer konfliktträchtigen und unbewältigten Beziehungsstruktur.

Diese Überlegung gilt auch und gerade für Gewalt in öffentlichen und politischen Konflikten, so wie derzeit für die fremdenfeindliche Gewalt im Kontext des Einwanderungskonfliktes. Als 'politisch' bezeichnen wir Konflikte, in denen es um die Durchsetzung oder Verhinderung von Entscheidungen geht, die für die Gesellschaft oder Teilbereiche von ihr verbindlich getroffen werden, sowie Proteste, die sich gegen Zustände und Entwicklungen richten, die solchen Entscheidungen angelastet werden. Nach allem, was wir wissen, können wir Gewalt in diesen Konflikten nicht hinreichend auf feststehende Persönlichkeitsmerkmale als unabhängige Ursachen zurückführen. Auch gibt es für unsere eigene Gesellschaft bisher kaum Indizien für einen generellen Transfer von Gewaltbereitschaft aus Familie und Schule in die politische Auseinandersetzung hinein. (Dies galt zumindest für die sog. 'linke' Protestgewalt im Kontext neuer sozialer Bewegungen: die sogenannten 'linken Postmaterialisten', die (zu einem geringen Prozentsatz) im Kontext spezifischer Konflikte auch Gewaltanwendung für legitim erachten, sind keineswegs durch eine erhöhte Gewaltbereitschaft oder Gewalterfahrung im Nahbereich von Familie und Schule gekennzeichnet gewesen). Für die gegenwärtige 'rechte und fremdenfeindliche Gewalt' gibt es zwar massive Hinweise darauf, daß es zu einem gewissen Anteil 'privat' erlernte Gewaltbereitschaften sind, die sich hier öffentlich und politisch artikulieren. Doch generell gilt auch hier, daß wir die rechte und fremdenfeindliche Gewalt nicht hinreichend erklären können, wenn wir sie allein auf Persönlichkeitsmerkmale und individuelle Einstellungen zurückführen und demgegenüber die realen Konflikte, auf die sie verweisen und vor deren Hintergrund sie sich entwickeln, ignorieren.

Eine täterorientierte Perspektive reicht daher insgesamt nicht aus, wenn es darum geht, die Gewalteskalation und die Gewaltentwicklung der letzten Jahre zu erklären. Sie verstellt zudem den Blick auf die Handlungsanteile anderer gesellschaftlicher Akteure und Gruppen und läßt uns die Gewalt vorschnell als Jugendproblem oder als Problem am rechten politischen Rand mißverstehen. Wir möchten die täterorientierte Perspektive hier daher ergänzen um eine andere Perspektive, die die gewalttätige Handlung der einzelnen Täter und Gruppen einbettet in ein gesellschaftliches Beziehungsgeflecht, in dem dann auch andere Akteure und Institutionen und ihre Handlungen und Nicht-Handlungen eine wichtige Rolle spielen. Eine solche interaktionistische Perspektive versucht Gewalt als ein Produkt von Interaktions- und Kommunikationsprozessen zu verstehen. Sie geht von der These aus, daß Gewaltbereitschaften, Gewaltlegitimationen und Vorstellungen von den Kosten und Risiken des Gewalthandelns in diesen Interaktionsprozessen erzeugt und verändert werden. Von daher ist aus einer konfliktorientierten, interaktionistischen Perspektive heraus zu erkunden, welche Interessen und Motive bei den verschiedenen Akteuren im Spiel sind, und in welchen Situationen sich Gelegenheiten zur Gewaltanwendung ergeben. Die Frage der Legitimation von Gewalt, also die 'guten' Gründe, die für die Gewaltrechtfertigung gegenüber Dritten in politischen Konflikten eine große Rolle spielen, ist für die gegenwärtige 'rechte und fremdenfeindliche Gewalt' freilich insofern von geringerer Bedeutung, als die Rechtfertigung der Gewalt bei den hier aktiven kriminellen, fremdenfeindlichen und rechtsradikalen Gruppen meist schon intern gelöst ist. Gewalt als Ausdruck ritueller Inszenierung von Männlichkeit, als alltägliches Mittel der Interessensdurchsetzung und Konfliktlösung wird in dieser Szene vielfach als selbstverständlich angenommen und nicht weiter hinterfragt, zumindest wenn es sich um Ziele und Opfer handelt, die als 'minderwertig' gelten. Zu ihrer Anwendung bedarf es daher weniger einer intellektuellen und argumentativen Legitimation als vielmehr geeigneter Situationen, in denen Sanktionen nicht zu befürchten sind und die Gewaltanwendung als 'erfolgreich' und 'effizient' erfahren werden kann.

Wir haben daher (ergänzend zu den täterorientierten empirischen Analysen) hier eine Reihe von fremdenfeindlichen Anschlägen und Krawallen in ihrer Entwicklung rekonstruiert und sind der Frage nachgegangen, welche Interaktions- und Eskalationsprozesse die verschiedenen Ereignisse kennzeichnen, welche Rolle allgemeine politische Diskussionen spielen, inwiefern lokale Konflikte als Kristallisationspunkte dienen, und schließlich welche Diffusions- und Nachahmungseffekte für die Eskalation der Gewalttätigkeiten kennzeichnend sind. Die Ereignisse, die wir analysiert haben, umfassen sowohl kollektive fremdenfeindliche Krawalle und Pogrome wie in Hoyerswerda und Rostock mit entsprechenden 'copy cat riots' (Nachahmungsereignisse) in Wismar und Quedlinburg, als auch Anschläge einzelner fremdenfeindlicher Gruppen (Brandanschläge wie in Hünxe und Saarlouis).

Grundlage für die Rekonstruktion dieser Ereignisse waren die Berichte in den Medien, Dokumentationen zu den Ereignissen von anderen Institutionen (Polizei, Ausländerbehörden) sowie ergänzend Experteninterviews mit Kommunalpolitikern, Polizeibeamten, Sozialarbeitern, Ausländerbeauftragten, Richtern und vereinzelt auch beteiligter Jugendlicher.

8.2 Gemeinden vor dem Problem der Aufnahme von Asylbewerbern

Die Welle fremdenfeindlicher Gewalt der 90er Jahre hat sich vor dem Hintergrund eines enormen Anstiegs von Asylbewerbern in Deutschland entwickelt, der v.a. durch die dramatischen politischen Veränderungen der Jahre 1989-91 in Osteuropa ausgelöst wurde, und den kaum jemand vorhergesehen hat. Die damit verbundenen Ängste und Sorgen in der Bevölkerung sowie die Probleme der Kommunen, die durch die Aufnahme der Asylbewerber bedingt waren, sind politisch lange unterschätzt und übersehen worden. Sie bilden den Kristallisationspunkt für den Konflikt um das Asylrecht und damit zugleich den Ausgangspunkt für die Entwicklung fremdenfeindlicher Gewalt.

Die Asylverfahrenspraxis der vergangenen Jahre hat die Hauptlast der wohnungspolitischen und sozialen Bewältigung der Aufnahme von Asylbewerbern weitgehend auf die Kommunen abgeladen. Die Kommunen sind durch die jeweiligen Zuteilungsentscheidungen häufig überlastet, ihre Handlungsspielräume sind entsprechend eingeschränkt. Sie sind auf die vielfältigen Probleme und Konflikte, die sich in Folge der Aufnahme von Asylbewerbern und ihrer Versorgung ergeben, nicht vorbereitet und daher in der Bewältigung der damit verbundenen Diskussionen, Spannungen und Auseinandersetzungen überfordert.

Wir haben an einem Beispiel versucht aufzuarbeiten, wie sich die kommunale Praxis bzgl. der Aufnahme und Betreuung von Asylbewerbern darstellt. Wir haben dazu eine Stadt gewählt, die keineswegs als Synonym für Fremdenfeindlichkeit und Gewalt steht, die aber - wie viele andere deutsche Klein- und Mittelstädte - dennoch mit fremdenfeindlicher Gewalt konfrontiert ist.

Saarlouis ist eine saarländische Kreisstadt mit ca. 38.500 Einwohner. Nach Aussagen des Bürgermeisters der Stadt hat es seit Mitte der 80er Jahre durch Zuweisung erste spürbare Erhöhungen der Asylbewerberzahlen gegeben. 1987 und Anfang 1988 waren es 90 bis 100 Personen. Im Laufe des Jahres 1989 ist die Zahl auf 313 Personen angewachsen. Im Oktober 1992 betrug nach Auskunft des zuständigen Sozialarbeiters die Zahl der Asylbewerber ca. 600 Personen, die in fünf Sammelunterkünften und ca. 40 Wohnungen untergebracht waren.
Durch die Zuteilung von Asylbewerbern sah sich die Stadt gezwungen, bei einer ohnehin schlechten Wohnsituation öffentlich um Wohnraum für Asylbewerber zu werben. In den Regionalzeitungen fanden sich eine Vielzahl von Annoncen, in denen die Stadt die Bevölkerung um die Vermietung von Wohnraum an die Stadt als Mieterin bat, um diese den Asylsuchenden zur Verfügung stellen zu können. Durch diese Anmietungen wurden die Wohnungen dem übrigen Markt entzogen, was mit Konflikten und Problemen verbunden war. So ist dem Pressedienst der Kreisstadt Saarlouis vom 20.08.1990 zu entnehmen: Der Oberbürgermeister habe mehrfach "in der Vergangenheit auf die zunehmend katastrophalen Ver-

hältnisse in den Gemeinden hingewiesen. Über die den Gemeinden zwangsweise auferlegten Pflichten zur Unterbringung von Asylbewerbern, Obdachlosen, Aus- und Übersiedlern sammle sich sozialer Konfliktstoff, insbesondere bei den 'normalen Wohnungssuchenden' an". Dem entspricht auch die Aussage des Bürgermeisters, den wir zu dieser Problematik befragt haben: "Hier kommen junge, alleinstehende Mütter zu mir in die Verwaltung. Sie stehen vor mir, und fragen natürlich, warum die Stadt Geld hat, um Wohnungen für Asylbewerber anzumieten und entsprechend herzurichten, und sie selbst gehen leer aus. Die Leute sind dann natürlich unzufrieden und fühlen sich ungerecht behandelt".
Die Situation wurde prekär, als die Wohnungskapazitäten zur Unterbringung einzelner Familien von Asylbewerbern erschöpft waren. Sollten die Asylbewerber zunächst auf unterschiedliche Stadtteile verteilt und eine Ghettobildung so vermieden werden, zeichnete sich bald ab, daß dies nicht mehr möglich sein würde. Dies löste erneute Debatten und Streit zwischen den Parteien aus.
Die bevorstehende unvermeidbare Unterbringung von Asylbewerbern in Sammelunterkünften entwickelte sich zunächst zum Parteienstreit zwischen SPD und der oppositionellen CDU. Insbesondere von Seiten der CDU wurde immer wieder Kritik an der Asylpolitik der SPD-geführten Landesregierung geübt, die der Stadt Asylbewerber zuweise, die dadurch entstehenden Probleme vor Ort aber ignoriere. Der Verwaltung, insbesondere dem Oberbürgermeister, wird vorgeworfen, sich nicht rechtzeitig um die Unterbringung der Asylbewerber bemüht zu haben und soziale Aspekte bei der Unterbringung und der Verteilung über die Stadt zu vernachlässigen. Unter Bezugnahme auf Erfahrungsberichte des Ordnungsamtes wurden als mögliche Folgen einer Einquartierung von Asylbewerbern in Sammelunterkünften vor allem Kriminalität und Alkoholprobleme erwähnt (vgl. Saarbrücker Zeitung vom 30.08.1990). Dieser Streit erhielt einen neuen Impuls, als im Saarlouiser St. Orannaheim zunächst ohne Wissen der verantwortlichen SPD-Kommunalpolitiker von der Landesregierung eine Dependance der Landesaufnahmestelle Lebach beschlossen wurde, da die Kapazitäten dort mittlerweile ausgelastet waren. Bemängelt wurde insbesondere die mangelnde Kommunikation und Koordination zwischen der Landesregierung und der Stadt Saarlouis. Auch von der lokalen SPD waren Klagen darüber zu hören, daß die Stadt in dieser Sache kein Mitspracherecht hat: "'Das Land hat an uns vorbei entschieden', sagte der Oberbürgermeister. (...) 'Ich könnte mir sehr viel anderes im Orannaheim vorstellen'" (Saarbrücker Zeitung vom 19.08.1992).

Eine verantwortungsvolle Politik, die ihr Handeln auch an möglichen Konsequenzen ausrichtet und sich daher vorweg um Akzeptanz bemühen würde, war angesichts der Entwicklung der Asylbewerberzahlen und der Asylverfahrenspraxis der letzten Jahre in vielen Kommunen kaum möglich gewesen. Die Konsequenz: die Anwohner und Nachbarn von Asylbewerberunterkünften werden mit Entscheidungen konfrontiert, an denen sie nicht beteiligt wurden und die schon aus diesen Gründen nur schwer zu akzeptieren sind.

In Saarlouis zeigte der anhaltende Zustrom von Asylbewerbern schon bald seine Wirkung in der Bevölkerung. Bedenken und Ängste wurden nicht nur hinter vorgehaltener Hand geäußert, sondern offen bekundet. Zwar konnte die Unterbringung von asylsuchenden Familien und Einzelpersonen in Wohnungen oder Häusern in unterschiedlichen Stadtteilen noch relativ problemlos durchgeführt werden; doch im Vorfeld der Planung von Sammelunterkünften entwickelte sich nicht nur in der Opposition, sondern vor allem in der Bevölkerung heftiger Widerstand. Um dem Einzug der Fremden Einhalt zu gebieten, wurden Unterschriftensammlungen veranstaltet, Proteste organisiert und Bürgerinitiativen gegründet.

Nachdem die Stadt beschlossen hatte, das Sozialgebäude der ehemaligen Stadtgärtnerei zur Unterbringung von Asylbewerbern mit einem Kostenaufwand von 110 000 DM für die erforderlichen baulichen Instandsetzungsmaßnahmen herzurichten (vgl. Saarbrücker Zeitung vom 30.08. 1990), kam es zu ersten Beschwerden der Anwohner, die schließlich in einem Rechtsstreit endeten: "Alles begann damit, daß die Stadtverwaltung im Fundus der eigenen Immobilien prüfte, ob sich nicht Räumlichkeiten für Asylbewerber finden lassen. Man wurde fündig: Das sogenannte Sozialgebäude der ehemaligen Stadtgärtnerei steht leer. (...) Nach Einschätzungen des Rathauses könnte man hier rund 30 Asylbewerber beherbergen. Eine Verwaltungs-Delegation besichtigte die Örtlichkeiten und befand sie für gut. Diese Ansicht teilten einige Nachbarn nicht. Sie legten bei der Stadt schriftlich Beschwerde ein. Als Gründe trugen sie nach Angaben des Bürgermeisters vor, das viel bewunderte Flair der Stadt werde gefährdet. Soziale Probleme seien zu befürchten, der Wohnwert der eigenen vier Wände werde gefährdet etc. (...) Nach Meinung des Anwalts der Anlieger erhebe auch niemand Einspruch dagegen, wenn in diesem Haus der ehemaligen Gärtnerei eine Familie mit etwa fünf Personen untergebracht werde. Die geplante Belegung mit 30 ähnele aber mehr 'Hasenställen'." (Saarbrücker Zeitung vom 28.08.1990).
In einem weiteren Fall ging es ähnlich zu. In dem Verlagsgebäude einer ehemaligen Druckerei sollten 15 Wohneinheiten für Asylbewerber eingerichtet werden. Hiermit waren die Anlieger allerdings nicht einverstanden: "Die Stadtverwaltung und protestierende Anwohner (...) hatten sich nach verschiedenen erfolglosen Gesprächen vor den Schranken des Verwaltungsgerichtes wiedergesehen. Die Anlieger, die rund 150 Unterschriften gesammelt hatten, waren empört über die Tatsache, daß die

Stadt ihnen ein Asylantenwohnheim 'vor die Haustüre' setzte" (Saarlouiser Stadtrundschau vom 20./21.02.1991). Die Juristen entschieden in beiden Fällen zunächst zugunsten der Stadt Saarlouis, so daß die Gebäude bis auf weiteres für die Unterbringung von Asylbewerbern genutzt werden können.

Die Probleme und Schwierigkeiten der Kommunen bezüglich der Unterbringung von Asylbewerbern, wie sie hier beispielhaft für die Stadt Saarlouis beschrieben wurden, sind über diesen Einzelfall hinaus typisch für eine große Vielzahl von Kommunen in Deutschland. Ihre Ursachen liegen weniger in einem fehlenden guten Willen der (kommunalen) Politiker und Behördenvertreter, als vielmehr daran, daß die Versorgung von unerwartet vielen Asylsuchenden mit Unterkünften und Verpflegung in einer Zeit finanzieller und wohnungsmarktpolitischer Engpässe (nicht nur in den Kommunen) notwendigerweise kompliziert und schwierig ist. Von daher sind mit diesen neuen Aufgaben der Kommunen zugleich eine Vielzahl von Problemen und Konflikten verbunden. Die Städte müssen ihrer Verpflichtung zur Unterbringung von Asylbewerbern nachkommen, für das Anmieten von Unterbringungsmöglichkeiten Sorge tragen, den Lebensunterhalt gewährleisten, und die Asylbewerber beraten und betreuen. Dies führte aber bei der einheimischen Bevölkerung zu Konkurrenzgefühlen und Vorstellungen einer ungerechtfertigten Bevorzugung von Asylbewerbern, die sich in Protesten und Beschwerden äußerten.

8.3 Die Eskalation lokaler Konflikte zwischen Anwohnern, Asylbewerbern und der Verwaltung und die Veränderung politischer Gelegenheitsstrukturen

Neben den Schwierigkeiten der Kommunen, was die Unterbringung und Versorgung der Asylbewerber angeht, und den damit entstandenen (neuen) Konkurrenzen und Konfliktlinien zwischen Asylbewerbern und einheimischen Bevölkerungsgruppen (Wohnungssuchende, Sozialhilfeempfänger, Anwohner von Asylbewerberheimen etc.) spielten jedoch bald vermehrt auch die Verhaltensweisen und Probleme, die von den Asylbewerbern ausgehen, eine zentrale Rolle in der öffentlichen Diskussion. Auch hier wieder einige Beobachtungen zu Saarlouis.

Schon seit Ende 1989 wurde in der Öffentlichkeit über Probleme innerhalb der verschiedenen Ausländergruppen berichtet: "Schwierigkeiten mit Asylbewerbern treten, so der Erfahrungsbericht der Stadtverwaltung, bei akuten Krankheiten durch übermäßigen Alkoholgenuß und Gewalttätigkeiten der Bewohner von Sammelunterkünften untereinander auf. (...) Dabei wird auch in kritischen Fällen die Polizei zu Hilfe genommen" (Saarbrücker Zeitung vom 29.12.1989). Die Polizei: Und dann ist da ein Riesenhaus mit 30 oder 35 Ausländern verschiedenster Herkunft. Das geht von Polen über Rumänen bis zu Afrikanern. Und da prallen in diesem Haus die Mentalitäten aufeinander. Das ist Wahnsinn, welche Unterschiede es da gibt, welche Aktivitäten die an den Tag legen. Und das führt zu Reibungen, die nach außen dringen.
Auch das konkrete Verhalten der 'Fremden' in der Öffentlichkeit führte in der Folge zunehmend zu Beschwerden, die an die Stadt Saarlouis herangetragen wurden. Daneben sahen die Kommunen sich aber auch mit Problemen der Asylbewerber untereinander konfrontiert, die nicht selten zu Gewalttätigkeiten führten und durch das Eingreifen der Polizei reguliert werden müssen. Die Vorurteile und Befürchtungen im Umfeld der Wohnungsgebäude von Asylbewerbern, die z.T. bis zum Rechtsstreit vor Gericht geführt haben, fanden hier teilweise ihre Bestätigung und führten immer wieder zu Protesten, wie uns die Polizei berichtete:
"Das geht von überlauter Musik, die sie im Sommer nachts hinter dem Haus machen, zum Feuer, zum Lagerfeuer, wo sie grillen und kochen. Das geht soweit, daß sie ihre Geschäfte in Nachbargärten erledigen, daß sie in den Garten von Nachbarn gehen, Gemüse holen usw. Das ist Wahnsinn für die Leute. Dann rufen die Leute immer wieder, daß die Polizei kommen soll. (...) Wir haben hier in Saarlouis ein sehr hohes Straftatenpotential von Ausländern, das muß man ganz ehrlich sagen. (...) Wir haben fast nur noch mit Ausländern zu tun. Das geht über Betrugsdelikte, über Eigentumsdelikte, einfachen Kaufhausdiebstahl. In diesen Fällen müssen Polizei und Stadtverwaltung eingreifen, sei es nur, daß sie den Müll immer wieder durch eine Firma beseitigen lassen müssen".[1]

Die Medienberichterstattung zu diesem Thema schürte zudem die Ängste und Vorurteile in der Bevölkerung, die sich teilweise aufgrund negativer eigener Erfahrungen im Alltag bestätigten und insgesamt eine ablehnende feindliche Atmosphäre zwischen Asylbewerbern und ansässiger Bevölkerung schufen. Nocheinmal zu Saarlouis:

Neben der tatsächlichen Wohnungsnot und der öffentlich geführten politischen Diskussion wurde insbesondere in einem regionalen Wochenblatt das Klima in und um Saarlouis in Sachen Asylpolitik 'angeheizt' durch

1 Vgl. Saarbrücker Zeitung vom 20./21.06.1992

Schlagzeilen wie: "'Kurgäste' nach Saarlouis? Stadtgärtnerei soll 'Hilton' für Romas, Sintis und Zigeuner werden - Bürgerinitiative protestiert -"[2] oder "Bungalow für Asylanten - Stadt Saarlouis schlägt alle Rekorde". "In Neuforweiler fand Kurdenfamilie eine 'Nobelherberge' für 2.000 DM Miete"[3]. So ist dann auch vom "Bonner Großzügigkeitsministerium" die Rede, das es ermögliche, Asylbewerber in Luxusherbergen unterzubringen, wohingegen "notleidende deutsche Familien (...) wegen einer Unterstützung von vielleicht 100 DM hundert Versuche machen müssen, um etwas zu ernten."[4]

Saarlouis ist kein Einzelfall, weder was die kommunalen Probleme und Schwierigkeiten angeht, noch was die Entwicklung ausländerfeindlicher Stimmungen betrifft. Eine Analyse der Vorfeldereignisse ausländerfeindlicher Krawalle in einer Reihe von anderen Städten (*Hoyerswerda, Rostock, Greifswald, Hünxe*) in den letzten 2 Jahren zeigte, daß den kollektiven Krawallen und ausländerfeindlichen Taten jugendlicher Banden meist erhebliche Spannungen zwischen Asylbewerbern und der ansässigen Bevölkerung vorausgingen und daß sich der Protest und Widerstand z.B. gegen die Asylbewerberwohnheime meist schon in Form von Petitionen, Unterschriftensammlungen, formalen Beschwerden etc. manifestiert hatte. Die vorhandenen Spannungen und Empörungen wurden jedoch in der Regel nicht ernst genommen oder unterschätzt; Versuche von kommunalpolitischer Seite, hier zu vermitteln, Gespräche aufzunehmen und über neue Lösungen nachzudenken, gab es nur selten - und wenn, dann kamen sie wie in Rostock-Lichtenhagen meist zu spät. Nach Aussagen von Anwohnern und Lokalpolitikern kam es bereits im Vorfeld der Ausschreitungen von *Rostock-Lichtenhagen* zu erheblichen Spannungen zwischen Asylbewerbern und der Bevölkerung.

Der anhaltende Zustrom von Asylbewerbern in das seit langem überfüllte Wohnheim im Stadtteil *Rostock-Lichtenhagen* war für Asylbewerber und Anwohner gleichermaßen unzumutbar, ein konfliktfreies Zusammenleben beider Parteien im Alltag war nicht zu gewährleisten. Dies bestätigen die Aussagen des Ausländerbeauftragten der Stadt Rostock. "Es gab eine Vielzahl von Beschwerden, Protesten, Anrufen der Bewohner ringsherum und man muß wirklich sagen, es war nicht der Zustand, wo man sagen kann mit mehr Verständnis und mehr Toleranz wäre das alles zu bewältigen gewesen. Es war sowohl für die Asylbewerber, als auch die Vietna-

2 Vgl. Fuchs vom 8.08.1990
3 Vgl. Fuchs Nr.1 vom 24.01.1990
4 Vgl. Fuchs Nr.1 vom 24.01.1990

mesen nebenan, als auch für die deutschen Anwohner so wirklich nicht zumutbar".[5] Die Asylbewerber, größtenteils Roma und Sinti aus Rumänien, mußten wegen der starken Überlastung der Unterkünfte auf dem Rasen vor dem Wohnheim und auf Balkonen Quartier beziehen.[6] Die Anwohner in unmittelbarer Nachbarschaft fühlten sich durch das Ausmaß der Verschmutzung und durch das 'oft aufdringliche Verhalten' der Asylbewerber bis zum äußersten strapaziert.[7] Im Vorfeld der gewalttätigen Krawalle in Rostock-Lichtenhagen kam es zu einer Unterschriftenaktion und zu zahlreichen Protestäußerungen der Anwohner aus der unmittelbaren Umgebung des Asylbewerberheimes, die sich auf diesem Weg Gehör verschaffen und auf die bestehenden Probleme aufmerksam machen wollten. In der Woche vor dem Ausbruch der Krawalle erschienen Ankündigungen in einer Rostocker Zeitung, nach denen es Proteste vor dem Heim geben solle. Die Anwohner fühlen sich mit ihren Problemen und Belastungen alleingelassen und machten auch die Erfahrungen, daß ihr friedfertiger Protest erfolglos blieb. Dazu folgende Stellungnahme des Ausländerbeauftragten der Stadt Rostock: " (...) sie [die Anwohner. d.V.] fühlten sich eben in dieser Situation tatsächlich allein gelassen. Es tat sich für sie nichts Spürbares, um diesen Zustand zu verändern, trotzdem sie eigentlich versucht haben, all das, was an demokratischem Instrumentarium da ist, um auf Probleme aufmerksam zu machen und Veränderungen zu fordern, auszunutzen. Das alles (...) kann natürlich in keiner Weise einen Angriff auf Menschen entschuldigen, aber es soll die Situation deutlich machen".[8] Lokalpolitiker räumten ein, daß aufgrund dieser angespannten Situation, die ihnen bekannt war, Anstrengungen unternommen wurden, weitere Ausweichunterkünfte bereitzustellen. Die Spannungen wurden jedoch in ihrer Brisanz und Explosivität unterschätzt, das Vertrauen in die Politik und ihre Fähigkeit zur Problemlösung war bereits verspielt.

Lokalpolitische Versäumnisse vor Ort und die nur zögernde Handlungsbereitschaft der Politiker, die gespannte Situation zwischen der Bevölkerung und den Asylbewerbern durch entsprechende Maßnahmen schnellstmöglich zu entschärfen, trugen zu einer 'emotionalen Eskalation' im Vorfeld der Krawalle und fremdenfeindlichen Aggressionen bei. Unmutsäußerungen, Proteste,

---

5 Zitiert nach einem mit dem Ausländerbeauftragten der Stadt Rostock durchgeführten Interview.

6 Vgl. FAZ vom 26.8.1992

7 So ist in den verschiedensten Tageszeitungen von Diebstahl und Bettelei die Rede. (Vgl. FAZ vom 26.8.1992, S.3).
"Nachts habe man sich nicht mehr sicher bewegen können" (Vgl. ebd. S.3).
Vor allem aber das überfüllte Heim hätte die Anwohner "furchtbar erregt" (Vgl. ebd. S.3), denn die Neuankömmlinge mußten auf der "Grünfläche vor dem Haus übernachten" (Vgl. FAZ, ebd. S.3) und auf Balkonen.

8 Zitiert nach einem Interview mit dem Ausländerbeauftragten der Stadt Rostock.

sowie eine Unterschriftenaktion der Bevölkerung mit dem Ziel, auf akute Probleme hinzuweisen, wurden nicht gehört. Folglich fühlten sich die Menschen in Rostock-Lichtenhagen mit ihren Sorgen und Ängsten nicht ernst genommen, sie fühlten sich im Stich gelassen. Dies erklärt wohl die breite Toleranz und Unterstützung der Anwohner, die den Randalierern Beifall klatschten oder teilweise selbst Steine warfen. Die angreifenden Jugendlichen konnten sich als eine 'Art politische Vorhut begreifen, die agiert, während der Staat versagt'.[9]

Auch in *Hünxe* gab es vor dem spektakulären Brandanschlag in der Planungsphase eines Asylbewerberheimes Proteste gegen das Heim. Der Tenor der Meinungen in Hünxe zeigt sich in folgender Aussage:

"Wie kann man uns das antun, hier in diesem friedlichen, freundlichen, netten Dorf, hier so viele Ausländer hereinzusetzten, die verderben uns doch unsere Gemeinschaft" und "muß das denn sein, daß das hier in eine homogene Gruppe, in eine Siedlungsgemeinschaft hineinkommt, kann man das nicht irgendwo anders hinmachen" (so fasste ein Vertreter der AWO diese Stimmung zusammen).
Auf öffentlichen Veranstaltungen zeigte sich eine Kontroverse quer durch die Parteien. Von verschiedenen Politikern wurde die These vertreten, hier ein Asylantenheim, das geht nicht, das ist für uns unerträglich. Das Asylantenheim wurde trotz der Proteste eingerichtet. Das Haus war den Jugendlichen des Ortes zuvor als Jugendtreff in Aussicht gestellt worden.

Die Kommunen sind also nicht nur hinsichtlich der wohnungspolitisch und finanziellen Bewältigung der Unterbringung von Asylbewerbern oft überfordert, sondern lassen auch in der kommunalen Umsetzung erhebliche Defizite erkennen. Dies betrifft sowohl den Umgang mit den Asylbewerbern, denen z.T. menschenunwürdige Verhältnisse zugemutet werden, als auch die Insensibilität bezüglich der Sorgen der einheimischen Bevölkerung. Angesichts der Akzeptanzprobleme vor Ort und den z.T. berechtigten Sorgen und Ängste wäre eine Politik von Nöten gewesen, die nicht von oben nach unten schlicht durch- und umsetzt, was einmal beschlossen wurde, sondern sich aktiv unter Einbeziehung der Nachbarn und Bürger um andere Lösungen bemüht hätte.

Die Asylverfahrenspraxis der letzten Jahre hat jedoch Interaktionsprozesse und Erfahrungen zwischen Asylbewerbern und der

9 Vgl. 'Der Spiegel', 36/1992, S. 20

einheimischen Bevölkerung gefördert, die von vielen als Konflikte und Belastungen wahrgenommen wurden und die Kristallisationspunkte für die Entwicklung von entsprechenden Einstellungen und Gewaltbereitschaften waren.

Die Beziehungen zwischen Asylbewerbern und einheimischer Bevölkerung sind daher oft von vorneherein durch Ablehnung, Mißtrauen und Argwohn bestimmt gewesen, ohne daß man für diese Ablehnung schon fremdenfeindliche Motive oder Xenophobie annehmen müßte. Rassistische Vorurteile, ethnische Stereotype und fremdenfeindlich-nationalistische Parolen gewinnen für manche Bürger erst angesichts dieser Erfahrungen, dieser Probleme und Konflikte an Evidenz und Plausibilität. Sie können auch hinsichtlich der individuellen Bewältigung erschütterter lebensweltlicher Gewissheiten und Strukturen eine wichtige kognitive und psychische Funktion haben.

Die Entwicklung fremdenfeindlicher Einstellungen bis hin zu der Toleranz von und Bereitschaft zur Gewaltanwendung wurde also ganz erheblich durch politisches und bürokratisches Handeln und Nicht-Handeln im Vorfeld und die dadurch bedingten Lernerfahrungen beeinflusst. Die gewalttätigen Krawalle entwickelten sich keineswegs aus dem Nichts heraus, sondern vor dem Hintergrund vorhandener Konflikte und Spannungen zwischen Asylbewerbern, einheimischer Bevölkerung und Verwaltung. Dies jedoch wurde von den politischen Parteien und Verwaltungen nicht wahrgenommen oder aber in ihrer sozialen Sprengkraft weit unterschätzt.

Hier spielen nun auch die politischen Entscheidungen und Nicht-Entscheidungen eine Rolle, die nicht auf kommunaler Ebene, sondern auf Länder- und Bundesebene angesiedelt sind. Angesichts des starken Zustroms von Asylbewerbern und der damit verbundenen Probleme und Konflikte vor Ort hat der Streit in den großen Parteien um die Asylpolitik und das Ausbleiben schneller Entscheidungen die politischen Gelegenheitsstrukturen für rechtsradikale und gewaltbereite Gruppen verändert. Die politischen Parteien zeigten sich weitgehend unfähig, sich in der Sache zu verständigen und gemeinsame Konzepte zu entwickeln, oder auch nur angesichts der sich abzeichnenden Spannungen und Unzufriedenheit zu verdeutlichen, daß auch die Sorgen und Probleme vor Ort ernst genommen werden. Die Stimmungen und Probleme vor Ort wurden stattdessen oft moralisch diskreditiert ('Rassisten', 'Faschisten') oder aber für den Parteienstreit instrumentalisiert ('SPD-Asylanten').

In dieser Situation konnten rechtsradikale Gruppen ihre ausländerfeindlichen Problemdefinitionen und Forderungen in den öffentlichen Diskurs einbringen und so die öffentliche Meinung hinsichtlich der Asylproblematik deutlich beeinflussen. Dies wiederum hat die großen Parteien in Bewegung gebracht, die dann ihre Wahl-Programme anpassten. Die Folge war, daß bis dahin tabuisierte und marginalisierte rechte politische Themen und Forderungen von den großen Parteien aufgegriffen wurden und sich nun auf der formalen politischen Agenda plazieren konnten. Damit wurde eine bestimmte Problemdefinition radikaler Minderheiten politisch hoffähig gemacht, wurden ausländerfeindliche Einstellungen und Gewaltbereitschaften normalisiert und legitimiert. In relativ kurzer Zeit haben sich so fremdenfeindliche Einstellungen und entsprechende Gewalttoleranzen in Teilen der Bevölkerung in ganz erheblichem Maße verstärkt.

8.4 Der Ausbruch und die Eskalation der Gewalt: die Veränderung des Sympathisantenumfeldes rechter und gewaltbereiter fremdenfeindlicher Gruppen

Diese Veränderung der öffentlichen Meinungin Teilgruppen der Bevölkerung, insbesondere die Zunahme fremdenfeindlicher Einstellungen und Handlungsbereitschaften bei gleichzeitigem Vertrauensverlust in die etablierten Parteien, hatte nun (für den weiteren Verlauf und die Genese fremdenfeindlicher Gewalt) bedeutsame Rückwirkungen auf die rechtsradikalen, fremdenfeindlichen und gewaltbereiten Subkulturen. Gewaltbereite Jugendgangs, sowie Fascho- und Skinheadgruppen und rechtsextremistische Organisationen gab es nicht erst seit dem Jahre 1991, sondern schon lange vorher. Bereits Anfang der achtziger Jahre tauchen die Skins in der BRD auf, die sich in ihrer Provokation der Nazi-Symbolik bedienen und sich von Beginn an sowohl in England als auch in Deutschland an gewalttätigen und rassistischen Ausschreitungen beteiligen. Im Jahre 1988 schätzt der Verfassungsschutz ihre Zahl auf 2500 ein. Seitdem ist die Zahl der gewaltbereiten Skins jährlich angestiegen, heute werden mehr als 6000 gewaltbereite Skins geschätzt. Durch Beobachtung von Polizei und Verfassungsschutz waren die verschiedenen gewalttätigen und rechtsradikalen Problemgruppen seit langem bekannt. Und auch in den Gemeinden und Städten hatten sie meist schon ihre Spuren hinterlassen.

So gab es etwa in der Stadt *Quedlinburg* lange vor den Ereignissen im September 1992 eine starke Präsenz rechtsorientierter und gewaltbereiter Gruppierungen vor allem auch unter Jugendlichen. "Rechtsradikale melden, das Gebiet 'sei sehr im kommen'. Einheimische trauen NPD und Republikanern bei der nächsten Kommunalwahl 15 bis 20 Prozent der Wählerstimmen zu".[10] Ein städtisches Jugendzentrum diente als Treffpunkt der rechten Szene. Es wird berichtet von einer "selbsternannten Bürgerwehr" der Jugendlichen, die "versuchen, Quedlinburg ein bißchen sauberzuhalten" und dies "mit schlimmen kriminellen Aktionen".[11] Den Berichten zufolge kam es bereits zu mehreren Gewaltangriffen, so etwa "im Frühjahr '92" gegen einen "Mitbürger, den die Bürgerwehr als asozial betrachtete";[12] desweiteren wird berichtet von gewalttätigen Angriffen gegen Körperbehinderte und Ausländer[13] in der näheren Umgebung der Stadt Quedlinburg.

Auch von *Hoyerswerda* wissen wir, daß es seit Anfang der 80er Jahre, nachdem man ungefähr 500 Gastarbeiter aus Mosambique und Vietnam im Ausländerwohnheim untergebracht hatte, immer wieder zu gewalttätigen Auseinandersetzungen kam, und sich auch in den 80er Jahren eine regime-oppositionelle Punkbewegung, allerdings mit rechter Ausrichtung, sowie auch vereinzelt rechtsradikale Sinhead- und Neonazigruppen etabliert hatten. Nach der Wende verstärkten sich die Übergriffe gegen Ausländer. Im Mai 1991, gut ein halbes Jahr nach der Wiedervereinigung, berichtete der Spiegel u.a. davon, daß bewaffnete Neonazis eine zu diesem Zeitpunkt in Hoyerswerda gastierende Punkband in einen Hinterhalt lockten und mit Steinen, Knüppeln und Tränengas traktierten. Nach polizeilicher Schätzung bestanden die rechtsradikalen Skinhead- und Neonazigruppierungen bis zu den Ausschreitungen aus ca. 60 lose verbundenen Mitgliedern, zuzüglich weiterer ca. 40 zugereister 'Kameraden'. Angereiste Dresdner Neonazi-Gruppierungen versuchten dabei immer wieder die Skinheads in ihre Parteiarbeit einzubinden, was jedoch mit wenig Erfolg beschieden war.

In *Greifswald* wurden die dort untergebrachten Asylbewerber im November 1991 von randalierenden Fußballfans angegriffen, die sich als Teil einer äußerst gewaltorientierten jugendlichen Subkultur schon lange vorher

---

10 Vgl. Der Spiegel 46/1992, S.99
11 Vgl. Der Spiegel ebd. S.99
12 Vgl. Der Spiegel ebd. S.99
13 Vgl. Der Spiegel ebd. S.99

etabliert und auch in Fanclubs organisiert hatte, und über deren Gewaltbereitschaft und deutsch-nationale Orientierung die Öffentlichkeit informiert war.

In *Hünxe, Mölln und Solingen* wußte man über die Existenz sowohl rechtsradikaler und rechtsextremistischer Gruppierungen und Parteien, als auch von gewaltbereiten Jugendlichen und den gewaltaffinen Skingruppen und fremdenfeindlichen Jugendbanden, lange bevor es zu Mordanschlägen mit furchtbaren Folgen kam.

Doch wurden die rechten, fremdenfeindlichen und gewaltbereiten Jugendlichen in den 80er Jahren meist gerade wegen dieser fremdenfeindlichen, nationalistischen und rechtsradikalen Einstellungen nicht ernst genommen und wegen ihrer Parolen gesellschaftlich ausgegrenzt und stigmatisiert. Die Stigmatisierung selbst wurde zum zentralen Aspekt der kollektiven Identität dieser Gruppen, die sich als Außenseiter und Ausgegrenzte verstanden.

Mit dem Streit um die Asylpolitik und dem damit einhergehenden 'Legitimationsgewinn' fremdenfeindlicher Einstellungen und Meinungen in der Bevölkerung vor Ort machten diese Gruppen dann jedoch die Erfahrung, daß ihre Gewaltbereitschaft, sofern sie sich gegen Asylbewerber richtete, nicht zur gesellschaftlichen Ächtung, Stigmatisierung und Sanktionierung führte wie früher, sondern im Gegenteil, bei Teilen der Bevölkerung Verständnis, Sympathie und auch Unterstützung findet. Oft haben die Jugendlichen längst vor den spektakulären fremdenfeindlichen Ereignissen bereits in einer Vielzahl von alltäglichen fremdenfeindlichen Handlungen und Aktionen die Erfahrung gemacht, daß sich ihnen niemand entgegenstellt, daß sie in vielen Fällen risikolos und konsequenzenlos gegen Asylbewerber vorgehen können, und dabei eher noch Unterstützung aus der einheimischen Bevölkerung bekommen. Dies äußerte sich am deutlichsten bei den großen fremdenfeindlichen Krawallen in Hoyerswerda 1991 und in Rostock-Lichtenhagen im Jahr 1992.

In *Rostock* wurden 50-100 Gewalttäter von z.T. 1000-2000 Zuschauern und Unterstützern geschützt, die mit den Randalierern nicht nur sympathisierten, sondern sie auch durch Parolen und Gesten in ihrem Tun bestärkten und zu mehr Gewalt aufforderten. Bei den gewalttätigen Krawallen in Hoyerswerda gab es jeweils mehrere hundert, zeitweise bis zu 1000 Schaulustige, die die ca. 40-50 gewalttätigen Jugendlichen anfeuerten und nach Auskunft des Polizeisprechers jede 'erfolgreiche' Attacke mit

'frenetischem Beifall' quittierten. Die Masse habe das Ereignis gefeiert wie ein Volksfest.
Und bei den ausländerfeindlichen Krawallen in *Quedlinburg* und *Wismar* stieg die Zahl der Gewalttäter kontinuierlich mit der Zahl der Schaulustigen und Unterstützer im Verlauf der Krawalle an.

Und auch vor den spektakulären, furchtbaren Morden von *Mölln* und *Solingen* hatten Jugendliche bei einer Vielzahl kleinerer, alltäglicher Formen der ausländerfeindlichen Aggression, der Beleidigung und Schmähung, die Erfahrung gemacht, daß sie von den Erwachsenen, den Eltern, den Nachbarn und Anwohnern nicht kritisiert, sanktioniert und ausgegrenzt wurden, sondern daß ihnen zumindest von Teilen der Bevölkerung Verständnis entgegengebracht wurde oder man sich mit ihnen gar demonstrativ solidarisierte: 'Das sind keine Nazis', so eine Aussage in Rostock, 'das sind unsere Kinder'.

Dieser erfahrene Zuspruch war nun aber von großer Bedeutung sowohl für die Selbstdefinition der rechten und gewalttätigen Gruppen, als auch für die weitere Eskalation der Gewalt. Die gewalttätigen fremdenfeindlichen Gruppen konnten sich damit zum erstenmal als Vertreter 'allgemeiner' Interessen definieren und haben durch die klammheimliche oder auch offene Unterstützung durch Teile der Bevölkerung eine neue Selbstdefinition und kollektive Bedeutung erfahren. Viele haben sich als nationale Avantgarde, als nationale Kämpfer für deutsche Interessen verstanden und sich in dieser Rolle historische Bedeutsamkeit zuschreiben können: als die radikalen Vorkämpfer einer fremdenfeindlich-nationalistischen Bewegung, deren Genese und Formierung in großen Mobilisierungswellen wir in jüngster Zeit beobachten konnten.

8.5 'Erfolgserlebnisse' angesichts der Schwäche staatlicher Kontrollorgane

Die Steigerung fremdenfeindlicher Gewalthandlungen seit 1991 läßt sich jedoch nicht allein auf die gestiegene Zunahme von Asylbewerbern, die Entwicklung der Probleme vor Ort und die 'Ohnmacht' oder Kompetenzdefizite der politischen Parteien und Verantwortungsträger zurückführen. Auch der Verweis auf existierende gewalttätige Gruppen, die angesichts der allgemeinen Fremdenfeindlichkeit ein neues, 'sinnstiftendes' Betätigungsfeld gefunden haben, vermag nicht hinreichend zu erklären, in welchem Ausmaß und mit welcher Intensität sich die fremdenfeindlichen Angriffe fortsetzen konnten. Um insbesondere die Dynamik und die Diffusion der Gewalt zu verstehen, bedarf es daher zusätzlicher Überlegungen, die sich auf die Erfahrung der Gewalttäter (und derer, die es noch werden wollen) beziehen, daß Gewaltanwendung ein effizientes und 'erfolgreiches' Mittel ist. Wo und weshalb konnten solche Erfahrungen gemacht werden?

Die Rekonstruktion gewalttätiger fremdenfeindlicher Krawalle und Übergriffe hat deutlich gemacht, daß insbesondere die Schwächen der Kontrollinstanzen (v.a. in den neuen Bundesländern) sowie die Unterstützung und der Schutz durch die Bevölkerung es den Gewalttätern ermöglicht haben, ihr Handeln als 'erfolgreich' und zudem als relativ risikofrei zu erfahren. Die Veränderung der Gratifikationsstrukturen sowie der Kosten- und Risikostruktur von Gewalt haben zur weiteren Eskalation und Ausweitung der Krawalle entscheidend beigetragen. So konnten die gewalttätigen Gruppen in Hoyerswerda und Rostock, und später auch in Wismar und Quedlinburg über mehrere Tage und Nächte Angriffe und Aktionen gegen Asylbewerber- und Ausländerheime durchführen und schließlich auch gegen die Polizei selbst vorgehen, ohne daß diese in der Lage war, die Ausschreitungen zu kontrollieren und die Täter festzunehmen.

In *Hoyerswerda* begannen die fremdenfeindlichen Ausschreitungen am Dienstag, den 17.9, nachdem auf dem Wochenmarkt eine Gruppe von 8 Skinheads mehrere Vietnamesen überfallen hatten. Als die Polizei eingriff und die Skinheads abdrängen konnte, verstärkten sich diese zahlenmäßig auf ungefähr 40 Personen, und zogen mit Brandflaschen bewaffnet zum Ausländerwohnheim, in dem sich ca. 70 Gastarbeiter aus Mosambique und Vietnam aufhielten. Dort warfen sie Molotowcocktails. Tags darauf setzte sich die Randale weiter fort. Am Mittwoch, den 18.9. kam es zu einer Prügelei zwischen Rechtsradikalen und Heimbewohnern, an der sich aber nun auch Nachbarn, die sonst eher durch Applaudieren die jugendlichen Gewalttäter maßgeblich unterstützten, gewaltsam mitbeteiligten. Am Donnerstag, den 19.9., weiten sich die Ausschreitungen aus, nachdem aus Cottbus und Magdeburg Skinheadgruppen zur Verstärkung angereist kommen. Es beginnt an diesem Tag die erste größere Schlacht, in der die Angreifer mit Molotowcocktails, Eisenstangen und Stahlkugeln vorgehen.

Am Freitag, den 20.9. zieht die Polizei etwa drei Hundertschaften zusammen und versucht durch die Verteilung von Flugblättern die Lage in Hoyerswerda zu entspannen. Doch gegen Abend kommt es auf dem Marktplatz zu einer erneuten Zusammenrottung von etwa 50 Skinheads und Rechtsradikalen. Stark alkoholisiert, mit Bierdosen und Schlagstöcken in der Hand, fallen immer wieder Parolen, wie 'Ausländer raus!' oder 'Niggerschweine, verpißt euch!'. Die Auseinandersetzungen verlagern sich auch auf andere Objekte und entwickeln sich zunehmend zu einem Machtkampf zwischen Polizei und Jugendlichen.
Am Samstag, den 21.9. kommt es zur ersten Kapitulation der Ordnungskräfte und Politiker vor den gewalttätigen Gruppierungen. Zwei Busse bringen etwa 60 mosambikanische Gastarbeiter weg, wobei man der Überzeugung war, daß sich die Lage scheinbar beruhigt hätte. Doch die Ausschreitungen gehen noch 2 Tage weiter und spitzen sich weiter zu, nachdem am Sonntag, den 22.9. mehrere hundert Gegendemonstranten aus Berlin in Hoyerswerda angekommen waren. Insbesondere in der Umgebung des Asylantenheimes kam es zu Schlägereien zwischen Rechtsradikalen und Autonomen, die sich auch in den späten Abendstunden noch fortsetzten.
Unter dem Druck der ununterbrochenen Gewalttätigkeiten wurde beschlossen, das attackierte Asylbewerberheim am Montag, den 23.9. zu räumen. Dies sollte zur Sicherheit der Bewohner geschehen, für die ein erhebliches Sicherheitsrisiko eingetreten sei. So verließen am Montag morgen weitere ca. 150 Asylbewerber in Bussen die sächsische Kleinstadt, unter massivem Polizeischutz vor ungefähr 1000 applaudierenden Zuschauern. Die Anwendung von Gewalt hatte sich als effizientes Mittel zur Durchsetzung politischer Ziele erwiesen.

Auch die Ausschreitungen in *Rostock* Ende August 1992 erstreckten sich über einen Zeitraum von insgesamt fünf Tagen und Nächten und sind ein Prototyp für eine unkontrollierbare Eskalationsdynamik und erfolgreiche Gewaltanwendung.
Am Samstag, den 22.8 gegen sechs Uhr abends hatten sich etwa 150 Personen zunächst vorwiegend Jugendliche vor der Zentralen Aufnahmestelle (ZAST) für Asylbewerber des Landes Mecklenburg-Vorpommern in der Rostocker Vorstadt Lichtenhagen versammelt. Etwa zwei Stunden später kam es zu den ersten gewaltsamen Angriffen gegen das Asylbewerberheim, in dem zu diesem Zeitpunkt rund 230 Menschen untergebracht waren,[14] vorwiegend Roma und Sinti aus Rumänien. Mit Schottersteinen, Reizgas, Molotow-Cocktails und Feuerwerkskörpern versuchten die Angreifer das Heim zu stürmen.[15] Eine sehr große Zahl der Anwesenden und Beteiligten rekrutierte sich mittlerweile aus frustrierten Anwohnern aus den umliegenden Stadtvierteln, sowohl Jugendliche als

14 Vgl. Die Welt vom 24.8.1992
15 Vgl. Frankfurter Rundschau vom 24.8.1992, TAZ vom 24.8.1992

auch Erwachsene. Es waren zum Teil auch Skinheads und andere rechtsorientierte Jugendliche beteiligt, die über Parolen und Slogans ihre ausländerfeindliche oder rechte Gesinnung zu erkennen gaben.[16] Den etwa 150 randalierenden Angreifern in Rostocks Vorstadt Lichtenhagen standen anfangs nur wenige (Zahlen schwanken von 30-50), nur mangelhaft ausgerüstete Polizisten gegenüber, von dem Ausmaß der Gewaltbereitschaft völlig überrascht, in der Situation überfordert und den Angreifern nahezu hilflos ausgeliefert. Zusätzlich erschwert wurde das Vorgehen der Polizei durch eine zunehmende Zahl von schließlich nahezu 1000 Zuschauern, die mit den Randalierern sympathisierten, ihnen Schutz boten, sie durch entsprechende Parolen in ihrem Tun bestärkten und anfeuerten.[17] Zwar wurden im Laufe dieser 1. Krawallnacht die Einsatzkräfte der Polizei zunächst auf 150, später dann auf etwa 400 Mann verstärkt. Doch die Angriffe und Ausschreitungen dauerten bis in die frühen Morgenstunden.

Am Sonntag, den 23.8. erhalten die Ereignisse vom Vortag neue Dimensionen. Sowohl Angreifer, als auch Polizei zeigen sich verstärkt, besser vorbereitet, in zunehmendem Maße organisiert. Die Konfliktparteien rekrutieren sich nun überwiegend aus teilweise vermummten Jugendlichen, 12-16jährige, größtenteils aus Rostock, zusätzlich aus einer größeren Zahl jugendlicher Skinheads und Rechtsradikaler, die aus verschiedenen Teilen Deutschlands anreisen. Den Angreifern stehen zu diesem Zeitpunkt rund 800 Polizisten gegenüber. Die Angreifer versuchten in dieser Nacht wiederum das Heim zu stürmen, die Polizei rückte mit Schlagstöcken und Wasserwerfern vor. Etwa 140 Jugendliche wurden vorläufig festgenommen.

Am Montag, den 24.8. wurden erstmals Bewohner der Zentralen Anlaufstelle für Asylbewerber in andere Unterkünfte des Landes Mecklenburg verlegt. Doch die Zeichen der Schwäche und Nachgiebigkeit führten lediglich zu weiteren Gewalttätigkeiten. In der Nacht zum Dienstag kommt es zu einer erneuten Eskalation der Gewalt.[18] Aus einer ca. 1000köpfigen Menge gehen einige Dutzend Randalierer gegen das bereits geräumte Asylbewerberheim vor. Etwa 70 von ihnen zündeten Wohnungen im Erdgeschoß mit Brandsätzen an. Die Polizeibeamten, zu diesem Zeitpunkt rund 600 Mann, die sich einige hundert Meter entfernt gesammelt hatten, schreiten zunächst nicht ein, sichern sich lediglich hinter ihren Schutzschildern, in der Annahme, so heißt es, das Gebäude sei leer. Tatsächlich jedoch befanden sich in dem geräumten Gebäude Treppenaufgänge mit jeweils angeschlossenen Wohnungen, die seit jeher als Ausländerwohnheim benutzt wurden. Auch die Feuerwehr rückte erst mit Verspätung zur Brandbekämpfung an. Die Feuerwehrmänner wurden bei Löscharbeiten von 'Randalierern' behindert. Die Polizei räumte erst nach zwei Stunden

16 Vgl. Die Welt vom 25.8.1992
17 Vgl. TAZ vom 24.8.1992
18 Vgl. Süddeutsche Zeitung vom 26.8.1992

die Zufahrten vor dem Heim, so daß die Löschfahrzeuge an den Brandherd gelangen konnten.
Die gewalttätigen Angriffe auf Ausländerheime in Rostock-Lichtenhagen und die Auseinandersetzungen mit der Polizei gehen noch 2 Tage weiter bis es einer aufgerüsteten und verstärkten Polizei schließlich gelingt, die Straßenschlacht zu beenden.

Für die psychische Dynamik, die die Krawalle von nun aber tragen sollte, waren diese primären 'Erfolgserfahrungen' der Randalierer in Hoyerswerda und Rostock von großer Bedeutung. Eine angesichts der Gewalt zurückschreckende Polizei führt bei gewalttätigen Gruppen zu einem euphorisch erlebten Machtgewinn und einer berauschenden und stimulierenden Anarchie- und Anomieerfahrung, was für den weiteren Verlauf der Krawallereignisse von großer Bedeutung ist. Gewalt wird als lustvoll und befreiend erlebt, sie erscheint als relativ risikolos einsetzbar und wird dann auch für viele, bis dahin Unbeteiligte und weniger Risikobereite attraktiv. Sie zieht Zuschauer und Beobachter ebenso an wie gewaltbereite Gruppen aus anderen Städten.

"(...) die Polizei hat auch keine Stärke demonstriert, sondern Schwäche. Und wenn eine Polizei Schwäche demonstriert, gegen solche gewalttätigen Gruppen, dann haben sie (...) sofort eine zunehmende Gewaltbereitschaft auf der Störerseite. Und das war auch (in Rostock: d.V.) erkennbar. (...). Diese ganze Geschichte muß man so sehen, daß Erfolge gegen die Polizei immer hohe Motivation für gewalttätige Störer sind. Das hat man vorher erlebt. Gleichwohl sind ja viele Festnahmen getätigt worden, (...). Aber das hat nicht unbedingt dazu geführt, daß jetzt eine dämpfende Wirkung auf die Gewaltbereitschaft eintrat".[19]

An allen Orten, in denen Gewalt ausgebrochen und eskaliert ist, zeigen sich klare Parallelen, was die Dynamik der gewalttätigen Krawalle angeht. Es gibt sowohl vergleichbare Verhaltensstrukturen der Tätergruppen und Sympathisanten als auch ähnliche Eskalationsmechanismen, die eine bestimmte Eigendynamik in den Gewaltzyklus einbringen. Die mangelnde Polizeipräsenz und ihre praktizierte Zurückhaltung vor allem in der jeweiligen Aufschwung- bzw. Anfangsphase des Gewaltzyklus führte unmittelbar zu einer weiteren Eskalation der Gewalt. Die Angreifer, gewaltbereite Kinder und Jugendliche werden in ihrer Gewaltbereitschaft durch vermeintliche Schwächen ihres Gegners, der Polizei,

---

19 So ein Vertreter der Polizeidirektion Rostock

bestärkt und stimuliert. Es entstehen anomische Situationen, Phasen der Gesetzlosigkeit und Regellosigkeit, die das Gefühl entstehen lassen 'selbstregulierend in ein starres System' eingreifen zu können und mit dem Mittel der Gewalt tatsächlich etwas zu erreichen. Die Gewalttäter machen die Erfahrung, daß massive kollektive Gewaltanwendung risikolos durchgeführt werden kann, selbst gegen die Polizei: dies ist eine 'Erfolgserfahrung', die ständig neue Motivation und Stimulanz für die Auseinandersetzungen erzeugt.

8.6 Medienvermittelte Ausbreitung und Nachahmungseffekte

Doch Hoyerswerda und Rostock-Lichtenhagen sind nicht nur deshalb zum Synonym für fremdenfeindliche kollektive Ausschreitung geworden, weil hier über mehrere Tage und Nächte hinweg das staatliche Gewaltmonopol vorgeführt und außer Kraft gesetzt wurde. Sie haben darüber hinaus für die Entwicklung fremdenfeindlicher Gewalttaten in ganz Deutschland entscheidende Bedeutung, weil sie Mobilisierungseffekte hatten und Nachahmungstaten andernorts auslösten.

Angesichts der Ereignisse in Hoyerswerda und Rostock machten die gewalttätigen Gruppen die Erfahrung, daß die massive Anwendung von Gewalt 'erfolgreich' ist: 'Erfolgreich' jetzt nicht nur in dem Sinne, daß sie risikolos ausgeübt werden kann und mediale Selbstinszenierung ermöglicht, sondern erfolgreich im Hinblick auf die Durchsetzung politischer Ziele und die Lösung lokaler Konflikte: durch die Anwendung von Gewalt ist es in Hoyerswerda und Rostock gelungen, die Verlegung von Asylbewerbern in andere Unterkünfte zu erzwingen und 'die Stadt ausländerfrei zu machen', wie es im ausländerfeindlichen Jargon heißt. Diese Erfahrungen 'erfolgreicher' Gewaltanwendungen sind von entscheidender Bedeutung für die Diffusion und Eskalation von Gewalt. Das Lernen am erfolgreichen Modell hat daher gerade für die Erklärung einer wellenartigen Eskalation und Ausweitung von Gewaltaktionen nach spektakulären 'Einzelerfolgen' eine große Bedeutung.

Sowohl die Ereignisse von Hoyerswerda als auch die von Rostock-Lichtenhagen und jetzt wieder die Morde von Solingen hatten wahre Mobilisierungs- und Rekrutierungseffekte hinsichtlich fremdenfeindlicher und rechter Gewalttaten ausgelöst und haben zu einer Intensivierung und Verstetigung von Gewaltereignissen über Wochen hinweg geführt. Nach Hoyerswerda kam es noch in der gleichen Woche zu Brandanschlägen und Angriffen auf Asylbewerberheime und Aussiedlerwohnheime in Deuben, Saarlouis, Saarwellingen, Thierdorf bei Dresden, Freiburg, Essen. Selbst das zeitlich etwas später folgende Anschlag in Hünxe (Westfalen) war, wie wir mittlerweile wissen, durch die Erfahrung von Hoyerswerda ausgelöst und stimuliert worden. Die Täter glaubten, nun auch in ihrer Stadt etwas tun zu müssen und zu können. Der gleiche Mobilisierungseffekt kann auch nach den 'erfolgreichen' Krawallen in Rostock Ende August aufgezeigt werden. Insbesondere in Quedlinburg und Wismar kam es zu heftigen Nachfolgeereignissen, bei denen wie in Rostock-Lichtenhagen ein hohes Maß an Gewalt und Aggression über Tage hinweg aufrechterhalten wurde. Darüber hinaus kam es zu einer Verstetigung und Veralltäglichung von Gewaltanschlägen gegen Ausländer über mehrere Wochen hinweg.

Insbesondere in Bezug auf die Eskalation und Diffusion von fremdenfeindlicher Gewalt und anderen kollektiven Gewaltformen werden daher bestimmte Funktionen der Medien deutlich, die freilich unabhängig von den Intentionen derer sind, die verantwortlich zeichnen:

a) Durch die flächendeckende Berichterstattung über spektakuläre Ereignisse und insbesondere über politisch motivierte Gewaltanwendungen kommt den Medien im Kontext der fremdenfeindlichen Gewaltentwicklung (aber auch im Kontext der neuen sozialen Bewegungen der siebziger und achtziger Jahre) eine wichtige Koordinierungs- und Informationsfunktion zu. Der relativ geringe Grad organisatorischer Verfestigungen und infrastruktureller Vernetzung in den fremdenfeindlichen Subkulturen hat nicht zuletzt auch damit etwas zu tun, daß die Information und Mobilisierung von Gleichgesinnten und Unterstützern in der Regel durch die Berichterstattung in den Medien sichergestellt wird.
b) Durch spektakuläre Aktionen und insbesondere durch Gewaltanwendung können radikale Gruppen zudem die Aufmerksamkeit der Medien erlangen und eine Berichterstattung der Ereignisse, aber auch der Hintergründe und Absichten der Täter sicherstellen. Die Medien stellen also eine Art 'Aufmerksamkeitsprämie' für Gewaltanwendung bereit. Viele Gewaltereig-

nisse im Kontext politischer Auseinandersetzungen und Konflikte sind möglicherweise auch gezielt auf die mediale Berichterstattung hin inszeniert. Für die Gewaltakteure gilt es daher auch immer als ein Kriterium des 'Erfolgs' ihrer Aktionen, wenn sie damit überlokal in den Medien präsent sind. Darüber hinaus hat die Berichterstattung über Gewalttätigkeit auch individuelle Belohnungseffekte: für manchen jugendlichen Gewalttäter entwickelt sich aufgrund der medialen Aufmerksamkeit ein Gefühl kollektiver Bedeutsamkeit und eine entsprechende subkulturelle Aufwertung 'vom Schläger zum Kämpfer zum Helden' (ECKERT 1993a).

Freilich gehen solche Verstärkerwirkungen nicht allein von den Medien aus, und sind auch nicht ausschließlich zurückzuführen auf die Unterstützung durch die 'bystander' und Sympathisanten. Eine große Rolle insbesondere zum Verständnis der seriellen Entwicklung und Eskalation von Gewalt spielen auch jene Reaktionen auf die primären Gewalttaten, die als eine Negierung von Opfern und von Schädigungen durch die Gewaltanwender interpretiert werden können. Solange Menschen nicht wirklich physisch verletzt oder gar getötet wurden, waren in der Öffentlichkeit Reaktionen und Stimmen zu hören, die weniger über die Gefährdung der Gewaltopfer, als vor allem über die 'verständlichen' Frustrationen der Täter redeten. So wurde nach Rostock gar von einem führenden Landespolitiker geäußert, 'es sei ja niemand zu schaden gekommen'.

8.7 Die Entstehung von Feindbildern, die Ausweitung der Opfergruppen und die Verhärtung der fremdenfeindlichen Szene

Auf eine Reihe von situativen Faktoren und kontingenten Bedingungen der Entwicklung und Eskalation der fremdenfeindlichen Gewalt in den 90er Jahren haben wir in diesem Kapitel bereits hingewiesen. Hier soll nun ein weiterer Aspekt hervorgehoben werden.

Fremdenfeindliche und rechtsradikale Einstellungen und auch entsprechend motivierte Gewaltbereitschaften und Gewalttaten hat es in den letzten Jahrzehnten in Deutschland immer schon gegeben. Insbesondere rechtsradikale Ideologien, rassistische Feindbilder und ethnozentrische Vorurteile und ihre Verbreitung weit über den rechten Rand hinaus werden daher auch als Hintergrund für die gegenwärtige Fremdenfeindlichkeit vermutet: diese grundlegenden Denkweisen und kollektiven Bewußtseinsstrukturen seien in einer Phase der Rezession, der kollektiven Verunsicherung und der Bedrohung erworbenen Wohlstands bei vielen Bürgern als eine Art pathologische Angstreaktion wieder durchgebrochen.

Aufgrund dieser historischen Erfahrungen ist es durchaus berechtigt, wenn auf diese Kontinuität des Phänomens der Fremdenfeindlichkeit verwiesen wird. Dennoch gilt es auch hinsichtlich der fremdenfeindlichen Gewalt in den 90er Jahren zunächst empirisch zu fragen, welche spezifischen historischen Bedingungen und Erfahrungen ihr zugrundeliegen; und auch, was sie von dem bisher bekannten Phänomen der Fremdenfeindlichkeit unterscheidet.

Die fremdenfeindliche Gewalt entwickelte sich diesmal *nicht* primär auf Basis tradierter, im kollektiven Bewußtsein bereitgestellter gesellschaftlicher Feindbilder und Vorurteile des Rechtsradikalismus (Juden, Türken etc.), sondern hatte einen ganz spezifischen Kristallisationspunkt und -wenigstens am Anfang- ein klar umrissenes Feindbild und Opferbild: die 'Asylanten' oder speziell noch die 'Schein- oder Wirtschaftsasylanten'. Dieses kollektive Feindbild vom 'Scheinasylanten', der nicht berechtigt sei, hier zu sein, dessen Versuch hier zu bleiben als kriminell eingestuft wurde, und dessen Anwesenheit in der Nachbarschaft als Provokation empfunden wurde, hatte für die Entwicklung und Ausweitung der Fremdenfeindlichkeit wichtige Konsequenzen: Man konnte den 'Scheinasylanten' ablehnen und bekämpfen auch ohne in den Verdacht zu geraten, Rassist oder Rechtsradikaler zu sein: die Rechtsprechung, die großen Parteien, und nahezu alle bedeutenden gesellschaftlichen Institutionen und Organisationen waren sich in der Illegitimität und Ablehnung der 'Scheinasylanten' einig. Die Konstruktion des 'Scheinasylanten' im öffentlichen Diskurs hat deutliche Züge einer symbolischen Zurichtung eines legitimen Aggressionsobjektes. Sie hat fremdenfeindliche Reflexe, Aversionen, Schuldzuweisungen und Gewaltbedürfnisse ausgelöst bzw. legitimiert, die dann auch jenseits der primären Feind- und Opfergruppen der 'Scheinasylanten' stets neue (sekundäre) Opfer- und Feindgruppen finden konnten: zunächst die Polen und Gastarbeiter aus Vietnam und Mosambique in den neuen Bundesländern, dann auch die Linken, die Schwulen, die Behinderten und schließlich die Türken. Und es hat jenen Mut gemacht und den Boden bereitet, die rassistischen Ideologien anhängen und für die der 'Asylant' nur stellvertretend für alle Fremden und alles 'Nicht-Völkische' und 'Nicht-Deutsche' steht. Natürlich haben viele in der Bevölkerung diese Ausweitung des Feindbildes und potentieller Opfergruppen hin zu einem allgemeinen Rassismus und einer allgemeinen Fremdenfeindlichkeit nicht mitgemacht. Dieser Prozess hat sich vielmehr weitgehend auf den Kern der fremdenfeindlichen, rechten und gewaltbereiten Gruppen beschränkt. Daher geht mit der Ausweitung der Opfergruppen auch eine Verhärtung und Isolation der rechten und fremdenfeindlichen Szene einher. Ausdruck und Anzeichen der zunehmenden Verhärtung, Verkapselung und Selbstbezüglichkeit der gewalttätigen Fremdenfeindlichkeit ist vor allem die Tatsache, daß selbst brutalste Anschläge mit erheblichen Opfern noch Nachahmungs- und Mobilisierungseffekte haben. Während nach Mölln noch für eine kurze Zeit ein Rückgang der Anschläge und auch Distanzierungen innerhalb der fremdenfeindlichen Szenen registriert werden konnten, hat der Anschlag von Solingen in einer Vielzahl von Städten zu Nachahmungstaten geführt. Die Brutalisierung und Verhärtung drückt sich auch darin aus, daß trotz der bekannten tödlichen Folgen, ja man müßte sagen, wegen ihnen, es verstärkt zu Brandanschlägen gegen Wohngebäude und Unterkünfte von Ausländern kommt. Doch mit der Ausweitung der Opfergruppen auf alles Fremde, alles 'Undeutsche' und 'Unbekannte' geht nicht nur eine Verhärtung und Brutalisierung der rechten und fremdenfeindlichen Szene bis hin zum Terrorismus einher, sondern zugleich auch die stärkere Organisation von 'Gegengewalt'. Während sich die bisher vom Fremdenhaß in erster Linie betroffenen Asylbewerber lediglich in Notwehrsituationen gelegentlich zur Wehr setzten und allenfalls in den gewaltbereiten Autonomen- und Antifa-Gruppen eine selbsternannte 'Gegenwehr' hatten, entwickelte sich mit der Ausweitung der Opfergruppen auf die Türken die Perspektive einer kontinuierlichen und starken 'Gegengewalt'.

8.8 Zwischenergebnis und Perspektive: Die Formation einer Bewegung

Vergleicht man die Entwicklung des Einwanderungskonfliktes, so sind ähnliche Stadien erkennbar, wie wir sie aus der Entwicklung des Jugendprotestes und des Ökologiekonfliktes in den siebziger und achtziger Jahren kennen. Ungeachtet dessen, daß Jugendprotest und Ökologiekonflikt von uns moralisch ganz anders bewertet wurden, kann diese Parallele den Ernst der Lage dokumentieren und Anhaltspunkte zu vorsichtigen Prognosen geben. Aus ungelösten Problemen ergeben sich an vielen Orten Spannungen, die in lokalen Konflikten eskalieren und gewaltbereite Gruppen von Jugendlichen aktivieren. Gewalttätige Auseinandersetzungen mobilisieren die öffentliche Aufmerksamkeit, die Medien transportieren die Handlungsmodelle regional, national und weltweit. Die lokalen Szenen beginnen sich zu vernetzen und es entsteht eine außerparlamentarische Opposition. Die Ausbildung einer parlamentarischen Fraktion ist dann oft nur eine Frage der Zeit. Die etablierten Parteien übernehmen Teile des Programms, ohne die neu entstandene Partei wieder aus dem Parlament verdrängen zu können. Im außerparlamentarischen Bereich bleiben fundamentalistische, gewaltbereite und terroristische Gruppierungen aktiv, die mit hoher Effizienz die öffentliche Aufmerksamkeit erregen und wach halten können.

9. Zusammenfassung der Ergebnisse und Schlußfolgerungen für die theoretische Diskussion

9.1 Die Entwicklung fremdenfeindlicher Einstellungspotentiale seit 1980: kein genereller Anstieg der Fremdenfeindlichkeit in der Bevölkerung

Ziel der Sekundäranalysen von Meinungsumfragen war es herauszufinden, a) wie sich die Einstellungen in der Bevölkerung gegenüber Ausländern in den letzten Jahren verändert haben; b) wie sich die Gewalttoleranz und Gewaltbereitschaft in den letzten Jahren verändert hat, und c) welche Zusammenhänge zwischen fremdenfeindlichen Einstellungen und Gewaltbereitschaften einerseits sowie sozio-demographischen Merkmalen und politischen Orientierungen andererseits bestehen.

Eine solche Zusammenschau und Analyse von Bevölkerungsumfragen ist nicht nur deshalb von Bedeutung, weil sie Orientierungspunkte in einem sehr unüberschaubaren, von widersprüchlichen und schwer einzuschätzenden Einzeluntersuchungen geprägten Forschungsbereich markieren kann. Ihre besondere Bedeutung bekommen sie, wenn über aktuelle Trendmeldungen hinaus nach Erkenntnissen über die Entwicklung von ethnozentrischen Einstellungen und Fremdenfeindlichkeit in den 80er Jahren gefragt wird, um mögliche Kontinuitäten bzw. Zäsuren sichtbar zu machen, die für ein Verständnis der gegenwärtigen Entwicklungen notwendig sind.

Solche Zielsetzungen stellen bestimmte Anforderungen an das Datenmaterial. Vergleiche zwischen verschiedenen Einzeluntersuchungen, die zu unterschiedlichen Zeitpunkten mit unterschiedlichen Stichproben und unterschiedlichen Fragestellungen gearbeitet haben, sind meist nur sehr begrenzt brauchbar; denn hinsichtlich der Definition und Operationalisierung von Fremdenfeindlichkeit und von Gewaltakzeptanz bzw. Gewaltbereitschaft gibt es in der Regel erhebliche Differenzen, so daß viele unterschiedliche Ergebnisse schlichtweg auf unterschiedliche Frageformulierungen zurückzuführen sein dürften. Wir haben uns daher soweit als möglich auf jene Untersuchungen konzentriert, die als Langzeit- oder Zeitvergleich-Studien angelegt waren, und mit den gleichen Fragen über mehrere Zeitpunkte hinweg Einstellungen erhoben haben (Vgl. Kap. 2 und Kap. 3). Folgende Ergebnisse sind festzuhalten:

a) Die Einstellung zu den *Gastarbeitern* hat sich in der Bundesrepublik zwischen 1980 und 1990 keineswegs verschlechtert, sondern erkennbar zugunsten der Gastarbeiter verändert. Negative Einstellungen, in denen etwa eine verstärkte Anpassung von Gastarbeitern gefordert wird oder ihre politische Betätigung abgelehnt wird, nehmen anteilsmäßig ab, positive Einstellungen nehmen eher zu.
Angesichts der sich entwickelnden Debatte um die Asylpolitik und die Immigration verringern sich zwar Endc der 80er Jahre die Anteile der 'Meinungslosen' unter den Befragten. Doch führt dies nicht zu einer Verstärkung der extrem ausländerfeindlichen Gruppen in der Bevölkerung. Denn für den Zeitraum zwischen 1980 und 1990 hat sich die Gruppe der verfestigten Ethnozentristen, derjenigen Befragten also, die auf alle Fragen jeweils extrem ausländerfeindliche Antworten gaben, von 13,8 % auf 5,7 % reduziert (was natürlich nur für die alten Bundesländer gilt).
b) Für die Jahre 1990, 1991, 1992, (in denen erstmals auch die neuen Bundesländer einbezogen wurden), wurden nicht mehr die Einstellungen zu Gastarbeitern, sondern die Einstellungen hinsichtlich der Zuzugsregelungen für verschiedene Ausländergruppen (Aussiedler, Asylbewerber, EG-Arbeitnehmer, Nicht-EG-Arbeitnehmer) abgefragt.
Insgesamt ist auch in den 90er Jahren kein Anstieg, sondern eher eine Stagnation bzw. eine leichte Reduzierung der extrem ethnozentrisch-ausländerfeindlichen Positionen festzustellen, wenngleich dieser Trend nicht so stark und eindeutig ist wie in den 80er Jahren bezogen auf die Gastarbeiter und sich je nach der Gruppe der Ausländer und der aktuellen Ereignisse und Entwicklungen auch unterschiedlich gestaltet. So werden zwar gemäßigtere und pragmatischere Positionen mittlerweile häufiger geäußert als noch 1990. Bezogen auf die Zuzugsregelung für Aussiedler und Asylbewerber sind dies immerhin 2/3 der Befragten, die sich entsprechend äußern. Dennoch stellt die Gruppe der Befragten, die eine völlige Unterbindung des weiteren Zuzugs von Asylbewerbern und von Nicht-EG-Arbeit-

nehmern fordert, mit ca. einem Viertel aller Befragten nach wie vor ein starkes Konfliktpotential dar. Im Vergleich zu den Gastarbeitern sind es v.a. die neuen Einwanderungsgruppen der 90er, die Aussiedler, die Asylbewerber und insbesondere auch die Nicht-EG-Arbeitnehmer, die mit größeren Vorbehalten und höherer Ablehnung konfrontiert werden. Zwar hat sich die Fremdenfeindlichkeit der Deutschen nicht grundlegend verstärkt, im Gegenteil, aber bezogen auf spezifische Ausländergruppen sind dennoch relativ starke Minderheiten deutlich reserviert bis ablehnend eingestellt.

c) Im Ost-Westvergleich wird deutlich, daß ein Zuzugsstop für Asylbewerber in den alten Bundesländern häufiger gefordert wird als in den neuen Bundesländern, daß aber in den neuen Bundesländern stärker Restriktionen bzgl. der Zureise von EG- und Nicht-EG-Arbeitnehmern befürwortet werden. Diese Trends werden auch durch die Auswertung der IPOS-Daten zur Aufnahme politisch Verfolgter bestätigt. Hierin drückt sich möglicherweise einerseits die Erfahrung der ehemaligen DDR-Bürger mit einem totalitären Regime aus, aber andererseits auch die Angst vor der Konkurrenz um Arbeitsplätze in einer wirtschaftlichen Krisensituation.

Von besonderem Interesse ist nun die Frage, wie diese Einstellungen gegenüber *Ausländern* soziostrukturell zu verorten sind, und welche Faktoren für die Ablehnung von Ausländern von Bedeutung sind. Für die ALLBUS-Daten gilt zu allen Erhebungszeitpunkten: höheres Alter und niedrige Bildung begünstigen eher ethnozentristische Einstellungen. Für die neunziger Jahre ist freilich erstmals gerade auch bei den Jugendlichen eine erhebliche Zunahme der Fremdenfurcht und Fremdenfeindlichkeit festzustellen.

Auch die politische Orientierung im Sinne des 'Links-Rechtsschemas' hat deutliche Effekte auf die Einstellung gegenüber Ausländern: vor allem jene Befragten, die sich selbst politisch eher rechts einordnen, weisen deutlicher ethnozentristisch-ausländerfeindliche Einstellungen auf.

Zusammenhänge mit sozialer Schichtzugehörigkeit und Geschlecht sind nur sehr schwach ausgeprägt. Auch bezüglich der selbst erfahrenen Arbeitslosigkeit sind keine nennenswerten Effekte auf die Einstellung zu Gastarbeitern oder zum Zuzug von Ausländern festzustellen.

Dagegen zeigen sich hier deutliche Zusammenhänge zwischen ethnozentristisch-ausländerfeindlichen Einstellungen einerseits sowie einer Reihe von anderen Einstellungen z.B. zu Homosexualität, Gewalt gegen Frauen, Geschlechterrollen, Repressionsneigung etc., so daß man durchaus von einem Einstellungssyndrom im Sinne der 'autoritären Persönlichkeit' sprechen kann, das in den sechziger und siebziger Jahren in der Bundesrepublik vor allem bei den Jüngeren und den 'Höher Gebildeten' dennoch auch heute, v.a. in traditionellen Milieus immer noch vorhanden ist (LEDERER 1983, 1990).

9.2 Die Entwicklung von Gewaltbereitschaften und Gewaltbilligung: Zunahme und politisch-ideologische Verlagerung von Gewaltbereitschaft in den 90er Jahren

Neben fremdenfeindlich-ethnozentristischen Einstellungen und ihren Veränderungen stand auch die Frage nach der Entwicklung der Gewaltbereitschaften bzw. der Gewaltbilligung in den Einstellungen der Bevölkerung im Zentrum unserer Analyse. Aufgrund der quantitativen Veränderungen in den rechts- und linksextremistischen politischen Gruppen in den 80er/90er Jahren und der in der polizeilichen Kriminalstatistik deutlich zu erkennenden Zunahme insbesondere rechtsextremistischer und fremdenfeindlicher Gewalttaten in den 90er Jahren stellt sich die Frage, in welchem Maße Gewalthandlungen einzelner Gruppen Toleranz oder gar Unterstützung in Teilen der Bevölkerung finden. Daher haben wir zusätzlich Untersuchungen ausgewertet, die sowohl über längerfristige Entwicklungen der Einstellungen zu Gewalthandlungen Auskunft geben können (IPOS, KAASE/ NEIDHARDT) als auch aktuelle Trends insbesondere hinsichtlich der fremdenfeindlichen Gewalt widergeben (DJI Jugendsurvey, IPOS 1993, Jugendstudie 1993, FRIEDRICH/SCHUBARTH). Angemerkt werden muß freilich, daß in den Umfragen zur Gewalt nicht tatsächliches Gewalthandeln, sondern Gewaltakzeptanz und Gewaltbereitschaft erhoben werden, und daß zwischen Gewaltbereitschaften und tatsächlichem Verhalten eine große Lücke besteht: selbst dezidiert geäußerte Gewaltbereitschaften setzen sich nicht einfach in Gewalthandlungen um. Vielmehr spielen politische Konflikte, aktuelle

Eskalationen sowie ideologische Legitimationen bei der Genese der Gewalt eine wichtige Rolle. Dennoch sind Informationen über die Gewaltbereitschaften und Gewaltbilligung und ihre Verteilung in der Bevölkerung von Bedeutung, weil sie auf Konfliktpotentiale in der Bevölkerung aufmerksam machen.

Die hier angeführten Untersuchungen verorten insbesondere die politisch motivierte Gewaltbereitschaft im Kontext eines allgemeinen Protestpotentials. Sie unterstellen, daß politische Gewalt häufig im Rahmen unkonventioneller und illegaler Formen direkter politischer Partizipation vorkommt, und suchen insbesondere nach den Übergängen von unkonventionellen zu illegalen und gewalttätigen Aktionsformen. Sie stellen für die 70/80er Jahre fest, daß die politisch motivierte Gewaltanwendung hochgradig tabuisiert war und lediglich von einer Minderheit von 3-4 % (nach KAASE/NEIDHARDT) zur Erreichung politischer Ziele akzeptiert wurde. Bei dieser Minderheit der Gewaltbefürworter handelte es sich keineswegs ausschließlich um Personen, die auch zivilen Ungehorsam und andere Formen unkonventioneller politischer Beteiligung gut hießen, sondern auch um Personen, bei denen unpolitische, expressive Gewaltmotive stets eine Rolle spielten.

Diese festgestellte Gewaltbilligung bzw. Gewaltbereitschaft hatte bestimmte Zusammenhänge mit politisch-ideologischer Orientierung sowie soziodemographischen Merkmalen. In den 70/80er Jahren korrelierte die Gewaltbereitschaft und Gewaltbilligung eher mit politisch 'linken' Orientierungen sowie eher postmaterialistischen Werthaltungen, während die 'Rechten Materialisten' in dieser Zeit eher die staatliche Gewaltanwendung für Ruhe und Ordnung befürworteten.

Von Bedeutung für diese Einstellungen waren neben den Faktoren 'politische Orientierung' und 'Werthaltung' auch noch das Alter sowie der Bildungsstatus: je jünger die Befragten waren und je höher ihr Bildungsstatus um so eher neigten sie zur Billigung auch von gewalttätigen, politischen Aktionen. Das Geschlecht hatte nur einen geringen Effekt auf diese Einstellungen.

Die hohe Tabuisierung politisch motivierter Gewaltanwendung in unserer Gesellschaft ist in den 90er Jahren nicht mehr in gleichem Maße vorhanden. Für die Jahre von 1990-1992 läßt sich sowohl eine deutliche Erhöhung der Beteiligungsbereitschaften an verschiedenen Protestformen feststellen, als auch eine Zunahme der Gewaltakzeptanz: deutlich größere Anteile unter den Befragten (über 15 %) bekunden 1992, daß sie sich auch an Demonstrationen beteiligen, bei denen es zur Gewaltanwendung kommen kann. Die aktuellen Zahlen für 1992 verdeutlichen, daß mit 18 % Zustimmung in den neuen Bundesländern die Beteiligungsbereitschaften auch an potentiell gewalthaltigen Demonstrationen höher sind als im Westen mit 14 %.

Zugleich wird in den Untersuchungen deutlich, daß Gewaltakzeptanz und Gewaltbereitschaften in den 90er Jahren zwar auch noch mit politisch 'linken' und postmaterialistischen Orientierungen korrelieren, daneben jedoch (und noch stärker ausgeprägt) jetzt auch bei einem großen Teil derjenigen Befragten zu finden sind, die ausländerfeindliche und ethnozentrische Einstellungen haben und sich politisch 'rechts' einordnen. Dieser Zusammenhang zwischen Gewaltbilligung und Gewaltbereitschaft mit 'rechten' Orientierungen und Ausländerfeindlichkeit ist in den neuen Bundesländern stärker ausgeprägt als in den alten, und weist zudem einen deutlichen Zusammenhang zum Bildungsstatus und zum Geschlecht auf: Männer akzeptieren Gewaltanwendung wesentlich häufiger als Frauen, und Befragte mit niedrigen Bildungsabschlüssen bekunden wesentlich häufiger Gewaltbereitschaften als solche mit hohem Bildungsgrad. Die Konflikt- und Gewaltpotentiale der 90er Jahre haben sich also nicht nur gegenüber der 80er Jahre deutlich verstärkt; sie haben sich auch sowohl hinsichtlich der politischen Orientierung als auch hinsichtlich der soziodemographischen Verortung in der Gesellschaft verlagert und sind nun eher bei denjenigen festzumachen, die über niedrige formale Bildungsabschlüsse verfügen und sich politisch rechts einordnen.

9.3 Lokale Konflikte, Eskalationsprozesse, Mobilisierungswellen: Bedingungen fremdenfeindlicher Gewalt

Mit Hilfe der Analyse von Einstellungen in der Bevölkerung zu Ausländern und zu politischer oder individueller Gewaltanwendung ist es also durchaus möglich, gesellschaftliche Konflikt- und Gewaltpotentiale zu identifizieren. Zugleich geben die Informationen über soziostrukturelle, demographische und politisch-ideologische Korrelate der Fremdenfeindlichkeit und Gewaltbereitschaft erste Hinweise auf die gesellschaftliche Verortung der Konfliktpotentiale und damit auf mögliche strukturelle Ursachen und Bedingungen der Entstehung von Fremdenfeindlichkeit und Gewaltbilligung/Gewaltbereitschaft.

Darüber hinaus jedoch geben diese Einstellungsdaten keine Auskunft darüber, wie und unter welchen Bedingungen es zum tatsächlichen Gewalthandeln kommt. Hier war daher zusätzlich zu fragen, in welchen Situationen es zur Anwendung von Gewalt gegenüber Ausländern kommt und welche Prozesse die Eskalation und Diffusion der Gewalt kennzeichnen.

Wir haben in unserer Studie daher die Eskalationsprozesse untersucht, die an den Brennpunkten wie etwa Rostock-Lichtenhagen stattgefunden haben, sowie die Ursachen der räumlichen Diffusion der Gewalt und der Generalisierung der Aggressionsobjekte.

Die Rekonstruktion gewalttätiger Ereignisse hat deutlich gemacht, daß die Asylverfahrenspraxis der letzten Jahre Interaktionsprozesse und Erfahrungen zwischen Asylbewerbern und der einheimischen Bevölkerung gefördert hat, die von vielen als Konflikte, Belastungen und Ungerechtigkeiten wahrgenommen wurden und oft Kristallisationspunkte für die Entwicklung von entsprechenden Einstellungen und Gewaltbereitschaften waren. Den fremdenfeindlichen Krawallen gingen z.T. erhebliche Spannungen voraus; Protest und Widerstand gegen Asylbewerberwohnheime hatten sich meist schon in verschiedenen Formen manifestiert. Die vorhandenen Spannungen und Empörungen wurden jedoch von den Behörden in der Regel nicht ernstgenommen oder unterschätzt. Die Entwicklung fremdenfeindlicher Einstellungen bis hin zu Toleranz gegenüber und Bereitschaft zur Gewaltanwendung wurde also durch politisches und bürokratisches Handeln und Nicht-Handeln im Vorfeld und die dadurch bedingten Lernerfahrungen ganz erheblich beeinflusst. (Nicht zu klären war freilich, welchen Handlungsspielraum die Behörden angesichts der Asylbewerberzuweisungen überhaupt hatten).

Der Streit um die Asylpolitik und die Unfähigkeit der politischen Eliten, schnelle Entscheidungen und bessere Konzepte vorzulegen, hat die politischen Gelegenheitsstrukturen für rechtsradikale und fremdenfeindliche Gruppen verändert. Sie konnten ihre radikalen Parolen in den öffentlichen Diskurs einbringen und so die öffentliche Meinung hinsichtlich der Asylproblematik deutlich beeinflussen (agenda setting). Die Folge war, daß bis dahin tabuisierte und marginalisierte politische Themen und Forderungen dann auch von den großen Parteien aufgegriffen wurden und sich nun auf der formalen politischen Agenda plazieren konnten. Damit wurde eine bestimmte Problemdefinition radikaler Minderheiten politisch hoffähig gemacht, ausländerfeindliche Einstellungen und vermutlich auch Gewaltbereitschaften wurden legitimiert.

Vor diesem Hintergrund eröffneten sich dann bislang stigmatisierten und gewaltbereiten Minderheiten wie etwa den Skinheads neue Chancen der Betätigung, der Selbstdefinition und der Erfahrung kollektiver Bedeutsamkeit. Rechtsradikale und gewalttätige Jugendliche und fremdenfeindliche Gruppen machten nun die Erfahrung, daß ihre Gewaltbereitschaft nicht zur gesellschaftlichen Ächtung, Stigmatisierung und Sanktionierung führte wie früher, sondern im Gegenteil bei Teilen der Bevölkerung Verständnis, Sympathie und sogar Unterstützung fand. Sie konnten sich damit zum erstenmal als Vertreter allgemeiner Interessen definieren und erfuhren durch die klammheimliche oder auch offene Unterstützung durch Teile der Bevölkerung eine neue Selbst-Definition und kollektive Bedeutung: Aus den 'Schlägern' rund um die Fußballstadien sind nun in ihrer Selbstwahrnehmung 'Kämpfer' für deutsche Interessen geworden. Diese skizzierten Eskalationsschritte machen deutlich, daß die Einwanderung in die Bundesrepublik zu einem neuen politischen Konfliktfeld geworden ist, in dem neue Gewaltbereitschaften entstehen oder bestehende Gewaltbereitschaften legitimiert werden können.

Für die weitere Eskalation und die Diffusion der fremdenfeindlichen Gewalt in unzähligen Nachahmungstaten ist nun von besonderer Bedeutung gewesen, daß die primäre Gewaltanwendung von vielen als durchaus effizient und 'erfolgreich' erfahren werden konnte. Sie war 'erfolgreich' sowohl hinsichtlich der Erzeugung von Aufmerksamkeit insbesondere durch die Medien, als auch hinsichtlich der politischen Absicht, die Nachbarschaft, die Gemeinde 'ausländerfrei' zu machen, wie dies im ausländerfeindlichen Jargon heißt. Dies hat weniger risikobereite Nachahmer in ganz Deutschland motiviert. Ganz generell muß daher hier die Bedeutung des Lernens am erfolgreichen Modell berücksichtigt werden. Nicht nur Bereitschaften führen potentiell zu Handlungen, sondern umgekehrt können Handlungen Bereitschaften erzeugen bzw. verfestigen. Zwar gehen wir in unseren sozialwissenschaftlichen Erklärungsmodellen in der Regel davon aus, daß das, was sich einmal als Gewalt äußert, vorher als Bereitschaft vorhanden sein müsse. Gewaltbereitschaften aber werden oft in einer bestimmten Situation überhaupt erst erzeugt. In dem Moment nämlich, in dem zunächst relativ kleine Gruppen deutlich machen, was man tun kann (und unter Umständen sogar noch gefahrlos tun kann), können sie auch bei anderen Bereitschaften erzeugen, die vorher gar nicht existent gewesen sind. Solche Vorgänge sind aus der Psychologie prosozialen Verhaltens durchaus bekannt: Vorbildhandeln schafft Nachahmungsbereitschaft. Die Erfahrung, daß man Ausländer vertreiben kann - wenn auch nur aus einem Ort -, daß die Polizei zurückweicht, daß Busse dann die Ausländer wieder abtransportieren, ist ein 'Modell', das zu (Fehl) Einschätzungen führen kann nach dem Motto: "Die Parteien lösen das 'Problem' nicht. Wir selbst aber können es lösen, wenn wir nur entsprechende Gewalt anwenden." Das Argument der Züricher Jugendlichen vor zehn Jahren: "Auf uns hört man nur, wenn Steine fliegen" kann auch in diesem Zusammenhang erneut Bedeutung erlangen, auch wenn die Ziele unvergleichbar sind. Gewaltbereitschaft ist auch deshalb angewachsen, *weil* Gewalt 'erfolgreich' schien.

Vergleicht man die bisherige Entwicklung des Einwanderungskonfliktes, so sind ähnliche Stadien erkennbar, wie wir sie aus der Entwicklung des Jugendprotestes und des Ökologiekonfliktes in den siebziger und achtziger Jahren kennen. Ungeachtet dessen, daß Jugendprotest und Ökologiekonflikt moralisch ganz anders zu bewerten sind, kann diese Parallele den Ernst der Lage dokumentieren und Anhaltspunkte zu vorsichtigen Prognosen geben. Aus ungelösten Problemen ergeben sich an vielen Orten Spannungen, die in lokalen Konflikten eskalieren. Gewalttätige Auseinandersetzungen mobilisieren die öffentliche Aufmerksamkeit, die Medien transportieren die Handlungsmodelle regional, national und weltweit. Die lokalen Szenen beginnen sich zu vernetzen und es entsteht eine außerparlamentarische Opposition. Die Ausbildung einer parlamentarischen Fraktion ist dann oft nur eine Frage der Zeit. Die etablierten Parteien übernehmen Teile des Programms, ohne die neu entstandene Partei wieder aus dem Parlament verdrängen zu können. Im außerparlamentarischen Bereich bleiben fundamentalistische, gewaltbereite und terroristische Gruppierung aktiv, die mit hoher Effizienz die öffentliche Aufmerksamkeit erregen und wachhalten können.

9.4 Täterstrukturen und Tätertypen

Wie sind nun die Personen gekennzeichnet, von denen Gewalt gegen Fremde verübt wird?

Die überwiegende Mehrzahl der Tatverdächtigen bei fremdenfeindlichen Straf- und Gewalttätern sind junge Männer unter 20 Jahren, viele davon noch Schüler oder Lehrlinge/Auszubildende. Sie sind nicht in erster Linie Schulabbrecher oder Personen ohne jeden formalen Bildungsabschluß, sondern haben ganz überwiegend einen niedrigen bis mittleren Bildungsabschluß (insofern sie nicht noch Schüler sind). Der Anteil der arbeitslosen Jugendlichen an den Tatverdächtigen ist höher als die Arbeitslosenquote unter Jugendlichen insgesamt in unserer Gesellschaft. Selbsterfahrene Arbeitslosigkeit und Perspcktivlosigkeit bei Jugendlichen und jungen Erwachsenen scheint also ein Risikofaktor für die Zuordnung zu fremdenfeindlichen Tätergruppen zu sein.

Für die Mehrzahl der Tatverdächtigen lassen sich Affinitäten und Zugehörigkeiten zu Skinheadgruppen und sonstigen Gruppen mit fremdenfeindlichen Einstellungen nachweisen. Die Zugehörigkeit zu explizit rechtsextremistischen Gruppen fällt im Vergleich dazu deutlich geringer aus. Von besonderer Bedeutung sind jedoch vermutlich auch ganz alltägliche Freizeitgruppen und Freundescliquen, die weder als politisch (rechts) ausgerichtet noch als feste Gruppen oder gar Organisationen anzusehen sind.

In geringem Umfang gibt es Hinweise auf eine verfestigte, politisch motivierte, rechtsradikale Mehrfachtäterschaft. In größerem Umfang werden hier aber Jugendliche aktiv, die wegen sonstiger Straf- und Gewalttaten bereits vorbelastet sind. Von daher ist anzunehmen, daß eine bereits entwickelte Jugenddevianz und Bandengewalt angesichts allgemeiner Fremdenfeindlichkeit ein neues Betätigungsfeld gefunden hat. Daß speziell diese Gruppen ein ernstzunehmendes Problem darstellen, wird einerseits dadurch deutlich, daß hier zum Teil stabile Gewaltbereitschaften und entwickelte kriminelle Karrieren zu finden sind, andererseits dadurch, daß in diesen Fällen auch berufliche Negativerfahrungen und private Beziehungsprobleme zusammenkommen. Der größte Teil der fremdenfeindlichen Straf- und Gewalttäter sind jedoch unauffällige, 'normale' Jugendliche und Ersttäter.

Der strukturelle Hintergrund fremdenfeindlicher Gewalt ist somit in einer Vielzahl von informellen, instabilen und unorganisierten Gruppen von Jugendlichen (teils politisch ausgerichtet, teils diffus fremdenfeindlich, teils gewaltorientiert oder kriminell) zu sehen. Zwischen ihnen gibt es zum Teil personelle Überlappungen und Kommunikation, bisher jedoch kaum gemeinsame Organisationen und überlokale Strukturen. Auch rechtsextremistische Steuerungs- und Organisationsversuche waren bisher nur begrenzt erfolgreich.

Die typische fremdenfeindliche Straf- und Gewalttat ist eine von Gruppen oder aus Gruppen heraus begangene Tat. Einzeltäterschaften sind die Ausnahme.

Fremdenfeindliche Straf- und Gewalttaten ereignen sich besonders häufig in Kleinstädten und ländlichen Gemeinden; dies gilt für die neuen Bundesländer stärker noch als für die alten. Darüber hinaus ist in den neuen Bundesländern die Arbeitslosigkeit unter den jugendlichen Tätern (entsprechend der insgesamt doppelt so hohen Jugendarbeitslosigkeit) und eine Orientierung an rechtsextremistischen und rechtsradikalen Gruppen stärker als in den alten Bundesländern.

9.5 Die Suche nach Erklärungsansätzen

Was bedeuten diese Ergebnisse aus den verschiedenen Einstellungsuntersuchungen für die Interpretation und Erklärung der fremdenfeindlichen Gewalt in den 90er Jahren?

Die hier vorgetragenen Ergebnisse widersprechen deutlich der Vorstellung, die gegenwärtig in Teilen der Bevölkerung feststellbare höhere Ablehnung von bestimmten Gruppen von Fremden und die auch bei Teilen der Bevölkerung feststellbaren höheren Gewaltbereitschaften hätten sich bereits früh in den 80er Jahren angekündigt und seien daher als Folge grundlegender Strukturveränderungen von 'durchkapitalisierten' Gesellschaften (Desintegration) zu verstehen (HEITMEYER). Weder lässt sich in den 80er Jahren eine Zunahme der Ausländerfeindlichkeit in der Gesellschaft insgesamt feststellen, noch hat sich die politisch motivierte Gewaltbereitschaft in diesem Zeitraum drastisch erhöht.

Während das politisch motivierte Gewaltpotential in den 70/80er Jahren in starkem Maße durch Konflikte zwischen den eher höher gebildeten Jugendlichen und jungen Erwachsenen in den neuen sozialen Bewegungen und dem Staat gekennzeichnet war, hat sich in den 90er Jahren ein neues Konflikt- und Gewaltpotential gebildet: es sind Jugendliche mit eher niedrigem Bildungsstatus, die auch generell, d.h. nicht nur in Bezug auf politische Ziele eine höhere Gewaltbereitschaft haben, und nun im Kontext von Fremdenfurcht und Fremdenfeindlichkeit aktiv geworden sind. Diese neuen Gewaltpotentiale und ihre politische Ausrichtung sind nur vor dem Hintergrund eines neuen gesellschaftlichen Konfliktes adäquat zu verstehen: des Konfliktes um die Immigration, der sich durch die Öffnung der Grenzen insbesondere zu den östlichen Ländern und dem dadurch bewirkten starken Zustrom von Aussiedlern, Asylbewerbern und illegalen Einwanderern vor allem nach Deutschland entwickelt hat. Dabei hat sicherlich auch eine große Rolle gespielt, daß die gestiegene Zuwanderung sich zur gleichen Zeit ereignete, in der die Bevölkerung Deutschlands aufgrund der Vereinigung verunsichert und hinsichtlich der weiteren Zukunft auch besorgt war. Und möglicherweise hat die Vereinigung bei einigen durchaus auch neue oder alte nationalistische Gefühle und Interessen geweckt, bei anderen Orientierungslosigkeit und Anomie. Im folgenden werden eine Reihe gängiger Erklärungsversuche aufgegriffen und diskutiert.

a) Ist die fremdenfeindliche Gewalt eine explizit rechtsradikale, eine rassistisch motivierte Gewalt?

Die fremdenfeindliche Gewalt der Jahre 1991 und 1992 kann keineswegs durchgängig als eine rechtsextremistisch organisierte, gesteuerte oder auch nur als solche motivierte Gewalt angesehen werden. Die Analyse der verschiedenen Tätertypen hat vielmehr verdeutlicht, daß neben dem explizit rechtsextremistisch motivierten politischen Gewalttäter auch ein Teil der 'normalen', d.h. zunächst unpolitischen jugendlichen Gruppen- und Bandendelinquenz im Kontext der Fremdenfeindlichkeit ein diesmal dann politisches Betätigungs- und auch Bestätigungsfeld gefunden hat.

Insgesamt ist die Gruppe der Gewalttäter sowohl hinsichtlich ihrer Motive, als auch hinsichtlich der Gruppenorientierung und ihrer Weltbilder zu heterogen, als daß sie pauschal als rassistisch oder rechtsradikal etikettiert werden könnte. Wir haben es vielmehr mit einer Mischung von unterschiedlichen Gewaltmotiven zu tun: neben politischen, vor allem rechtsradikalen Motiven und rassistischen Ideologien und Gewaltlegitimationen (die nur von einer kleinen Minderheit vertreten werden) spielen auch expressive Gewaltmotive und Actionorientierungen sowie Motive des Protestes gegen 'unlautere Konkurrenz' und 'ungerechtfertigte Bereicherung' eine wichtige Rolle. Nicht gemeinsame ideologische Überzeugungen oder soziale Lagen bilden die Klammer zwischen den heterogenen Tätergruppen und Akteuren, sondern eher diffuse Gefühle und Vorstellungen einer generellen Bedrohung und Benachteiligung 'der Deutschen' gegenüber 'den Ausländern', insbesondere gegenüber Aussiedlern und Asylbewerbern; eine Vorstellung, die sich vor allem an der Wohnraumbeschaffung, den staatlichen Alimentierungen und Transferzahlungen für Aussiedler und Asylbewerber festmacht, aber in Zeiten der ökonomischen Rezession, der erhöhten Arbeitslosigkeit etc. sich natürlich auch generell an der Angst vor Konkurrenz um Arbeitsplätze und vor drohendem Statusverlust ansiedeln kann. Dies gilt insbesondere für die neuen Bundesländer, wo Konkurrenzerfahrungen und Bedrohungsgefühle weit verbreitet sind. Die vor diesem Hintergrund generierten fremdenfeindlichen Einstellungen können sich dann auch über die Gruppe der Asylbewerber hinaus generalisieren und betreffen dann alle Ausländer, denen entsprechende Anrechte auf staatliche Leistungen abgesprochen werden, und schließlich alles Fremde schlechthin.

b) Ist die fremdenfeindliche Gewalt eine Folge von Desintegrations- und Deklassierungserfahrungen ?

Theorien abweichenden Verhaltens und der Gewalt haben immer auch versucht, allgemeine gesellschaftliche Strukturen und deren Veränderungen als Erklärung für zunehmende Gewaltbereitschaften und Gewalttaten in der Gesellschaft heranzuziehen; so bspw. soziale Spannungen und ein hohes Maß an sozialer Ungleichheit, oder Ungerechtigkeitserfahrungen und die Diskriminierung gesellschaftlicher Gruppen; oder aber sozialer Abstieg und Deklassierungserfahrungen. Auch gegenwärtig werden solche Ursachenerklärungen angeboten. Von vielen wird - angelehnt an die Arbeiten von Heitmeyer (Heitmeyer 1992) - die fremdenfeindliche Gewalt als Folge gesellschaftlicher Desintegrationserfahrungen beschrieben: also der Auflösung von familialen Strukturen, beruflicher Integration, politischer und institutioneller Loyalitäten und Identifikationen. Nun wissen wir spätestens seit den Arbeiten von Merton (Merton 1979), daß sozial-strukturelle Erklärungsmuster eine ganz entscheidende Schwäche haben. Die Menschen reagieren auf konflikthafte, widersprüchliche oder anomische Strukturen und Situationen nicht uniform, sondern unterschiedlich, je nach konkret verfügbaren Handlungsmöglichkeiten, Kompetenzen und Gelegenheitsstrukturen. Darüberhinaus zeigt ein Blick in die Vergangenheit und in andere Gegenwartsgesellschaften, daß fremdenfeindliche Gewalt und ethnische Konflikte oft gerade in hochintegrierten Gesellschaften vorkommen, dort nämlich, wo partikularistische Orientierungen auf die eigene Verwandtschaft, Sippe, ethnische Gruppe zentrale Integrationsmechanismen darstellen. Von daher ist das Desintegrationskonzept zur Erklärung fremdenfeindlicher Gewaltphänomene nur begrenzt tauglich.

Dies unterstreichen auch die Ergebnisse unserer Untersuchung. So wie die Zuordnung zu aggressiven, zu fremdenfeindlichen und auch zu rechtsradikalen jugendlichen Subkulturen nicht generell als Desintegrationsphänomen beschrieben werden kann, so sind auch nur für einen kleinen Teil der fremdenfeindlichen Gewalttäter persönliche Desintegrationserfahrungen festzustellen: also etwa Schulabbruch, Arbeitslosigkeit, defizitäre Familienstrukturen, Beziehungslosigkeit. Es gibt auch keine Hinweise darauf, daß sie vornehmlich aus sich auflösenden Milieus stammen, die früher durch Gewerkschaften und Kirchen stabilisiert waren. Wenn man überhaupt im Kontext der fremdenfeindlichen Gewalt von dominierenden, persönlichen Desintegrations- oder Deklassierungserfahrungen als einem zentralen Erklärungsfaktor für das Gewalthandeln von Jugendlichen sprechen will, so läßt sich dies allenfalls für den oben unter Typ 2 beschriebenen Jugendlichen annehmen: jene Jugendliche also, bei denen es zur Akkumulation von Problemen im Elternhaus und in der Schule kommt, und die auch über die fremdenfeindliche Straf- und Gewalttat hinaus bereits ein hohes Maß an allgemeiner Delinquenz und Gewaltbereitschaft aufweisen. Hier haben wir es in der Tat mit 'verwahrlosten', alleingelassenen Jugendlichen zu tun, deren schulisch und berufliche Integration oft schon durch fehlende familiale Unterstützung und inkonsistente, sowie extrem belastende (Alkohol, Gewalt, Mißbrauch) Erziehungsverhältnisse gekennzeichnet sind.

(Diese Merkmale sind freilich generell für Jugenddelinquenz von Bedeutung).

Selbst wenn die Täter überdurchschnittlich oft arbeitslos sind, so ist die Gesamtgruppe der fremdenfeindlichen Straf- und Gewalttäter dennoch eher gekennzeichnet von Jugendlichen, die in der Regel sowohl über einen formalen Bildungsabschluß und Berufsqualifikationen, als auch über feste Lehr- oder Arbeitsstellen verfügen. Angesichts der Tatsache, daß mehr als die Hälfte aller ermittelten Tatverdächtigen zum Tatzeitpunkt noch Schüler oder Lehrlinge waren, sind Krisenerfahrungen hinsichtlich der beruflichen Situation allenfalls als Zukunftsängste, nicht jedoch als eigene Erfahrungen vorhanden. Die Fremdenfeindlichkeit und auch das damit verbundene Delinquenz- und Gewaltpotential betreffen also bei weitem nicht nur die Gruppe der gesellschaftlich Desintegrierten und Deklassierten, sondern gehen durchaus auch mit festen Arbeitsplätzen und guten, privaten und beruflichen Zukunftsaussichten einher (wie sich übrigens auch bei rechtsextremen Einstellungen gezeigt hat (FÖRSTER/FRIEDRICH 1990, 1991)).
Dennoch spielen wirtschaftlicher Problemdruck und hohe Arbeitslosigkeit im Zusammenspiel mit der Immigration neuer Bevölkerungsgruppen in die Gesellschaft zur Erklärung der fremdenfeindlichen Gewalt eine wichtige Rolle. Durch wirtschaftliche Probleme und hohe Arbeitslosigkeit werden auch bei denjenigen Ängste geschürt, die heute noch nicht selbst davon betroffen sind, aber dies für die Zukunft für sich selbst oder aber für andere Bevölkerungsgruppen befürchten, mit denen sie sich solidarisieren. Enttäuschte Erwartungen hinsichtlich des Wohlfahrtsstaates und der sozialen Marktwirtschaft und ihrer Chancen für die individuelle Lebensgestaltung sind insbesondere nach der Vereinigung in den neuen Bundesländern festzustellen. In einer solchen Situation wird der erhebliche Zustrom von Aussiedlern und Asylbewerbern und die wohlfahrtsstaatliche Alimentierung dieser Gruppen von vielen als unmittelbare Konkurrenz und Bedrohung um einen erhofften und angestrebten sozialen Status wahrgenommen, aber auch jenseits eigener und unmittelbarer Konkurrenzängste als ungerechtfertigt interpretiert. Nicht eigene Deklassierungs- und Desintegrationserfahrungen, sondern eher Vorstellungen von Verteilungs-Ungerechtigkeiten und einer als illegitim wahrgenommenen 'Privilegierung' ausländischer Bevölkerungsgrup-

pen spielen daher bei diesem Phänomen relativer Deprivation eine wichtige Rolle. Entsprechend motivierte Affekte sind schon bei den Aussiedlern 1988 deutlich geworden.

c) Welche Rolle spielt die Individualisierung als Erklärungsmuster?

Der Begriff der Individualisierung bezieht sich ebenfalls auf gesellschaftliche Strukturveränderungen, die für entwickelte moderne Gesellschaften und hier vor allem für das Verhältnis zwischen Individuum und Gesellschaft kennzeichnend sind. Er bezeichnet vor allem den Bedeutungsverlust traditioneller Milieus, sozialer Klassen und Nachbarschaften für die individuelle Versorgung, Lebensplanung und Karriere. Während früher etwa soziale Klassen und diesbezügliche Traditionen, Lebensmodelle und Lebensstile gleichsam als Orientierungsmuster für die nachfolgenden Generationen vorgeben konnten, ist mit der gesteigerten sozialen und geographischen Mobilität in der modernen wohlfahrtsstaatlichen Gesellschaft eine Individualisierung und Pluralisierung von Lebenslagen und Lebenswegen verbunden. In der entwickelten Moderne werden die Menschen also zunehmend aus traditionalen Bindungen und Versorgungszusammenhängen, etwa der Familie und Verwandtschaft, herausgelöst und auf sich selbst und ihre individuellen Schicksale verwiesen, mit allen Freiheiten und Chancen, aber auch mit allen Risiken und Widersprüchen, die darin stecken. Die Konsequenzen dieser Entwicklung sind jedoch bisher erst in Umrissen sichtbar. Einige dieser Aspekte wollen wir hier erwähnen, da sie mit der Frage der Gewalt möglicherweise zusammenhängen:

- Mit der Individualisierung von Lebenslagen und Lebenswegen ist zugleich die Zahl der Wahlentscheidungen, die individuell bewältigt werden müssen, erheblich angstiegen. Damit entwickelt sich, insbesondere bei Jugendlichen, ein hoher Orientierungsbedarf, während gleichzeitig jedoch traditionale Orientierungen, Identitäts- und Lebensstilangebote entwertet werden. Möglicherweise produziert diese Entwicklung bei einigen ein Bedürfnis nach einfachen, radikalen Ideologien, Zusammengehörigkeitsgefühlen und Identifikationsmöglichkeiten, z.B. auch solchen, die auf natürlichen Kriterien wie Rasse,

Geschlecht oder Nation beruhen und die deshalb stabilere Identitätserfahrungen vermitteln können, weil sie nicht durch die Möglichkeit des Andersseinkönnens verunsichert werden. Solche Ideologien können dann natürlich auch Ausgangspunkt für die Legitimation von gewaltsamen Handlungweisen gegenüber Außenstehenden sein.

- Soziale Kontrollen und Sanktionierungen durch Milieus und Nachbarschaften haben nur noch eine begrenzte Reichweite. Nachbarschaft und Verwandtschaft haben ihre Kontroll- und Sozialisationsfunktion verloren, weil sie für die eigene Lebensplanung weitgehend irrelevant geworden sind und man sich ihnen durch Mobilität entziehen kann. Gewalt als Mittel zum Zweck einzusetzen oder einfach seinen aggressiven Impulsen zu folgen wird unter diesen Bedingungen leichter möglich, weil damit keine langfristigen Nachteile verbunden sein müssen. Die strategische Bedeutung des zivilisatorischen Zwangs zum Selbstzwang geht daher durch die Individualisierung von Lebenswegen z.T. verloren.
- Die Ausbildung von Konkurrenzbeziehungen nicht nur im Beruf, sondern auch im Freizeit- und Beziehungsmarkt entwickelt einen Zwang zur individuellen Profilierung und einen Geltungsdruck, den insbesondere junge Menschen verspüren, die ja erst noch etwas aus sich machen wollen, die erst noch etwas werden müssen. Dies verstärkt die Ausbreitung individualistischer Konkurrenz- und Erfolgsorientierung als dominierender Wertvorstellung, gegen die sich solidarische Wertorientierungen und empathische Kompetenzen oft nicht behaupten können.

Aus der Individualisierungstendenz können also durchaus Orientierungsprobleme und Anomieerfahrungen abgeleitet werden, die für manche Jugendliche schwer zu verarbeiten sind und mit einer Vereinseitigung von Werthaltungen beantwortet werden. Dennoch führt dies nicht unmittelbar zu Gewaltbereitschaften und zur Gewalttätigkeit. Es gibt eine Vielzahl von anderen Verarbeitungsformen, was schlichtweg daran zu erkennen ist, daß die gewalttätigen und die gewaltbereiten Jugendlichen nur eine Minderheit der Jugendlichen insgesamt darstellen, während die Individualisierungstendenz alle betrifft. Schließlich weist auch die Unterstützung fremdenfeindlicher Gewalttaten durch Nachbarn und Anwohner gerade auf eine Integration in die Nachbarschaften hin: 'das sind keine Kriminellen, das sind unsere Kinder'. Auch ist es angesichts des ländlichen Einzugsbereichs der Täter unwahrscheinlich, daß die in den Großstädten kumulierende 'Individualisierung' eine vornehmliche Rolle spielt. Von daher sind Individualisierungs- und auch Desintegrationsthesen zu allgemein und zu abstrakt, um ganz spezifische, hier gewaltaffine Verarbeitungsformen und Reaktionsweisen auf die so beschriebenen Strukturveränderungen erklären zu können.

Entscheidend ist vielmehr in diesem Zusammenhang, daß vor dem Hintergrund der Individualisierung sich in modernen Gesellschaften zunehmend spezifische jugendliche Subkulturen ausbilden können, in ihrer Suche junger Menschen nach Orientierung und Identität gerade durch Abgrenzung und Distanzierung von der Erwachsenengesellschaft. Manche dieser Subkulturen kristallisieren sich um gewaltaffine Affekte, um traditionelle Männlichkeitsideale von Kämpfern und Kriegern (KERSTEN 1993), oder um radikale politische Ideen. Zur Erklärung der Gewaltbereitschaft, insbesondere von Jugendlichen, ist dann nicht so sehr die Individualisierung der entscheidende strukturelle Faktor, als vielmehr die Existenz eines ausdifferenzierten Systems jugendlicher Gruppen und Subkulturen, in denen sich Gewaltbereitschaften und Gewaltmotive immer neu erzeugen, bestätigen und verstärken, und die in aktuellen gesellschaftlichen Konflikt- und Problemlagen aktiv werden können (ECKERT 1990; 1993).

d) Welche Rolle spielen lokale Konflikte und Probleme im Kontext des Asylverfahrens?

Rechte und gewaltorientierte jugendliche Gruppen gab es bereits in den 80er Jahren. Und auch fremdenfeindliche Einstellungen und Vorurteile waren in der Gesellschaft in den letzten Jahren und Jahrzehnten stets vorhanden, wenn auch nicht auf einem besonders hohen Niveau oder gar mit steigender Tendenz.

Die jüngste Welle fremdenfeindlicher Straf- und Gewalttaten seit 1990 und die damit einhergehende dramatische Steigerung auch von fremdenfeindlichen Einstellungen und Gewalttoleranzen in Teilen der Bevölkerung kristallisierten sich um die lokalen Spannungen und Konflikte zwischen Aussiedlern, Asylbewerbern, einheimischer Bevölkerung und Verwaltung und sind damit eine Reaktion auf den unerwartet starken Zustrom von

Asylbewerbern nach 1990 und die dadurch ausgelösten Ängste, Konkurrenzerfahrungen und Konflikte und deren mangelnde Bewältigung. Die dramatische Eskalation und Ausbreitung der Gewalt gegen Fremde ist nur vor dem Hintergrund dieser unbewältigten, aber allgemein wahrgenommenen Probleme und Konflikte und der durch sie ausgelösten Asyldebatte zu verstehen. Dabei ist auch auf die Eskalationsbeiträge durch die Politik zu verweisen. Für die Eskalation der Fremdenfeindlichkeit war von entscheidender Bedeutung, daß die großen politischen Parteien trotz der bekannten Probleme und Spannungen in den Kommunen nicht in der Lage waren, sich schnell auf neue Konzepte, wenigstens hinsichtlich der Asylverfahrenspraxis, zu verständigen. Dies hat zu einem Vertrauensverlust und zur Delegitimierung von Politik beigetragen und die Legitimität und Attraktivität rechter und fremdenfeindlicher Parolen und Lösungen verstärkt.

e) Sind die fremdenfeindlichen Täter Einzel- oder Gruppentäter?

Aus soziologischer und kriminologischer Perspektive muß die These von den 'irregeleiteten' Einzeltätern als nicht zutreffend angesehen werden. Die überwiegende Mehrzahl aller Taten werden von Gruppen oder aus Gruppenkontexten heraus begangen oder initiiert. Selbst wenn in wenigen Fällen einzelne Täter mit besonders gravierenden Handlungen die Aufmerksamkeit von Medien und Jusitz erlangen, so sind doch ihre fremdenfeindlichen Motive, ihre Gewaltbereitschaften und die unmittelbaren Anlässe und Auslöser für die Gewalttaten als Ergebnisse von Interaktions- und Kommunikationsprozessen zwischen Jugendlichen, in Gleichaltrigengruppen, ja in Teilen der Bevölkerung anzusehen.

f) Sind die fremdenfeindlichen Straf- und Gewalttäter Teil einer homogenen jugendlichen Subkultur?

Die Tatsache, daß die Mehrzahl der fremdenfeindlichen Straf- und Gewalttaten von oder aus Gruppen heraus begangen werden, läßt noch keine Schlüsse darüber zu, welche Gruppen hier besonders aktiv sind und inwiefern auch übergreifende Organisationen oder gar eine gemeinsame Infrastruktur vorliegt.

Die Täterstruktur ist sowohl hinsichtlich der Gruppenzugehörigkeit oder Gruppenorientierung, als auch hinsichtlich der biographischen Hintergründe und familialen Milieus der Täter heterogen.
Neben rechtsextremistisch und rechtsradikalen Parteien und Gruppierungen spielen vor allem diverse lokale Skinheadgruppen und sonstige fremdenfeindliche und gewaltaffine Gruppen (z.B. Hooligans) eine wichtige Rolle. Darüber hinaus rekrutieren sich die fremdenfeindlichen Gewalttäter sowohl aus kriminellen Banden und delinquenten Jugendgangs, als auch aus eher informellen und unauffälligen, jugendlichen Freizeit-, Quartiers- und Musikcliquen. Zwischen diesen verschiedenen Gruppen, Cliquen, Subkulturen gibt es (noch) keine, allen gemeinsame Infrastrukturen oder gar überlokale Netzwerke und Organisationen, auch wenn rechtsextremistische Parteien und Gruppierungen diese zu etablieren versuchen und in einem Teil der rechtsradikalen, politischen Szene-Gruppen wohl auch bereits erfolgreich getan haben. Es handelt sich eher um eine Vielzahl autonomer, mehr oder weniger informeller, instabiler und unorganisierter jugendlicher Gruppen, deren Gemeinsamkeiten sich auf eine allgemeine Fremdenangst, Fremdenfeindlichkeit und Protest gegen vermeintliche Ungerechtigkeit beschränken.
Dieser Heterogenität der Gesamtheit der fremdenfeindlichen Straf- und Gewalttäter steht eine stärkere Homogenität der einzelnen Gruppierungen gegenüber.
Während die rechtsextremistischen Gruppierungen und Parteien eher von älteren Jugendlichen und Erwachsenen mit fester Berufstätigkeit und eher mittlerem als unterem Bildungsabschluß getragen werden, sammeln sich in den Skingruppen und anderen fremdenfeindlichen Gruppen insbesondere jüngere Altersgruppen mit schulischen oder familialen Problemen und z.T. hoher Arbeitslosigkeit. Neben dezidiert rechtsradikal-politischen Gruppen und fremdenfeindlichen Subkulturen gibt es freilich viele informelle Cliquen und Gruppen von Jugendlichen, die sich stärker nach sozialräumlichen Aspekten gemeinsamen Freizeitinteressen oder auch Problemlagen zusammensetzen. Es handelt sich also (noch) nicht um eine homogene Jugendkultur.

g) Sind die Taten geplant und gesteuert oder entstehen sie eher spontan?

Eine längerfristige Planung, Organisation und Vorbereitung fremdenfeindlicher Straf- und Gewalttaten ist in den von uns analysierten Fällen eher die Ausnahme gewesen. Zwar gab es etwa bei den kollektiven Ausschreitungen in Hoyerswerda und Rostock Anzeichen für Versuche von vermutlich rechtsradikalen Gruppen, die Gewalt weiter zu eskalieren und auch zu organisieren. Und auch bei anderen Gewalttaten und Anschlägen gegen Asylbewerberheime oder Ausländerwohnungen gab es z.T. personelle Kontakte der Täter zu rechtsextremistischen Gruppierungen und Parteien. Doch gibt es bis auf wenige Fälle keine Hinweise darauf, daß die fremdenfeindlichen Anschläge und Gewalttaten systematisch in rechtsextremistischen Parteien und Gruppierungen geplant und gesteuert wurden.
In der Regel entwickeln sich die fremdenfeindlichen Straf- und Gewalttaten spontan: oft wissen die Jugendlichen morgens nicht, was sie abends tun werden. Bei der Entwicklung von Handlungsabsichten und deren Umsetzung spielen gruppendynamische Zwänge und wechselseitige Stimulation von Gewaltbereitschaften ebenso wie die Enthemmung durch Alkohol eine große Rolle.
Daß die Mehrzahl der fremdenfeindlichen Taten spontan geplant und durchgeführt werden, verweist freilich auch auf die Umstände, unter denen dies nur möglich ist: es setzt in den Gruppen selbst eine prinzipielle Gewaltakzeptanz und Gewaltbereitschaft voraus, die nicht mehr legitimiert werden muß, sondern sich lediglich ihre Opfergruppe suchen muß; und es setzt im Umfeld der fremdenfeindlich-gewaltbereiten Gruppen entsprechende Einstellungen und Feindbilder voraus, so daß nach der Akzeptanz oder Toleranz in der Bevölkerung nicht länger gefragt werden muß. Die Erkenntnis, daß diese Gewalt der letzten Jahre zumeist (noch) nicht geplant war, kann darum nicht als Entwarnung gelten. Vielmehr zeigt sie an, daß sich hier möglicherweise eine soziale Bewegung formiert, die in Teilen der Bevölkerung, insbesondere den bildungsfernen Gruppen, Resonanz findet.

h) Ist fremdenfeindliche Gewalt eine Männergewalt?

Anders als es bei der 'linken' Protestgewalt der siebziger und achtziger Jahre war, werden die fremdenfreindlichen Straftaten und insbesondere die Gewalttaten fast ausschließlich von jungen Männern begangen und ähneln damit weitgehend dem Muster, das wir auch von der klassischen Gewaltkriminalität und insbesondere der Jugendrandale kennen.
Biologen und Verhaltensforscher führen dies auf angeborene, insbesondere hormonelle Faktoren bei jungen Männern zurück. Lernpsychologen und Sozialwissenschaftler betonen demgegenüber die Effekte geschlechtsspezifischer Sozialisation, in der Männlichkeit nach wie vor über Härte, Kraft, Stärke und auch Gewaltbereitschaft definiert wird. Wie immer die Anteile von angeborener oder erworbener Stimulierung über Kampf und Gewalt sich zueinander verhalten mögen, in der modernen Gesellschaft werden eben diese klassischen männlichen Kompetenzen und Handlungsbereitschaften kaum mehr nachgefragt. Sie finden in der Gesellschaft wenig Anerkennung und müssen sich daher umso mehr Freiräume schaffen, in denen sie inszeniert und ausgelebt werden können. Hierbei liefern die Medien vielfältige Modelle (von Kämpfern, Kriegern, Helden), um die sich Jugendliche sammeln können. Es ist wahrscheinlich, daß diese demonstrative Männlichkeit auch bei den Gewalttätern ein zentrales Instrument der Selbstdarstellung ist.

i) Ist die fremdenfeindliche Gewalt ein städtisches oder eher ein ländliches Phänomen?

Die fremdenfeindliche Gewalt ist - anders als die politisch motivierte Gewalt eher linker Gruppen - keine großstädtisch konzentrierte Gewalt, sondern überwiegend in Kleinstädten und ländlichen Gemeinden anzutreffen, und daher räumlich weit gestreut.
Dies liegt zum einen daran, daß sie nicht in Kadergruppen und straffen Organisationen konzentriert ist, sondern getragen wird von einer Vielzahl von jugendlichen Gruppen und Cliquen; zum anderen daran, daß die primären Objekte und Kristallisationspunkte fremdenfeindlicher Gewalt, nämlich Asylbewerberunterkünfte, über das ganze Land verteilt sind, jedoch in ländlichen Räumen eine besonders auffällige Veränderung dar-

stellen, ohne daß dies entsprechende Lernerfahrungen im Umgang und Zusammenleben mit 'Fremden' vorausgesetzt werden können.

j) Ist die Fremdenfeindlichkeit ein Aufstand der 'schweigenden Mehrheit', der politisch und kulturell dominierten schwächeren Teile unserer Gesellschaft?

In unseren quantitativen Analysen waren systematische Auswertungen zur sozialen Herkunft der Täter (Schichtzugehörigkeit der Eltern) aufgrund fehlender oder unvollständiger Daten nicht möglich. Von daher lassen sich lediglich aufgrund der Daten zum Berufsstatus der Eltern einige Hinweise auf die sozialen Milieus ableiten. Es zeigt sich, daß die Herkunftsmilieus schichtspezifisch keineswegs eindeutig zu verorten sind. Zwar gibt es eine Dominanz im Arbeiter- und Kleinbürgermilieu, doch rekrutieren sich die Täter auch aus bürgerlichen Kreisen der Mittel- und Oberschicht, wenn auch in geringerem Ausmaß. Die Analyse der Urteilsschriften hat diesen Befund weitgehend bestätigt. Sie läßt auch erkennen, daß die fremdenfeindlichen Jugendlichen *nicht* bevorzugt aus Elternhäusern mit liberalem oder antiautoritärem Erziehungsstil kommen. Ein großer Teil der Täter war im Elternhaus eher mit autoritären Erziehungspraktiken und Einstellungen konfrontiert, ein anderer Teil zeigt deutliche Anzeichen von Verwahrlosung, von wenig konstanten Betreuungsverhältnissen, von Beziehungs- und Kommunikationslosigkeit auch gegenüber den Eltern: nicht die Vaterlosigkeit, sondern die Erziehungsverweigerung, Überforderung und Gleichgültigkeit der Eltern ist dann oft die Ursache.
Auch hier fügt sich also die Analyse *nicht* den Erwartungen nach einem einheitlichen Muster. Während ein Teil der Jugendlichen aus eher bildungsfernen Milieus mit autoritären und tendenziell fremdenfeindlichen Elternhäusern stammen und in ihren Einstellungen und Handlungsbereitschaften von den Eltern eher unterstützt werden, sind in anderen Fällen quer durch die sozialen Schichten und Erziehungsmilieus familiale Beziehungslosigkeit und Konflikte sowie schulische Probleme Ursache und Ausgangspunkt für die Zuordnung zu aggressiven Gruppen, in denen die fremdenfeindlichen Einstellungen dann

gelernt und verfestigt werden. Explizit 'antiautoritäre' Traditionen freilich scheinen kaum auf.
Was den aktuellen oder zu erwartenden sozialen Status der Täter selbst angeht, so haben wir über den formalen Bildungsstatus erste Indikatoren. Die klare Dominanz niedriger bis mittlerer Bildungsabschlüsse, sowie von einfachen Handwerker- und Facharbeiterberufen deutet auf einen eher niedrigen sozialen Status hin. Von daher ist es durchaus plausibel anzunehmen, daß hier soziale Gruppen aktiv werden, die sich eher zu den Benachteiligten und Nichtbeachteten in der Gesellschaft zählen. Dies geht häufig einher mit dem Gefühl, selbst benachteiligt zu werden, während andere bevorzugt werden und dem Bedürfnis, andere für die eigene Situation oder eigenes Versagen verantwortlich zu machen.
Das durchweg niedrige bis mittlere Bildungsniveau weist freilich auch darauf hin, daß Fremdenfeindlichkeit und insbesondere die fremdenfeindliche Tat möglicherweise mit defizitären kognitiven Fähigkeiten korrelieren: gering ausgeprägte sozialkognitive Kompetenzen, fehlende Reflexions- und Selbstkritikfähigkeit, fehlende Empathiefähigkeit und Anfälligkeit für binäres, zweiwertiges (Schwarz-Weiß/Freund-Feind)Denken sind häufig Voraussetzung für eskalierende Ängste und Konkurrenzerfahrungen.

k) Welche Rolle spielten polizeiliche und justitielle Reaktionen für die Eskalation der fremdenfeindlichen Gewalt?

Wir haben in unserer Analyse darauf hingewiesen, daß politisch motivierte Gewalt und Gewaltanwendung im Kontext gesellschaftlicher Konflikte in der Regel in Interaktionsprozessen zwischen verschiedenen gesellschaftlichen Gruppen oder Institutionen eskaliert. Dabei spielen besonders die staatlichen Kontrollorgane und ihre Reaktionen eine wichtige Rolle.
Anders als bei einer Reihe von gewalttätigen Eskalationen in den Konflikten zwischen den neuen sozialen Bewegungen und dem Staat in den 70/80er Jahren ist die Serie fremdenfeindlicher Gewalttaten Anfang der 90er Jahre nicht durch staatliche Überreaktionen ausgelöst oder verstärkt worden, sondern im Gegenteil durch Unterreaktionen: durch mangelnde polizeiliche Präsenz, fehlende Durchsetzungsfähigkeit und - wie manche glauben - auch durch fehlende Bereitschaft der Justiz, ge-

gen 'rechte' Gewalt mit der gleichen Entschiedenheit vorzugehen wie gegen 'linke' Gewalt.
Während es für die letzte Vermutung keinerlei Anhaltspunkte in unserer Analyse gibt, konnten wir polizeiliche Unterreaktionen und eine mangelnde Durchsetzungsfähigkeit der Polizei, insbesondere in der ersten Phase der Eskalation fremdenfeindlicher Straf- und Gewalttaten, in den Ereignisanalysen feststellen. Sie sind weniger auf eine 'Gesinnungskumpanei mit Rechts' und besondere starke Ausländerfeindlichkeit innerhalb der Polizei zurückzuführen, sondern in erster Linie auf organisatorische, personelle und ausstattungstechnische Defizite während der Umorganisation der Polizei in den neuen Bundesländern, sowie (damit verbunden) auf eine erhebliche Verunsicherung innerhalb der Polizei hinsichtlich ihres Selbstverständnisses, ihrer Befugnisse und ihrer Vorgehensweisen.
Die Schwäche der Polizei im Osten hat den fremdenfeindlichen und rechten Gruppen erste 'Erfolgserlebnisse' ermöglicht. Diese konnten - nicht nur in Hoyerswerda und Rostock - lernen, daß kollektive Gewaltanwendung relativ risikolos begangen werden kann und auch 'erfolgreich' im Hinblick auf fremdenfeindliche Ziele eingesetzt werden kann. Dies hat Erfahrungen der Normlosigkeit gefördert und Erfolgserlebnisse ermöglicht, die auch andernorts und in den alten Bundesländern übernommen wurden und zur Diffusion und Eskalation der Gewalt beigetragen haben.
Neben den polizeilichen Reaktionen sind freilich auch die Reaktionen der Justiz von Bedeutung. Der öffentliche und politische Druck und die Forderung nach härteren Strafen und einer besonderen Behandlung fremdenfeindlicher und rechtsextremer Täter hat zu einer Verunsicherung der Richter in der Interpretation der Taten, der Beurteilung der Täter und auch in der Strafbemessung beigetragen. Dies hat in einer Minderheit der Fälle dazu geführt, daß weder die Fremdenfeindlichkeit der Täter, sofern diese sich nicht (demonstrativ) dazu bekannten, noch die allgemeine Fremdenfeindlichkeit und rechtsradikale Entwicklung überhaupt thematisiert wurden. Diese Negierung und Tabuisierung der fremdenfeindlichen und möglichen politischen Dimensionen der zu verhandelnden Straftaten ist deshalb problematisch, weil hier darauf verzichtet wurde, das Gerichtsverfahren als einen Lernprozess zu nutzen und eine Auseinandersetzung des Täters mit seinen Taten und auch seinen Opfern in Gang zu setzen. Wenn die Entschiedenheit des Staa-

tes, seine Stärke und Schwäche im Umgang mit gewaltbereiten Gruppen und extremistischen politischen Kräften sich für viele am ehesten an der Reaktion der staatlichen Kontrollorgane ablesen läßt, dann ist der justitielle Umgang mit fremdenfeindlichen Delikten zugleich ein deutliches Signal an die fremdenfeindlichen und rechtsextremistischen Gruppen in der Gesellschaft und sollte dieser Funktion auch gerecht werden.

l) Einwanderungskonflikte und die politische Brisanz von Fremdheitserfahrungen

Die hier vorgelegten differenzierten Befunde zu fremdenfeindlichen jugendlichen Straf- und Gewalttätern und zur Entwicklung und Eskalation der Gewalttaten gegen Fremde verweigern sich also manchen öffentlichen, eindeutigen und einseitigen Interpretationen und Beurteilungen des Phänomens, insbesondere der Reduktion

- auf ein rechtsextremistisch oder rechtsradikales Phänomen
- auf ein typisches Jugendproblem
- auf ein Erziehungsproblem
- auf ein Desintegrations- und Krisenphänomen.

Unsere Ergebnisse lassen die Entwicklung und Ausbreitung fremdenfeindlicher Gewalt als Ausdruck eines neuen zentralen gesellschaftlichen Konfliktes verstehen. Vor dem Hintergrund lokaler Spannungen im Umfeld von Aussiedler- und Asylbewerberunterkünften und der zunächst ergebislosen Asylverfahrensdiskussion der politischen Parteien wurden einerseits neue Gewaltbereitschaften erzeugt, andererseits bereits existierende unpolitische Gewaltbereitschaften politisch aufgeladen und legitimiert. Gewalt konnte in dieser Situation als 'effektives' und 'erfolgreiches' Mittel zur Erzeugung von Aufmerksamkeit und zur 'Lösung' lokaler Probleme angesehen werden. Nachdem das Risiko für die Gewalttäter aufgrund mangelnder Polizeipräsenz im Osten zunächst deutlich reduziert war, stellte die erfolgreiche Gewaltanwendung - durch die Medienberichterstattung flächendeckend verbreitet - ein Signal für Nachahmungshandlungen in Ost und West dar. So kam es zu der rasanten Eskalation und räumlichen Diffusion fremdenfeindlicher Gewalttaten. Der Konflikt um die Einwanderung betrifft jedoch nicht nur Deutschland, sondern ist in einer Reihe von europäischen

Staaten ebenfalls existent und hat auch in den anderen europäischen Staaten (vgl. England, Frankreich) zu einer Stärkung rechter Parteien und Gruppierungen, zu einer Aktivierung fremdenfeindlicher Einstellungspotentiale und zu einem Anwachsen fremdenfeindlicher Gewalttaten beigetragen. So waren zum Beispiel nach einem Bericht der Financial Times "für das Jahr 1991 in den Statistiken 6559 rassistisch motivierte Gewaltaktionen in England und Wales" ermittelt worden, "dreimal mehr als in Deutschland, und dies bei 50 im Vergleich zu 80 Millionen Einwohnern." (vgl. THRÄNHARDT 1993, S. 338).

Eine solche Konfliktperspektive führt damit nicht zur Verharmlosung gegenwärtiger rechtsradikaler und rassistischer Potentiale, sondern im Gegenteil zu einer alarmierenden Perspektive: sie macht deutlich, daß es sich weder um ein typisches oder ausschließlich deutsches Phänomen handelt, noch um ein gesellschaftliches Randproblem oder ein Jugendproblem, sondern um einen Konflikt, der sich durch weite soziale Schichten und Gruppen in einer Reihe von Gesellschaften zieht, und der auch in Zukunft weiterhin Fremdenfeindlichkeit, und auch rassistische Einstellungen und Gewaltbereitschaften generieren und anziehen wird.

Wenngleich es Ähnlichkeiten zwischen gesellschaftlichen Konflikten gibt, so hat doch jeder seine Eigenlogik, die aus den Interessen und Ideen der beteiligten Gruppen und aus der Sache selbst folgt, um die gekämpft wird. Daher muß sich die Konfliktforschung auch auf die Inhalte einlassen. Im Einwanderungskonflikt geht es um Fremdheitserlebnisse, um Konkurrenzängste und daraus resultierende Gewaltbereitschaften und um Vorstellungen von Ungerechtigkeit, die als solche analysiert werden müssen, wenn denn Abhilfe geschaffen werden soll.

Ethologen gehen davon aus, daß Fremdenfurcht und in der Konsequenz auch Aggressionen gegen Fremdes stammesgeschichtlichen Anpassungsleistungen der Menschheit entsprechen und verweisen in diesem Zusammenhang auf das 'Fremdeln', die Acht-Monatsangst, die bei vielen Kindern auftritt (EIBL-EIBESFELDT 1984). Sie argumentieren, daß diese Ängste und Aggressionsbereitschaften überlebensnotwendig waren, bis ein funktionierendes Rechtssystem aufgebaut werden konnte. Aus soziologischer Sicht ist freilich hinzuzufügen, daß Definitionen darüber, was als fremd oder vertraut gilt, erlernt und im kulturellen Kontext weitergegeben werden, wobei typischerweise graduelle Abstimmungen zwischen Vertrautheit und Fremdheit vorgenommen werden. Fremdheit kann daher einen doppelten Ursprung haben: sie kann aus 'primären Fremdheitserfahrungen' resultieren, wenn die Differenz im Aussehen, in den Handlungsweisen, in den Werten bei anderen Menschen deutlich wird; sie kann aber auch 'ideologisch' vorgegeben sein. In jedem Fall schafft sie interpretationsbedürftige Situationen, über die im Diskurs einer Gesellschaft verhandelt wird. Dieser Diskurs kann zu unterschiedlichen Ergebnissen kommen.

Menschen, die mit fremden Kulturen konfrontiert sind, haben im Prinzip drei Möglichkeiten: Entweder bewerten sie die fremde Kultur höher und assimilieren sich; oder sie werten die eigenen Traditionen auf und fühlen sich durch die fremde Kultur bedroht (dies könnte man als nativistische oder fundamentalistische Reaktion bezeichnen); oder sie relativieren ihre eigenen Traditionen ebenso wie die fremden und gelangen über Reflexion zu allgemeineren, universalistischen Orientierungen, in denen relativ abstrakt formulierte 'Menschenrechte' mit Toleranz gegenüber konkreten anderen Lebensformen gekoppelt wird. (Dies ist, so hoffen wir, der Weg, den die Weltgesellschaft gehen wird).

Leider ist dieser dritte Weg von seinen kognitiven Voraussetzungen her sehr anspruchsvoll, weil auf ihm Bewertungsprozesse, die sonst fortlaufend vorgenommen werden, suspendiert und Alternativen erst einmal als gleichberechtigt anerkannt werden müssen. Darüber hinaus müssen schließlich die eigenen ebenso wie die fremden Lebensformen vor recht abstrakten Kriterien, wie sie etwa in den Menschenrechten formuliert sind, legitimiert werden. Dieser Weg wird darum von 'Gebildeten' eher beschritten als von anderen Bevölkerungsgruppen, wie gegenwärtig wieder in der negativen Korrelation von Bildung und Fremdenfeindlichkeit in Ost und West zum Ausdruck kommt. Aus diesem Zusammenhang kann jedoch nicht geschlossen werden, daß Bildung im allgemeinen das Problem lösen könne, denn Bildung öffnet auch für Ideologien. Die Erfahrung von Fremdheit bei Angehörigen anderer Kulturen ist ein reales Phänomen und nur über langfristige Lernprozesse zu überwinden. Die schwierige, aber erfolgreiche Assimilation der Einwanderungsströme der Hugenotten im 18. Jahrhundert (auch damals mußten Siedlungen bewacht werden), der Polen

im 19. und 20.Jahrhundert ('die Polacken') sowie der 'Flüchtlinge' in den 50er Jahren zeigt, daß dies schlußendlich möglich ist. Ethnische Konflikte machen gleichermaßen deutlich, daß diese Erfolge nicht selbstverständlich sind.
Politisch brisant werden die Fremdheitserfahrungen nämlich, wenn sie zu bestimmenden Dimension der Selbstdefinition von Menschen in einzelnen Bevölkerungsgruppen wird. Ohne Zweifel ist jegliche Selbstdefinition auf Fremddefinition angewiesen. Typischerweise bestimmen wir uns selbst, unsere eigene Identität durch eine Fülle von unterschiedlichen Zugehörigkeiten und Nicht-Zugehörigkeiten, die insgesamt sich wechselseitig relativieren. Familie, Heimat, Nation, Glaube, Beruf, Generationserfahrungen und schließlich Hobbies tragen in unterschiedlichem Ausmaß zur Identität bei. Diese Balance zwischen unterschiedlichen Identitätsdimensionen kann jedoch bei zusätzlichen Belastungen und Verunsicherungen aus dem Gleichgewicht geraten. Drei Bedingungen sind hier zu benennen. Die erste ist mit der Konkurrenz bzw. dem Kampf um knappe Güter gegeben, die eine Fremdheitserfahrung rasch in ein Feindbild umschlagen lassen. Darum sollten wir vermutete und reale Konkurrenzsituationen nicht übersehen, die als Kristallisationspunkte dienen können: die Konkurrenz um Wohnraum, um Arbeitsplätze, Sozialhilfe, um die Sprache in der Schulklasse, um die Geltung der eigenen Gruppe oder Clique im Stadtviertel. Dabei muß es nicht notwendig zur tatsächlichen Konkurrenz kommen. Ängste führen zur Einstellungsänderung und haben Handlungskonsequenzen, lange bevor Ereignisse eintreten, vor denen sich die Menschen fürchten. Und bevor auch nur Ängste auftreten, können Vorstellungen von Ungerechtigkeiten bereits mobilisierend wirken. Fremdenfeindlichkeit dieser Art muß auch nicht autoritären Charakterzügen entspringen. Auch andere Menschen teilen ungern! Obendrein wird der abstrakte Gleichheitsgrundsatz der modernen Demokratie in multikulturellen Gesellschaften typischerweise durch ethnisch definierte Solidaritätslinien relativiert. Bei Majoritäten sprechen wir dann von Ausländerfeindlichkeit oder Rassismus. Bei Minoritäten akzeptieren wir diese Solidaritätslinien, weil wir ihnen kulturelle Selbstbehauptung zubilligen. Eben daraus resultieren jedoch höchst reale Konflikte, z.B. wenn sich die Mehrheitsverhältnisse in einzelnen Schulklassen oder Stadtvierteln umzukehren beginnen und die ethnische Solidarität der Majorität virulent wird.

Eine zweite Bedingung für Fremdenfeindlichkeit hat mit den Fremden selbst nicht notwendig etwas zu tun. Aus einem Feindbild erwächst ein kaum korrigierbares Vorurteil, wenn dieses uns dabei hilft, ein positives Selbstbild angesichts bestehender Belastungen zu bewahren. (Wenn wir selbst in der Konkurrenz um eine berufliche Position oder um einen geliebten Menschen unterlegen sind, 'hilft' es uns, wenn wir den erfolgreichen Konkurrenten und - wenn der nicht 'angreifbar' ist - andere schlecht machen. Mißerfolg ist mit der Annahme leichter zu ertragen, daß er durch illegitime Mittel anderer, z.B. durch 'Seilschaften' oder Privilegierung) verursacht ist. Eine dritte Bedingung für Fremdenfeindlichkeit und nun speziell Rassismus liegt darin, daß Menschen, die sich der Leistungsgesellschaft nicht oder nicht mehr gewachsen fühlen, versucht sind, diese tiefgreifenden Verunsicherungen mit der Aufwertung 'angeborener' Merkmale zu kompensieren: wie dem Geschlecht oder der ethnischen Herkunft, was dann einhergeht mit der Abwertung anderer Menschen, die diese Merkmale nicht haben. Für sie werden dann rassistische Ideologien plausibel.
Alle drei Bedingungen sind in der Bundesrepublik gegeben: Es gibt Vorstellungen von Ungerechtigkeit, reale und vermutete Konkurrenzverhältnisse mit Einwanderern auf individueller, nachbarschaftlicher und kommunaler Ebene, insbesondere in niedrig qualifizierten Bevölkerungsgruppen. Dazu möchten wir ausdrücklich auch die Situation in den Nachbarschaften der Asylbewerberunterkünfte rechnen. Wenn wir überfüllte und unbetreute 'Heime' in Wohngebiete drücken, erzeugen wir vielfach die Fremdenfeindlichkeit, die wir den Anwohnern und Nachbarn anschließend vorwerfen. Es gibt Belastungen (nicht nur in den neuen Bundesländern), die es vielen erschweren, ein positives Selbstbild zu entwickeln. Und es gibt schließlich die Zweifel von 'Sitzenbleibern' und 'Absteigern', ob sie der Konkurrenzgesellschaft überhaupt gewachsen sind.
Die Entwicklungslinien deuten darauf hin, daß mit forschreitender Einwanderung Ethnizismus zu einer zentralen Dimension der Politik werden kann. Nichts spricht dafür, daß wir Deutsche darauf besser vorbereitet sind als Briten und Franzosen. Wenn, wie wir glauben, der Weg in eine multikulturelle Weltgesellschaft angesichts der weltwirtschaftlichen Verflechtung unausweichlich ist, wenn die westlichen Industriestaaten die Einwanderung nur begrenzt kontrollieren können, dann liegen erhebliche Anstrengungen vor uns. Ihr Ort werden die Ge-

meinden sein, in denen die Integrationsarbeit geleistet werden muß. Fremdheitserlebnisse müssen verarbeitet, Solidaritätslinien über Nachbarschaften und Vereine aufgebaut, kulturelle Standards relativiert werden und zwar durch die unmittelbare Begegnung und Kooperation einzelner Menschen miteinander, in der, wie wir wissen, Vorurteile am ehesten abgebaut werden können. Integration ist dann möglich, wenn wir die notwendige Zeit für entsprechende Lernerfahrungen und Veränderungen finden und die Zahlenrelationen und Verfahrenspraxis nicht von vornherein zu Ghettos und kollektiver Abgrenzung führen.

10. Was tun?

Die Entwicklung fremdenfeindlicher und rechtsradikaler Gewalt kann nicht hinreichend als Resultat gesellschaftlicher und ökonomischer Krisensituationen, erzieherischer Defizite oder gewaltaffiner jugendlicher Subkulturen verstanden werden. Sie ist auch Ausdruck eines grundlegenden gesellschaftlichen Konfliktes um die Einwanderung, der angesichts der Massierung von Aussiedlern und Asylbewerbern an vielen Orten Deutschlands aufbrach. Aufgrund zusätzlicher Bedingungen, zum Beispiel der Schwäche der Polizei in den neuen Bundesländern, erschien vielen die Gewalt als erfolgreiches und 'legitimes' Mittel der Interessenartikulation und wurde bundesweit nachgeahmt. Wenn dies richtig ist, dann werden Empfehlungen zur langfristigen Prävention von Gewalt und Rechtsextremismus sich auch auf diesbezügliche Konfliktthemen und Konfliktursachen beziehen müssen. Angesichts der in die Bundesrepublik eingewanderten Bevölkerungsgruppen ist insbesondere eine Sequenz von Segregation, Stigmatisierung und Konflikt zu vermeiden. Von daher sind zunächst entsprechende politische Entscheidungen und Weichenstellungen bezüglich einer *vernünftigen Einwanderungspolitik*, einer Arbeitsmarkt- und *Integrationspolitik* zu fordern, die Konkurrenzverhältnisse entschärft und zugleich die Möglichkeit der Ausweitung von Solidaritätserfahrungen über ethnische Grenzen hinweg zum Ziel hat. Auf der einen Seite sind Partizipationschancen durch die Institutionalisierung spezifischer Vertretungsorgane, die Einführung eines kommunalen Wahlrechts für Ausländer und auch durch eine Vereinfachung der Erlangung der staatsbürgerlichen Rechte vorzusehen. Die Integration von und das Zusammenleben mit neuen ethnischen und kulturellen Gruppen wird aber andererseits langfristig nur dann erfolgreich gelingen können, wenn eine vorsichtige (und familienfreundliche) Begrenzung und Kontrolle der Einwanderung dafür sorgt, daß die Integrations- und Lernfähigkeit der Gesellschaft der Bundesrepublik nicht überfordert wird. Entsprechende Schritte einer langfristig orientierten Prävention und Konfliktregulierung werden notwendig sein, wenn man einer ethnischen Segmentierung der Gesellschaft und einer Verfestigung von sozialen und politischen Konflikten entlang ethnischer Trennlinien vorbeugen und entgegenwirken will. Sie werden jedoch für sich allein weder die fremdenfeindlichen Gewalttaten vollends reduzieren können, noch sind sie eine Antwort auf die gegenwärtigen Potentiale von jugendlichen Rechtsradikalen und fremdenfeindlichen Subkulturen. Von daher wird man zusätzlich überlegen müssen, welche Maßnahmen sofort ergriffen werden können.

Angesichts der aktuellen Bedrohung ist an erster Stelle ein verbesserter Schutz von ausländischen Mitbürgern und Asylbewerbern notwendig. Hier ist an eine Reihe einfacher *sicherheitstechnischer Maßnahmen* zu denken, die bisher nur vereinzelt eingesetzt wurden. Zudem wäre zu erwägen, ob nicht der Bundesverband für den Selbstschutz, der in den vergangenen Jahrzehnten die Ausrüstung von Häusern und Schutzräumen u.ä. gefördert hat und bis heute Geschäftsstellen im ganzen Land unterhält, als Träger für diese dringend notwendige Maßnahmen des Selbstschutzes geeignet wäre.

Zur Sicherstellung wirkungsvoller Sanktionsdrohungen gegen Gewalttäter wird es notwendig sein, die *polizeiliche Kontrolle* zu verbessern, was nicht ohne personelle Aufstockungen zu gewährleisten ist. Da jedoch die potentiellen Ziele und Opfer fremdenfeindlicher Gewalt längst nicht alle überwacht werden können, sind hier auch Überlegungen gefordert, die auf eine *verbesserte Zusammenarbeit* zwischen der Polizei und der Bevölkerung abzielen. Inbesondere auf kommunaler Ebene wird es darauf ankommen, gezielte Kontakte und Kooperationen mit der Bevölkerung aufzubauen (etwa nach Art der police-community-groups in Großbritannien) und notfalls auch freiwillige Wachdienste zu organisieren. So wird man auch darüber nachdenken müssen, die Rolle des *Gemeinwesenarbeiters* in den Kommunen zu stärken und als eine Art Ansprechpartner und Konfliktvermittler für alle Bevölkerungsgruppen auszubauen, vor dem Probleme mit und Ängste vor Anderen ohne Gefahr der Stigmatisierung (als 'Rassist', als Rechter) oder der Diskriminierung (als 'Ausländer' und 'Asylant') artikuliert werden können.

Zugleich aber ist langfristig auch durch *Rekrutierung von Polizeibeamten aus ethnischen Minoritäten* der besonderen Situation in den Ländern und Kommunen Rechnung zu tragen. Dies ist nicht nur eine zentrale Voraussetzung für die polizeiliche Kommunikationsfähigkeit in Konflikten zwischen unterschiedlichen ethnisch-kulturellen Gruppen, sondern würde - angesichts einer sich entwickelnden 'Gegengewalt' besonders dringlich - auch dem zunehmendem Mißtrauen ausländischer Gruppen gegenüber einer 'deutschen' Polizei entgegenwirken.

Der Beitrag der *Justiz* zur Einordnung und Prävention fremdenfeindlicher Gewalt wird nicht so sehr von der Höhe und der Härte der Strafen abhängig sein, als von der Schnelligkeit, mit der auf entsprechende Taten reagiert wird. Nur so kann sichergestellt werden, daß der Zusammenhang zwischen Tat und Sanktion für die Jugendlichen mittelbar deutlich wird und Staat und Gesellschaft als wehrhaft und verteidigungsbereit wahrgenommen werden. Eine Abschaffung oder Veränderung des Jugendstrafrechtes erscheint dagegen nicht notwendig und auch nicht vielversprechend. Das Jugendstrafrecht bietet insgesamt hinreichende Möglichkeiten, um die Schwere der Tat deutlich zu machen. Mehr als das Erwachsenenstrafrecht offeriert es zusätzliche Handlungsmöglichkeiten, die darauf abzielen das Verfahren für die Initiierung von *Lernprozessen* zu nutzen und den Jugendlichen vor Negativkarrieren von Stigmatisierung, Ausgrenzung und Verfestigung krimineller Verhaltensweisen zu bewahren. In den Urteilen sollte jedoch nicht verschwiegen werden, wenn es sich um 'volksverhetzende' oder menschenrechtswidrige Aktionen handelt.

Die *sozialpädagogische Jugendarbeit* muß versuchen zu den bestehenden gewaltaffinen Gruppen und Subkulturen Kontakt aufzunehmen und die Isolation dieser Gruppen zu durchbrechen, selbst wenn die Erfolgsaussichten entsprechender Interventionen bei Gruppen, die sich bereits um Gewaltbereitschaften bzw. politische Parolen herum verfestigt haben, eher gering sind. Dennoch wird es notwendig sein, entsprechende Angebote zu machen - selbst wenn es nur darum geht, im Einzelfall schlimmeres zu vermeiden und in Konfliktsituationen zu deeskalieren.

Wichtiger sind jedoch *konkrete Angebote zur Integration in feste Gruppen* für die heute 10- bis 14jährigen, die häufig nach Zugehörigkeiten suchen und in ihren Meinungen und politischen Einstellungen noch nicht festgelegt sind. Ihnen Lösungen für ihre Probleme aufzuzeigen und Alternativen zur Gewalt plausibel zu machen ist ebenso notwendig wie die Bereitschaft, für jene, die bereits straffällig und gewalttätig geworden sind, 'Rückwege' in die Gesellschaft offen zu halten. Hier dürfte insbesondere der *Erlebnispädagogik* eine besondere Rolle zukommen, da sie in der

Lage ist, für Jugendliche mit aggressionsaffinen Bedürfnislagen entsprechende Angebote zu machen.

Ein wichtiger Beitrag kommt auch der *politischen Bildung* zu. Hier steht insbesondere die Prävention rassistischer und ethnozentristischer Feindbilder und Vorurteile im Vordergrund. Zwischen verschiedenen ethnischen Gruppen mit ihren eigenen kulturellen Werten und Ritualen und ihren jeweils unterschiedlichen ökonomischen Interessenlagen sind für alle multiethnischen Gesellschaften und ihre jeweiligen Mehrheits-Minderheitsverhältnisse Konflikte und Kommunikationsprobleme zu erwarten. Hier wird es darauf ankommen, Kommunikation und Austausch über ethnische Grenzen hinweg zu fördern und einer gesellschaftlichen Segregation oder gar Segmentierung entlang ethnischer Linien vorzubeugen.

Ansätze hierzu sind insbesondere in den Hauptschulen und berufsbildenden Schulen notwendig. Hier wird die Konkurrenz mit ausländischen Schülern und Lehrlingen um Arbeitsplätze und Lehrstellen aber auch in persönlichen Beziehungen unmittelbar erfahren. Besonders dramatisch wird es in den Schulen, in denen die traditionellen Mehrheits-/Minderheitsverhältnisse zwischen Deutschen und Ausländern umzukippen drohen, so daß rassistische Bedrohungs- und Überfremdungsvorstellungen für manche an Plausibilität gewinnen. Für die Integration fremder Mitbürger, für das Erlernen von Toleranz und Solidarität zwischen verschiedenen ethnischen Gruppen und für das Einüben von Kooperationspraktiken sind daher gerade die Haupt- und Berufsschulen von großer gesellschaftlicher Bedeutung.

Gerade diese Schulen sind jedoch in den letzten Jahren aufgrund von Selektionsprozessen mit 'Problemfällen' belastet, als 'Negativauslese' diffamiert und bildungspolitisch dann auch vernachlässigt worden. Im Hinblick auf die zukünftigen Aufgaben und gesellschaftlichen Funktionen ist daher eine *Neubewertung und Weiterentwicklung der Grund- und Hauptschulen sowie der Berufsschulen dringend notwendig*. Dies betrifft sowohl die Qualifikation und Bezahlung der Lehrer, als auch die schulische Praxis einer multikulturellen und gewaltbewußten Erziehung. Eine Evaluation der an den Schulen betriebenen Gemeinschaftskunde aber auch der Schulkultur könnte über den gegenwärtigen Stand informieren. Fremdenfeindliche und gewalttätige Jugendliche zeichnen sich insbesondere durch mangelnde Empathiefähigkeit, fehlende pro-soziale Motivationen und ein defizitäres Verständnis der praktischen Bedeutsamkeit demokratischer Verfahren und zivilisatorischer Regeln aus. Hier kann eine allein auf kognitive Wissensvermittlung ausgerichtete politische Bildung nur wenig bewirken. Von daher wird es darauf ankommen, andere Verfahren der *Einübung sozial-kognitiver Kompetenzen* und von *Verstehensbereitschaften* zu entwickeln und einzusetzen. Erfolgreiche Konzepte und Programme multikultureller, (und damit auch gegen Gewalt und Aggression ausgerichteter) Erziehung liegen in einer Reihe von Ländern vor und sind in Deutschland im Rahmen der internationalen Jugendbegegnung sowie der Entwicklungshilfeorganisationen ausgearbeitet worden. Sie fordern vor allem selbst organisierte und selbst gesteuerte Projektarbeit, Rollenspiele, Theaterarbeit etc. in den Schulen und verknüpfen das *Erlernen allgemeiner demokratischer Verfahren und Fairneßregeln mit der unmittelbaren schulischen Praxis.* Die Thematisierung des Geschehens auf dem Pausenhof kann wchtiger sein als die Jahreszahlen von großen Schlachten. Deshalb gehört das Thema Gewalt und Aggression in die Erziehung und den Unterricht hinein. Es gilt, Aggressions- und Gewaltpotentiale nicht weiter zu verdrängen und zu verleugnen, sondern als etwas (auch bei den Erziehern und Lehrern selbst) existentes zu thematisieren und einen anderen Umgang mit ihnen zu erproben.

Darüber hinaus gilt es, friedliche und *demokratische Formen der Konfliktbearbeitung und Kooperation* zu entwickeln und ein Bewußtsein von ihrer Brauchbarkeit und Notwendigkeit zu entwickeln. Dies wird erleichtert, wenn die Perspektive der jeweils anderen Seite bekannt ist und zumindest ansatzweise (imaginativ) nachvollzogen werden kann. *Empathie*, die *Übernahme der Perspektive der Anderen* ist eine der wenigen Chancen zur Relativierung der eigenen Perspektive und damit zur Vermittlung zwischen einander fremden und feindlichen Perspektiven.

Solche Erfahrungen können über den Medienbereich hinaus vor allem im Schulunterricht und in der *politischen Jugend- und Erwachsenenbildung* systematisch eingebaut werden. Selbst in der unmittelbaren Vorbereitung auf öffentliche Konflikte ist ein solches Konzept einsetzbar, da die Akteure in der Regel ein zunächst strategisches Interesse haben, die Perspektive der Anderen kennenzulernen. Allerdings zeigt sich, daß die strategische Motivation, die Bereitschaft des Verstehens nicht nur fördert, sondern auch begrenzt, und das entsprechende Verfahren nur bis zu einer spezifischen Intensitätsstufe des Konfliktes einsetzbar ist: Haß und vollends Gewalt lassen die Bereitschaft zur Perspektivenübernahme erheblich absinken (Eckert/Willems/Goldbach 1992).

Um so wichtiger scheint das Training der Perspektivenübernahme im Vorfeld zu sein. Entsprechende Möglichkeiten anzubieten sollte nicht nur Aufgabe der schulischen und außerschulischen Bildung sowie der sozialpädagogischen Jugendarbeit sein, sondern darüber hinaus auch in der *Arbeit von Vereinen, Verbänden und Kommunen Berücksichtigung* finden. Nur so kann vielfach die Erfahrung gemacht werden, daß neben der eigenen Weltsicht auch andere, legitime Perspektiven existieren, und daß es trotz unterschiedlicher Sichtweisen Verständigungsmöglichkeiten gibt.

Mit den Lichterketten und Anti-Gewalt-Demonstrationen Ende des letzten Jahres wurde der Versuch gestartet, angesichts einer zunehmenden Fremdenfeindlichkeit und Ausbreitung politisch rechter Einstellungen und Forderungen die *kulturelle Hegemonie solidarischer und kosmopolitischer Einstellungen und Werthaltungen wiederherzustellen.* Entsprechende Ansätze und Initiativen sind zu stärken und weiter auszubauen. Es muß gerade auch in der Öffentlichkeit deutlich gemacht werden - was auch durch die hier referierten Einstellungsuntersuchungen belegt wurde - , daß der Fremdenhass und die fremdenfeindliche Gewalt in Deutschland keine Mehrheit finden, und daß die demokratischen Kräfte der zivilen Bürger-Gesellschaft nicht bereit sind, Brandanschläge, Gewalttaten und Hetze gegen ausländische Mitbürger tatenlos hinzunehmen. Dies gibt jenen Kraft, die bereit sind, sich um die Belange der Ausländer zu kümmern und für ihren Schutz und ihre Integration zu sorgen. Und es weist jene rechten und rechtsradikalen Parteien und Gruppierungen, die sich bereits wie die 'Fische im braunen Wasser' zu fühlen begannen, auf die Grenzen ihrer Einflußmöglichkeit hin und macht ihnen deutlich, daß sie eine Minderheit bleiben werden.

'Erfolg' ist nach wie vor die wichtigste Antriebskraft der eskalierenden Gewalt. Deshalb gilt es deutlicher und entschiedener als bisher zu verhindern, daß Gewalt als 'erfolgreich' erfahren werden kann. Dies ist eine Aufgabe, die nicht von Polizei und Justiz allein bewältigt kann. Von besonderer Bedeutung wird sein, das Bewußtsein von den zivilisatorischen Standards und Regeln des sozialen Miteinander als den notwendigen Grundlagen und Fundamenten unserer Gesellschaft angesichts der aktuellen Konflikte zu stärken. Freilich wird es bei der *Stärkung dieser grundlegenden Aspekte der politischen Kultur* des demokratischen und weltoffenen Deutschland darauf ankommen, nicht mit alten Feindbildern die Artikulation von vorhandenen Sorgen und Ängsten zu unterdrücken: Fremdenangst ist nicht Fremdenfeindlichkeit (Johannes

Rau), die Thematisierung von Fremdenangst und eine offene Diskussion über Probleme und Schwierigkeiten des Miteinanderlebens von ansässigen und eingewanderten Gruppen muß ohne Angst vor Stigmatisierung möglich sein. Nur dann nämlich werden wir verhindern können, daß sich berechtigte Sorgen und Probleme nur noch in rechten Foren artikulieren und sich Fremdenangst in Fremdenhass verwandelt.

Anhang

Tab. 2.3: Pattern Matrix ALLBUS 1980

	FACTOR 1	FACTOR 2	FACTOR 3
V101	.697	-.021	.022
V102	.793	-.030	-.009
V103	.794	.019	.052
V104	.759	.019	-.088
V88	-.122	.803	-.066
V334	.101	.866	.061
V106	-.054	-.101	-.660
V107	-.076	.111	-.728
V108	.217	.005	-.616
Erkl. Varianz der Faktoren	28.3%	16.1%	13.5%

Anm.: V101 bis V104 = "Gastarbeiter-Items"
V88 und V334 = subjektive Schichteinordnung
V106 bis V108 = Kontakt zu Gastarbeitern

Tab. 2.4: Pattern Matrix ALLBUS 1984

	FACTOR 1	FACTOR 2	FACTOR 3
V127	.678	-.042	.018
V128	.753	.064	-.023
V129	.822	-.051	.075
V130	.733	.052	-.069
V69	-.001	-.028	.939
V132	-.065	.670	-.146
V133	-.028	.693	.310
V134	.220	.599	-.124
Erkl. Varianz der Faktoren	31.4%	14.4%	12.1%

Anm.: V127 bis V130 = "Gastarbeiter-Items"
V69 = subjektive Schichteinordnung
V132 bis V134 = Kontakt zu Gastarbeitern

Tab. 2.5: Pattern Matrix ALLBUS 1988

	FACTOR 1	FACTOR 2	FACTOR 3
V10	.724	.017	-.048
V11	.819	-.014	.017
V12	.829	.046	-.026
V13	.714	-.044	.088
V106	-.053	.846	-.002
V511	-.071	-.878	-.008
V15	.000	-.065	.649
V16	-.103	.114	.730
V17	.161	-.046	.682
Erkl. Varianz der Faktoren	30.3%	16.7 %	13.1 %

Anm.: V10 bis V13 = "Gastarbeiter-Items"
V106 und V511 = subjektive Schichteinordnung
V15 bis V17 = Kontakt zu Gastarbeitern

Tab. 2.6: Pattern Matrix ALLBUS 1990

	FACTOR 1	FACTOR 2	FACTOR 3
V50	.681	-.026	.082
V51	.822	.014	-.005
V52	.797	.046	-.047
V53	.746	-.035	.001
V110	-.058	.852	.035
V450	-.071	-.890	.028
V55	.036	-.053	.661
V56	-.138	.068	.781
V57	.174	-.018	.628
Erkl. Varianz der Faktoren	39.5%	16.4%	13.0%

Anm.: V50 bis V53 = "Gastarbeiter-Items"
V110 und V450 = subjektive Schichteinordnung
V55 bis V57 = Kontakt zu Gastarbeitern

Tab. 2.7: Pattern Matrix ALLBUS 1990 mit unterschiedlichen Operationalisierungen für Ethnozentrismus

	FACTOR 1	FACTOR 2	FACTOR 3
V214	.651	-.014	-.134
V215	.766	.009	.004
V216	.758	.007	-.168
V217	.810	.053	-.086
V50	.516	-.065	.239
V51	.660	-.019	.153
V52	.625	.008	.124
V53	.565	-.079	.169
V55	-.019	-.074	.689
V56	-.074	.097	.699
V57	.197	.002	.591
V110	-.063	.846	.053
V450	-.072	-.890	.006
Erkl. Varianz der Faktoren	31.7%	11.4%	9.5%

Anm.: V50 bis V53 = "Gastarbeiter-Items"
V214 bis v218 = "Zuzugsbeschränkungs-Items"
V110 und V450 = subjektive Schichteinordnung
V55 bis V57 = Kontakt zu Gastarbeitern

Tab. 2.8: Pattern Matrix ALLBUS 1991

	FACTOR 1	FACTOR 2
V68	.716	.053
V69	.722	.081
V70	.719	-.158
V71	.817	-.029
V48	-.057	.848
V41	.049	.878
Erkl. Varianz der Faktoren	40.0%	22.8%

Anm.: V50 bis V53 = "Zuzugsbeschränkungs-Items"
V110 und V450 = subjektive Schichteinordnung

Tab. 2.9: Pattern Matrix ALLBUS 1992

	FACTOR 1	FACTOR 2
V41	.691	.050
V42	.722	.061
V43	.706	-.147
V44	.816	-.008
V39	-.040	.854
V529	-.035	-.877
Erkl. Varianz der Faktoren	40.0%	22.8%

Anm.: V50 bis V53 = "Zuzugsbeschränkungs-Items"
V110 und V450 = subjektive Schichteinordnung

Tab. 2.18: Regressionsanalyse: abhängige Variable ETHNO

ALLBUS 1980

Variable	B	SE B	Beta	T	Sig T
V134 Bildung	-.379	.052	-.223	-7.22	.0000
V218 Alter	.024	.002	.253	9.37	.0000
V119 L-R-Orient.	.114	.023	.131	4.94	.0000
V217 Bild. Vater	-.200	.059	-.103	-3.37	.0008
(Constant)	4.025	.228		17.61	.0000

Multiple R	.463	Adjusted R Square	.211
Standard Error	1.477	Minimum Pairwise N of Cases	=1144

(Fortsetzung nächste Seite)

Tab. 2.18: Fortsetzung

ALLBUS 1984

Variable	B	SE B	Beta	T	Sig T
V9 Bildung	-.415	.045	-.270	-9.19	.0000
V242 Alter	.024	.002	.267	9.25	.0000
V402 Ortsgröße	-.052	.023	-.064	-2.27	.0231
(Constant)	4.519	.217		20.75	.0000

Multiple R	.439	Adjusted R Square	.190
Standard Error	1.488	Minimum Pairwise N of Cases =	1038

ALLBUS 1988

Variable	B	SE B	Beta	T	Sig T
V154 Bildung	-.326	.045	-.217	-7.09	.0000
V433 Alter	.021	.002	.232	8.45	.0000
V101 L-R-Orient	.174	.025	.181	6.76	.0000
V106 Schicht	-.229	.075	-.088	-3.02	.0025
V431 Religion	.251	.088	.073	2.83	.0047
(Constant)	3.535	.263		13.42	.0000

Multiple R	.462	Adjusted R Square	.210
Standard Error	1.510	Minimum Pairwise N of Cases =	1186

ALLBUS 1990

Variable	B	SE B	Beta	T	Sig T
V221 Bildung	-.418	.047	-.296	-8.76	.0000
V368 Alter	.025	.003	.267	7.84	.0000
V109 L-R-Orient.	.134	.028	.153	4.71	.0000
(Constant)	3.050	.273		11.15	.0000

Multiple R	.513	Adjusted R Square	.260
Standard Error	1.438	Minimum Pairwise N of Cases =	727

Tab. 2.19: Regressionsanalyse: abhängige Variable ZUZUG

ALLBUS 1991 (nur Befragte aus alten Bundesländern)

Variable	B	SE B	Beta	T	Sig T
V140 Bildung	-.494	.058	-.314	-8.51	.0000
V118 L-R-Orient.	.105	.035	.109	2.95	.0032
(Constant)	8.739	.280		31.105	.0000

Multiple R	.348	Adjusted R Square	.118
Standard Error	1.700	Minimum Pairwise N of Cases =	665

ALLBUS 1992 (nur Befragte aus alten Bundesländern)

Variable	B	SE B	Beta	T	Sig T
V147 Bildung	-.376	.054	-.246	-6.87	.0000
V80 L-R-Orient	.171	.028	.188	5.98	.0000
V39 Schicht	-.262	.089	-.100	-2.93	.0034
V317 Alter	.007	.003	.071	2.18	.0289
(Constant)	8.479	.32		26.40	.0000

Multiple R	.403	Ajusted R Square	.158
Standard Error	1.597	Minimum Pairwise N of Cases =	894

Literatur

ADORNO, TH. W. (1973): Studien zum autoritären Charakter. Frankfurt/M..
ALLERBECK, K.R. (1982): Ein Generationenkonflikt? In: Jugend, Jugendprobleme, Jugendprotest. Band 1062: Bürger im Staat. Stuttgart; S. 70ff
BARNES, S.H./KAASE, M. et al. (1979): Political Action. Mass Participation in Five Western Democracies. Beverly Hills, London
BAUER, P./NIEDERMAYER, O. (1990): Extrem rechtes Potential in den Ländern der Europäischen Gemeinschaft. In: Aus Politik und Zeitgeschichte. Beilage zur Wochenzeitung Das Parlament, B46-47; S. 15-26
BEHNKEN, I. et al. (1991): Schülerstudie '90. Jugendliche im Prozeß der Vereinigung. Weinheim und München
BKA, ABTEILUNG STAATSSCHUTZ (1992): Lagebericht - Fremdenfeindliche Straftaten im Jahr 1991. Meckenheim
BKA, ABTEILUNG STAATSSCHUTZ (1993): Lagebericht 1992 - Rechtsextremismus, Rechtsterrorismus und fremdenfeindlich motivierte Straftaten. Meckenheim
BKA, ABTEILUNG STAATSSCHUTZ (1993): Bundeslagebild: Fremdenfeindliche Straftaten in der BRD, Zeitraum 01.01.-30. 04.1993. Meckenheim
BKA, ABTEILUNG STAATSSCHUTZ (1993): Halbjahresbericht. 1. Halbjahr 1993. Rechtsextremismus/-terrorismus und fremdenfeindlich motivierte Straftaten. Stand: 15.08.1993 Meckenheim
BOHRNSTEDT, G.W. (1983): Measurement. In: ROSSI, P.H./ WRIGHT, J.D./ANDERSON, A.B.(Hg.): Handbook of Survey Research, Orlando, S.69-121
BRAUN, R. (1990): Beziehungen zwischen Gruppen. In: STRÖBE, W. et al. (1990): Sozialpsychologie. Hamburg, S.400-432
BUNDESMINISTER DES INNERN (Hg.): Verfassungsschutzbericht 1991. Bonn
BUNDESMINISTER DES INNERN (Hg.): Verfassungsschutzbericht 1992. Bonn
CLAESSENS, D./de AHNA, K. (1982): Das Milieu der Westberliner 'scene' und die 'Bewegung 2. Juni'. In: von BAEYER-KATTE, W. et al. (1982): Gruppenprozesse. Band 3 der Analysen zum Terrorismus. Opladen

DAVIES, J.C. (1969): The J-curve of rising and declining satisfaction as a cause of some great revolutions and a contained rebellion. In: GRAHAM, H.D./GURR, T.R. (Hg.): The history of violence in America. New York

DEUTSCHES JUGENDINSTITUT (DJI)(1992): Schüler an der Schwelle zur deutschen Einheit. Politische und persönliche Orientierungen in Ost und West. Opladen

DEUTSCHES JUGENDINSTITUT (DJI)(Hg.)(1993): DJI-Jugendsurvey 1992. Erste Analysen und Ergebnisse. München

DOLL, H.-J. (1991): Die aktuelle Situation des Rechtsextremismus in der Bundesrepublik Deutschland unter besonderer Berücksichtigung der Aktivitäten in den neuen Bundesländern (Stand: Januar 1991). In: BUNDESMINISTER DES INNERN (Hg.): Rechtsextremismus in der Bundesrepublik Deutschland - aktueller Stand. Bonn; S. 80-100

ECKERT, R. (1978): Terrorismus als Karriere. Einige Entstehungsbedingungen politisch motivierter Gewaltkriminalität. In: GEIßLER, H. (Hg.): Der Weg in die Gewalt. München, Wien

ECKERT, R. (1990): Aggressive Gruppen. In: DVJJ (Hrsg.): Mehrfach Auffällige - Mehrfach Betroffene. Dokumentation des 21. Deutschen Jugendgerichtstag, 30.09-04.10.1989 in Göttingen. Godesberg

ECKERT, R. (1992a): Nullsummenideologien in der Gewaltforschung. In: Soziologische Revue, Jg. 15, 1992, S.127-133

ECKERT, R. (1992b): Politische Beteiligung, Proteste und Gewalttätigkeit. In: STARZACHER, K. et al.(Hg.): Protestwähler und Wahlverweigerer. Krise der Demokratie? Köln, S.77-93

ECKERT, R. (1992c): Gewalt, Kontrolle der Gewalt und Kontrolle der Kontrolleure. Erscheint in: SCHÄFERS, B. (Hg.) (im Druck): Lebensverhältnisse und soziale Konflikte im neuen Europa. Verhandlungen des 26. Soziologentages in Düsseldorf 1992. Frankfurt

ECKERT, R. (1993a): Vom 'Schläger' zum 'Kämpfer' - Jugendgewalt und Fremdenfeindlichkeit. In: Der Bürger im Staat 2/1993; S. 135-142

ECKERT, R. (1993b): Gesellschaft und Gewalt - ein Aufriß. In: Soziale Welt, Jg. 44, Heft 3, 1993, S.358-374

ECKERT, R./WILLEMS, H. (1984): Stellungnahme zu der Anhörung des Rechtsausschusses des Deutschen Bundestages am 12. 12.1984 bezüglich Strafrechtsänderungsgesetz 125 StGB (Demonstrationsrecht). Trier

ECKERT, R./WILLEMS, H. (1986): Youth Protest In Western Europe: Four Case Studies. In: Research in Social Movements, Conflicts and Chance, vol. 9, pages 127-153

ECKERT, R./WILLEMS, H. (1993a): Politisch motivierte Gewalt. In: INFORMATIONSZENTRUM SOZIALWISSENSCHAFTEN (Hrsg): Gewalt in der Gesellschaft. Eine Dokumentation zum Stand der Sozialwissenschaftlichen Forschung seit 1985. Bonn, S. 24-59

ECKERT, R./WILLEMS, H. (1993b): Fremdenfeindliche Gewalt. In: Neue Justiz (im Druck)

ECKERT, R./ KAASE, M./ NEIDHARDT, F. (unter Mitarbeit von H. WILLEMS) (1990): Ursachen, Prävention und Kontrolle von Gewalt aus soziologischer Sicht. In: SCHWIND, H.-D., BAUMANN, J. et al. (Hrsg): Ursachen, Prävention und Kontrolle von Gewalt. Analysen und Vorschläge der Unabhängigen Regierungskommission zur Verhinderung und Bekämpfung von Gewalt. Band II. Berlin; S. 294-414

ECKERT, R./WILLEMS H./GOLDBACH, H. (1992): Konfliktintervention. Perspektivenübernahme in gesellschaftlichen Auseinandersetzungen. Opladen

ECKERT, R./WILLEMS, H./WOLF, M. (1990): Gewaltberichte aus Großbritannien. Vorschläge der in Großbritannien eingesetzten Untersuchungskommission zur Verhinderung oder Begrenzung ethnisch begründeter Konflikte. In: SCHWIND, H.-D., BAUMANN, J. et al. (Hrsg): Ursachen, Prävention und Kontrolle von Gewalt. Analysen und Vorschläge der Unabhängigen Regierungskommission zur Verhinderung und Bekämpfung von Gewalt (Gewaltkommission). Band III: Sondergutachten. Berlin; S. 1-66

ECKERT, R. (zus. mit GOLDBACH, H./LOOSEN, T./ SCHMITT, I./WILLEMS, H.) (1990): Selbsterfahrung und Gesellschaftsveränderung. Die Faszination neuer sozialer Bewegungen. In: SACHVERSTÄNDIGENRAT 8. JUGENDBERICHT (Hg.): Materialien zum 8. Jugendbericht. Band 2: Lebensverhältnisse Jugendlicher - Zur Pluralisierung und Individualisierung der Jugendphase. München

EIBL-EIBESFELDT, I. (1984): Die Biologie des menschlichen Verhaltens: Grundriß der Humanethologie. München

EIBL-EIBESFELDT, I. (1993): 'Der Brand in unserem Haus'. In: Süddeutsche Zeitung vom 8./9. Mai 1993, Nr. 105

ERB, R. (1993): Gewalt und Rechtsextremismus bei ostdeutschen Jugendlichen. Manuskript (Januar 1993)

FETSCHER, I./ROHRMOSER, G. (1981): Ideologien und Strategien. Band 1 der Analysen zum Terrorismus. Opladen
FÖRSTER, P./FRIEDRICH, W. (1992): Politische Einstellungen und Grundpositionen Jugendlicher in Ostdeutschland. In: Politik und Zeitgeschichte, B 38/1992, 11. Sept. 1992, S.3-15
FÖRSTER, P./FRIEDRICH, W./SCHUBARTH, W. (1993): Politische Orientierungen bei ostdeutschen Jugendlichen. Eine empirische Studie. In: deutsche jugend 1/1993, S.13-21
FRIEDRICH, W./SCHUBARTH, W. (1991): Ausländerfeindliche und rechtsextreme Orientierungen bei ostdeutschen Jugendlichen. In: Deutschland Archiv, 24, 10.Jg. S.1052-1065
FRIEDRICH, W. (1993): Fremdenfeindlichkeit und rechtsextreme Orientierungen bei ostdeutschen Jugendlichen. In: FORSCHUNGSINSTITUT DER FRIEDRICH-EBERT-STIFTUNG (Hg.) (1993): Fremdenfeindlichkeit und Gewalt. Ursachen und Handlungsperspektiven. Bonn, S.21-34
FUCHS, D./GERHARDS, J./ROLLER, E. (1993): Wir und die Anderen. Ethnozentrismus in den zwölf Ländern der europäischen Gemeinschaft. In: Kölner Zeitschrift für Soziologie und Sozialpsychologie, Jg.45, Heft 2, 1993, S.238-253
HEITMEYER, W. et al. (1992): Die Bielefelder Rechtsextremismus-Studie. Erste Langzeituntersuchung zur politischen Sozialisation männlicher Jugendlicher. Weinheim und München
HEITMEYER, W. (1992): Desintegration und Gewalt. In: Deutsche Jugend 3/92; S. 109-122
HERZ, Th. (1991): Rechtsextreme Parteien und die Reaktion der Gesellschaft. In: Sozialwissenschaftliche Informationen 4/91; S. 234-239
HOPF, W. (1991a): Familiale und schulische Bedingungen rechtsextremer Orientierungen von Jugendlichen. In: Zeitschrift für Sozialforschung und Erziehungssoziologie 11/91;S 43-59
HOPF, W. (1991b): Herkunftsfamilie und Rechtsextremismus von Jugendlichen. In: Sozialwissenschaftliche Informationen 4/91; S. 254-259
IPOS (1988, 1989, 1990, 1991 und 1992): Einstellungen zu aktuellen Fragen der Innenpolitik in Deutschland. Mannheim
IPOS (1993): Jugendliche und junge Erwachsene in Deutschland Februar/März 1993. Ergebnisse jeweils einer repräsentativen Bevölkerungsumfrage in den alten und neuen Bundesländern.
KAASE, M. (1988): Political Alienation and Protest. In: DOGAN, M. (Hg.): Comparing Pluralist Democracies. Strains on Legitimacy. Boulder und London, S.114-142

KAASE, M./NEIDHARDT, F. (1990): Politische Gewalt und Repression. Ergebnisse von Bevölkerungsumfragen. In: SCHWIND, H-D./BAUMANN et al. (Hg.): Ursachen, Prävention und Kontrolle von Gewalt. Band IV. Berlin

KALINOWSKY, H.H. (1990): Rechtsextremismus und Strafrechtspflege. Hrsg. vom Bundesministerium der Justiz. Bonn

KENT, M.J./van DETH, J.W. et al. (1990): Continuities in Political Action. Berlin, New York

KERSTEN, J. (1993): Der Männlichkeits-Kult. Über die Hintergründe der Jugendgewalt. In: Psychologie Heute, September 1993, S.50-57

KORFES, G. (1992a): Zur Entwicklung des Rechtsextremismus in der DDR. In: Kriminologisches Journal Heft 1/1992; S.50-64

KORFES, G. (1992b): 'Seitdem habe ich einen dermaßenen Haß'. Rechtsextremistische Jugendliche vor und nach der 'Wende' - exemplarische Biographien. In: HEINEMANN, K.-H./ SCHUBARTH, W. (Hg.): Der antifaschistische Staat entläßt seine Kinder. Jugend und Rechtsextremismus in Ostdeutschland. Köln, S.47-63

LEDERER, G. (1983): Jugend und Autorität. Über den Einstellungswandel zum Autoritarismus in der Bundesrepublik Deutschland und den USA. Opladen

LEDERER, G. et al. (1991): Autoritarismus unter Jugendlichen der ehemaligen DDR. In: Deutschland Archiv 6/1991; S. 587-596

LEDERER, G. (1993): Erkenntnisse zur 'autoritären Persönlichkeit' heute. In: SCHÄFERS, B. (Hg.) (1993): Lebensverhältnisse und soziale Konflikte im neuen Europa (26. Deutscher Soziologentag). Frankfurt

MAAZ, H.-J. (1993): Gewalt in Deutschland. Eine psychologische Analyse. In: Universitas, Heft 3/1993, S.225-235

MATZ, U./ SCHMIDTCHEN, G. (1983): Gewalt und Legitimität. Opladen

MERTEN, R. (1993): Antiautoritäre Erziehung und Rechtsextremismus. In: Jugendhilfe, Jg.31, Heft 4, Juni 1993, S.170-176

MERTON, R.K. (1979): Sozialstruktur und Anomie. In: SACK, F./KÖNIG, R. (Hg.): Kriminalsoziologie. Wiesbaden

MÜLLER, H./SCHUBARTH, W. (1992): Rechtsextremismus und aktuelle Befindlichkeiten von Jugendlichen in den neuen Bundesländern. In: Aus Politik und Zeitgeschichte, B 38/1992, 11. Sept., S. 16-28

MUMMENDEY, A. et al. (1984): Social Psychology of Aggression. Berlin u.a.
NEIDHARDT, F. (1982): Soziale Bedingungen terroristischen Handelns. Das Beispiel der 'Baader-Meinhof-Gruppe'. In: Von BAYER-KATTE, W. et al.: Gruppenprozesse. Band 3 der Analyse zum Terrorismus. Opladen
NIEDERLÄNDER, L. (1990): Zu den Ursachen rechtsradikaler Tendenzen in der DDR. In: Neue Justiz, Heft 1/1990, S. 16-18
NUNNER-WINKLER, G. (1992): Identitätsbildung und Ethnozentrismus. Erscheint in: SCHÄFERS, B. (Hg.) (im Druck): Lebensverhältnisse und soziale Konflikte im neuen Europa. Verhandlungen des 26. Soziologentages in Düsseldorf 1992. Frankfurt
SCHMIDTCHEN, G. (1983): Jugend und Staat. Übergänge von der Bürger-Aktivität zur Illegalität. Eine empirische Untersuchung zur Sozialpsychologie der Demokratie. In: MATZ, U./ SCHMIDTCHEN, G.: Gewalt und Legitimität. (Analysen zum Terrorismus Bd. 4/1). Opladen
SCHNEIDER, P. (1993): 'Es will dich hier niemand ausgrenzen, Arno!' FAZ vom 7. September 1993, Nr. 207, S.37
SCHNEIDER, H./HOFFMANN-LANGE, U. (1993): Gewaltbereitschaft und politische Orientierungen Jugendlicher. In: Der Bürger im Staat 2/1993; S.128-134
SCHNELL, R./HILL, P./ESSER, E. (1993): Methoden der empirischen Sozialforschung. München, Wien
SCHUBARTH, W./HOFFMANN-LANGE, U. (1992): Nationalistische und rechtsextremistische Orientierungen. In: DEUTSCHES JUGENDINSTITUT (Hg.): Schüler an der Schwelle zur deutschen Einheit. Opladen.
STATISTISCHES JAHRBUCH 1992 für die Bundesrepublik Deutschland. Hrsg. vom Statistischen Bundesamt. Wiesbaden
THRÄNHARDT, D. (1993): Die Ursprünge von Rassismus und Fremdenfeindlichkeit in der Konkurrenzdemokratie. In: Leviathan Heft 3/1993; S. 336-357
UEHLINGER, H.M. (1988): Strukturen und Erklärungsmodelle politischer Partizipation in der Bundesrepublik Deutschland. Opladen
WILLEMS, H. (1988a): Polizei, Protest und Eskalation: Die Bedeutung der Konflikterfahrungen junger Polizeibeamter. In: Neue soziale Bewegungen (Forschungsjournal) 2, S.11-20

WILLEMS, H. (1988b): Unruhen, Proteste, soziale Bewegungen - Zur Dynamik in nicht-institutionalisierten politischen Konflikten. Dissertation. Trier.
WILLEMS, H. (zus. mit ECKERT, R./GOLDBACH, H./ LOOSEN, T.) (1988c): Demonstranten und Polizisten. Motive, Erfahrungen und Eskalationsbedingungen. München
WILLEMS, H. (1992): Fremdenfeindliche Gewalt: Entwicklung, Strukturen, Eskalationsprozesse. In: Gruppendynamik, Jg. 23, Heft 4/1992; S. 433-448
WILLEMS, H. (1993a): Gewalt gegen Fremde. In: Der Bürger im Staat 2/1993; S. 143-148
WILLEMS, H. (1993b): Jugendgewalt in der modernen Gesellschaft: Allgemeine Entwicklungen und Erklärungsansätze. In: Bildung und Wissenschaft, Zeitschrift der Gewerkschaft Erziehung und Wissenschaft Baden-Württemberg, Jg.47, Februar 1993, S.18-26
WILLEMS, H. (1993c): Zur Eskalation fremdenfeindlicher Gewalt: Eine interaktionistische Interpretation kollektiven Verhaltens. In: SCHÄFERS, B. (Hrsg): Lebensverhältnisse und soziale Konflikte im neuen Europa. Verhandlungen des 26. Deutschen Soziologentages in Düsseldorf 1992. Frankfurt
WILLEMS, H. (1993d): Stellungnahme zur Anhörung des Ausschusses für Frauen und Jugend des Deutschen Bundestages am 24. März 1993 (zum Thema Jugend und Gewalt) in Bonn.
WILLEMS, H. (1993e): Gewaltentwicklung, Gewaltstrukturen, Gewaltursachen: Sozialstrukturelle und biographische Merkmale fremdenfeindlicher Gewalttäter. In: Texte zur Inneren Sicherheit, hrsg. vom BUNDESMINISTERIUM DES INNERN; im Erscheinen.
WILLEMS, H. (1993f): Gewalt und Fremdenfeindlichkeit: Anmerkungen zum gegenwärtigen Gewaltdiskurs. In: OTTO, H.-U./MERTEN, R. (Hg.) (1993): Rechtsradikale Gewalt im vereinigten Deutschland. Bonn
WILLEMS, H./HILL, P./LERCH, M./ECKERT, R. (1993): Zur Entwicklung fremdenfeindlicher Einstellungen und politisch motivierter Gewaltbereitschaften - eine Sekundäranalyse von Meinungsumfragen. Forschungsbericht Trier im Juni.
WILLEMS, H./WOLF, M./ECKERT, R. (1993): Soziale Unruhen und Politikberatung. Funktion, Ergebnisse und Auswirkungen von Untersuchungskommissionen in den USA, GB, BRD. Wiesbaden

WILLEMS, H./WÜRTZ, S./ECKERT, R. (1993): Fremdenfeindliche Gewalt: Eine Analyse von Täterstrukturen und Eskalationsprozessen. Forschungsbericht Trier im Juni.
ZENTRUM FÜR UMFRAGEN, METHODEN UND ANALYSEN (ZUMA) (1980-1990): Allgemeine Bevölkerungsumfrage in den Sozialwissenschaften (ALLBUS). Mannheim